DAS REICHSSPORTFELD

Architektur im Spannungsfeld
von Sport und Macht

Wolfgang Schäche · Norbert Szymanski

DAS REICHSSPORTFELD

Architektur im Spannungsfeld von Sport und Macht

be.bra verlag
berlin.brandenburg

Die Deutsche Bibliothek – CIP-Einheitsaufnahme
Schäche, Wolfgang:
Das Reichssportfeld : Architektur im Spannungsfeld von Sport und Macht /
Wolfgang Schäche ; Norbert Szymanski. – Berlin : be.bra-Verl., 2001
ISBN 3-930863-67-7

KulturBrauerei Haus S,
Schönhauser Allee 37, 10435 Berlin
info@bebraverlag.de
www.bebraverlag.de
Lektorat: Gabriele Dietz, Berlin
Gestaltung und Bildbearbeitung: Hauke Sturm, Berlin
Schrift: Garamond BookCondensed 11/14,5 Punkt
Druck und Bindung: Friedrich Pustet, Regensburg
ISBN 3-930863-67-7

Inhalt

Luftbild des Reichssportfeldes am Abschlusstag der XI. Olympischen Spiele, Ansicht von Westen, 16. August 1936

Bedeutung, Geschichte und Perspektive des ehemaligen Reichssportfeldes

***„Das da hätt einmal fast die Welt regiert
Die Völker wurden seiner Herr. Jedoch
ich wollte, daß ihr nicht schon triumphiert:
Der Schoß ist fruchtbar noch, aus dem das kroch.“
(Bertolt Brecht, Kriegsfibel)***

Ohne Zweifel stellt das ehemalige Reichssportfeld in Berlin, das anlässlich der im Sommer 1936 veranstalteten XI. Olympischen Spiele realisiert wurde, in der Gesamtheit seiner baulichen Anlagen und seines räumlich-strukturellen Zusammenhangs ein herausragendes Geschichtsdokument dar.[1] Seine historische Bedeutung greift dabei weit über die architektur-, freiraum- und städtebaugeschichtliche Dimension hinaus. In seinen wesentlichen Teilen zwischen 1933 und 1936 konzeptionell entwickelt und architektonisch umgesetzt, war sein Bauprogramm in Form und Inhalt eindeutig politisch-ideologisch determiniert. In ihm verkörperte sich exemplarisch der Herrschafts- und Machtanspruch seiner politischen Bauherren und das damit verbundene ästhetische Selbstverständnis des nationalsozialistischen Terrorstaates in der Phase seiner politischen Konsolidierung. Dieser qualitative Bedeutungskern ist trotz der erheblichen baulichen Veränderungen und räumlichen Brechungen, die die weiträumige Anlage seither erfuhr, bis heute für ihren Charakter prägend geblieben.

Olympischer Platz, Blick von Osten auf die Toranlage und das Stadion, Aufnahme 1936

Darüber hinaus vermitteln die Elemente des ehemaligen Reichssportfeldes in ihrem gegenwärtigen Erscheinungsbild aber auch unleugbar den ahistorischen Umgang mit den gebauten Erbschaften der Nazizeit während der mehr als fünfundfünfzig Jahre seit Beendigung des Zweiten Weltkriegs. So ist der momentane Zustand der Anlage zugleich als Manifestation der nazistischen Entstehungszeit wie auch als Ausdruck seiner seit 1945 währenden Geschichte der zumeist politisch unreflektierten Aneignungsversuche zu begreifen. Er ist dabei überlagert von der spezifischen Geschichte der britischen Besatzungsmacht, die hier auf einem Teilareal, gleichsam als geschichtliche Konsequenz der Politik der Erbauer des Reichssportfeldes, im Rahmen der alliierten Nachkriegsordnung seit den fünfziger Jahren ihr Berliner Hauptquartier unterhielt, welches erst Ende 1994 aufgegeben wurde.

Bei dem Versuch einer Einordnung und Bestimmung des historischen Ranges des ehemaligen Reichssportfeldes sind deshalb folgende Einzelaspekte zu bedenken:

Die Anlage ist in Intention und qualitativer Sinngebung ein originäres Werk des „Dritten Reiches“, dessen Konzept in der realisierten Form von dem Architekten Werner March in engem Zusammenwirken mit dem Organisations-Komitee (OK) und unter persönlicher Einflussnahme Adolf Hitlers entwickelt worden war. Seine Anlagen ersetzten dabei im Wesentlichen die bestehenden Baulichkeiten der zwischen 1907 und 1909 errichteten Rennbahn Berlin-Grunewald und des 1912/13 entstandenen Deutschen Stadions von Otto March, wobei zwischenzeitlich entstandene Elemente, wie die in den Jahren 1925-29 nach Plänen von Johannes Seiffert sowie Werner March realisierten Teile des Deutschen Sportforums, in die Neukonzeption miteinbezogen wurden. Die Integration der Platzanlagen und Gebäude des Deutschen Sportforums verweist hierbei eindringlich auf die generelle Kontinuitätsproblematik der Architektur im „Dritten Reich", die sich – eingebettet in die Konventionen traditionalistischer Baukultur – schon in den zwanziger Jahren vorbereitete.

Olympiastadion, Szene aus dem Festspiel „Olympische Jugend", 1. August 1936

Als eine der ersten großen baulichen Anlagen des Nationalsozialismus stellte das Reichssportfeld mit seinem architektonischen Mittelpunkt, dem Olympiastadion, zugleich einen „Wendepunkt in der Sportarchitektur" dar. Obschon in Aufbau, räumlicher Struktur und Architektur Vorläuferanlagen (Köln, Los Angeles, Florenz) verpflichtet, verdichtete es die aufgenommenen Einzelmotive zu kompakter Intensität und schuf so eine typologisch neue Qualität.[2] Bedeutsam erscheint hierbei vor allem die inhaltliche Verknüpfung einer Sportanlage mit militärischen Elementen und dem intendierten Aspekt des Todeskults. Das Maifeld als gigantischer Aufmarschplatz und die Langemarckhalle als „mahnende Weihestätte" für die in der Schlacht zu Beginn des Ersten Weltkriegs gefallenen deutschen Soldaten geben davon noch heute Zeugnis. Das Eröffnungszeremoniell der Spiele von 1936 mit Carl Diems Opus „Olympische Jugend", welches im vierten Bild „Heldenkampf und Totenklage" in der Aufforderung zum „Opfertod" gipfelte, belegt dessen inszenatorische Dimension.

Darüber hinaus ist die propagandistische Funktion hervorzuheben, die sich mit der Anlage des Reichssportfeldes explizit verband. Mit der Durchführung der Olympischen Spiele war die Absicht verknüpft, sich der Weltöffentlichkeit als „Friedensstaat" zu präsentieren, derweil man insgeheim den zweiten Vierjahresplan als faktischen Mobilmachungsplan vorbereitete. Die großzügigen Sportstätten des Reichssportfeldes, als raffinierte Synthese von Natur, Architektur und Kunst angelegt, waren im Rahmen dieser Verschleierungsstrategie kalkuliertes Mittel zum Zweck. Der kulturelle Anspruch, der mit der komplexen Anlage verbunden wurde, zielte konkret auf die Vermittlung der ins 20. Jahrhundert übersetzten Idee des „antikischen Hains" mit der des „sozialen Friedens" des Barons Pierre de Coubertin, dem Begründer der Olympischen Spiele der Neuzeit und ersten Präsidenten des Internationalen Olympischen Komitees (IOK bzw. IOC).

Obwohl in der nach innen gerichteten Propaganda auf die Förderung der Leibeserziehung und, damit verbunden, auf den Bau von neuen Sportanlagen abgehoben wurde, sind vergleichsweise nur wenige während der zwölf Jahre des „Tausendjährigen Reiches" tatsächlich entstanden. Das Reichssportfeld stellte hierbei die einzige in toto realisierte Großanlage dar. Neben dem nur in Teilen fertig gestellten Reichsparteitagsgelände in Nürnberg, welches die inhaltliche Übersetzung einer „Sport- und Kampfstätte" zum militärisch determinierten „Kampf- und Aufmarschfeld" vollzog und das ab 1944 „auf alle Ewigkeit“ Ausrichtungsort der Olympischen Spiele werden sollte, war das Reichssportfeld des Weiteren das bedeutendste landschaftsplanerische Großbauvorhaben während des Nationalsozialismus.[3]

Signifikant für die großzügige Freiraumgestaltung unter Beratung von Heinrich Friedrich Wiepking-Jürgensmann war die geschickte Verknüpfung der verschiedenen Sportstätten untereinander sowie die Einbindung in die umgebende Landschaft. Die Vernetzung der Sportstätten ist umso bedeutsamer, als die zur Verfügung stehenden Flächenanteile zwischen ihnen vergleichsweise gering sind. Der Charakter der Freiraumgestaltung suchte dabei die Hierarchie der Gebäude und der verschiedenen Nutzungsbereiche zu stützen. So wurden die wesentlichen Achsen- und Blickbezüge gewahrt und durch Pflanzungen unterstrichen. Insgesamt wollte man das Bild der „deutschen Landschaft“ bzw. des „deutschen Waldes“ erzeugen. Hierfür waren enorme bodenkulturelle Maßnahmen und Großbaumpflanzungen notwendig, die als „herausragende Leistungen Deutschlands“ gepriesen wurden.[4]

Olympiastadion über das Maifeld gesehen, Turnen der Schuljugend vor Eröffnung der Olympiade, 1936

Der Verklammerung zwischen den Bauten und Freianlagen diente der Einsatz von einheitlichen Materialien – in der Regel Naturstein – und die Entwicklung „archaischer Bauformen“, wie bei den Wällen des Maifeldes sowie der dem Muster des antiken griechischen Theaters nachempfundenen Form der „Dietrich-Eckart-Bühne“ (heute Waldbühne). Die Bauten selbst, einer differenzierten Bedeutungshierarchie unterworfen, deren strukturellen Mittelpunkt das Olympiastadion bildet, kennzeichnen typische, vom Nationalsozialismus für seine architektonischen Zwecke usurpierte Gestaltmittel. Charakteristisch ist der monumentalistische Habitus der Einzelanlagen, der durch Symmetrie und Zentrierung der Aufrisse in der Regel noch gesteigert wird, und die Dramaturgie zusammenhängender, in sich abgestufter Achsenabläufe. Exemplarisch steht hierfür die Hauptachse der Gesamtanlage, gebildet von Olympischem Platz – Olympiastadion – Maifeld – Glockenturm, sowie das an „soldatische Ordnungen“ erinnernde Prinzip starrer Reihungen, wobei es stetige Wechsel unterschiedlicher Platz- und Raumfolgen gibt, die entsprechend ihrer Bedeutung und Funktion von baulichen Kulissen umfangen bzw. begrenzt sind.

Das Olympiastadion ist hierbei – wie schon erwähnt – der räumliche Nukleus und zugleich der architektonische Höhepunkt des Reichssportfeldes. Als ein durch das Marathontor geöffnetes Stadion-Oval angelegt, vermittelt es sich dem Besucher durch die massive Pfeilerstellung des Oberringes, welcher durch ein kräftiges Kranzgesims abgeschlossen wird. Volumen, Habitus, Form und Material vereinigen alle für die ästhetischen Vorstellungen der Nazis notwendigen Gestaltelemente. Der daraus resultierende, vorindustriell-handwerkliche Charakter des Baus schließt dabei durchaus den Widerspruch des in den Substruktionen sichtbaren modernen Konstruktionskerns mit ein. Die Dienstbarmachung modernster Konstruktionen zur Bewältigung baulicher Probleme war entgegen der immer wieder bemühten Theorien zur „Neuen Deutschen Baukunst“[5] durchgängiges Prinzip und im Übrigen nicht der Sonderfall im Bauen des Nationalsozialismus. Trotz der auf „Ewigkeit“ abzielenden, angeblich während der dreißiger Jahre von Albert Speer entwickelten „Ruinenwerttheorie"[6] spannte sich der Bogen des permanenten Widerspruchs zwischen Erscheinung und Konstruktion von den von Paul Ludwig Troost konzipierten „Ehrentempeln" (1933/34) für den Königsplatz in München, den ersten Staatsbauten des „Dritten Reiches", bis zur letzten Fassung der „Großen Halle" (1942/43) für Berlin, in der die hypertrophen „Germania-Planungen" kulminierten.[7] Insofern muss es geradezu als abwegig erscheinen, das Olympiastadion und mit ihm das gesamte Reichssportfeld in seinen spezifischen Widersprüchen von Form und Inhalt als ein Dokument oppositioneller Architektur während des „Dritten Reiches" hinzustellen.

Im Kontext des Reichssportfeldes fallen schließlich Umfang und Qualität des bildhauerischen Programms auf, das einen integrativen Bestandteil des Gesamtwerks darstellt und von der Architektur- und Freiraumbildung nicht zu trennen ist. Nirgendwo sonst kann man diese Ebene des künstlerischen Ausdrucks des Nationalsozialismus in einer solchen Dichte und Geschlossenheit wiederfinden.

Insgesamt hatte die künstlerische Ausstattung des Reichssportfeldes für die Selbstdarstellung des „Dritten Reiches" Vorbildcharakter und wurde in Film und Fotografie propagandistisch verwertet. Die Skulpturen und Plastiken, die scheinbar harmlose Sportmotive vor Augen führen oder Antiken nachahmen, sind vor allem Ideologieträger. Wie Einzelanalysen zeigen, eignete sich die Bauplastik – mehr noch als die Architektur oder die Freiflächenplanung – zur Veranschaulichung von Rassenpolitik, Kriegsverherrlichung sowie Führer- und Totenkult. Die thematische Überhöhung des gesunden, sportgestählten „Ariers" beinhaltete bereits das (spätere) Euthanasieprogramm des Regimes. Die überstrapazierte Einheit von Leib und Seele sowie die Betonung des Handwerklichen in der Oberflächenbehandlung der Skulpturen waren als Tarnung, ja als harmonisierende Antithese zu einer hoch technisierten Industriegesellschaft zu verstehen. Zur stilistischen Einordnung der Einzelobjekte und zur Bewertung des Gesamtkonzeptes bietet sich der Vergleich mit der künstlerischen Ausstattung des Deutschen Stadions von 1912/13 und des Deutschen Sportforums der zwanziger Jahre an, deren Plastiken zum Teil noch auf dem ehemaligen Reichssportfeld vorhanden sind. Formale und personelle Kontinuitäten, Übernahmen oder Umdeutungen bestimmter Motive und ein Wandel im Verhältnis von Architektur und Plastik lassen sich hier deutlich feststellen.

Massenaufmarsch auf dem Maifeld während des Deutschlandbesuchs von Benito Mussolini am 28. September 1937

Um dem „selektiven Erinnern" entgegenzuwirken, sei noch auf die politische Funktion des Reichssportfeldes verwiesen. Beispielhaft belegt das der 1937 erfolgte Besuch von Benito Mussolini in Berlin, dessen Höhepunkt eine Rede auf dem Maifeld bildete. Hunderttausende versammelten sich zu der abendlichen Kundgebung und wurden Teil einer perfekten Inszenierung.

Zu einem Ort militärischer Auseinandersetzungen wurde das Reichssportfeld im März/April 1945, nachdem es zur „Festung" erklärt worden war. Carl Diem soll hier noch das letzte Aufgebot, das überwiegend aus Hitlerjungen bestand, zum „siegreichen Endkampf" aufgefordert haben. Die sinnlose Schlacht hinterließ unzählige Tote. Es waren zumeist „Pimpfe im Alter von 13 und 14 Jahren."[8] Der Krieg fügte dem Reichssportfeld empfindliche Schäden zu. Vor allem der Komplex des Deutschen

Sportforums war in Teilen getroffen; der Glockenturm im Bereich des Maifeldes wurde 1947 aus Sicherheitsgründen gesprengt und 1961-63 nach Plänen von Werner March inklusive der Langemarckhalle wiederaufgebaut.

Mit der nach dem Zweiten Weltkrieg erfolgten Übernahme des weiträumigen Geländes durch die Briten, die im Bereich des Deutschen Sportforums 1952 ihr Hauptquartier errichteten, war dann über Jahrzehnte ein großer Teil des Reichssportfeldes der Öffentlichkeit entzogen. Seit den fünfziger Jahren wurde die Anlage den neuen Nutzungen strukturell angepasst und dabei durch diverse Umbauten verändert sowie durch Neubauten ergänzt, ohne jedoch grundlegende bauliche Sicherung und durchgreifende Instandsetzung an den Baulichkeiten vorzunehmen. Obschon die Raum- und Platzfolgen sowie die Gebäudekonfigurationen im Prinzip bestehen blieben, hatte sich der Charakter des Geländes, nun auf die neuen Funktionen ausgerichtet und in Teilbereiche zergliedert, dementsprechend erheblich gewandelt.

Bedeutsam und irritierend zugleich erscheint in diesem Zusammenhang, dass sämtliche vorgenommenen Eingriffe, trotz des bereits 1966 ausgesprochenen Denkmalschutzes für das gesamte ehemalige Reichssportfeld, in dieser Weise erfolgen konnten. Keine der zum Teil massiven Veränderungen bis zu Beginn der neunziger Jahre wurde denkmalpflegerisch begleitet oder gar denkmalkonzeptionell hinterfragt. Dieses jahrzehntelange Versäumnis, das inzwischen selbst zu einem Teil der Geschichte des Geländes geworden ist, sollte neben den potenziellen Bedrohungen des Bestandes deutliche Fragen provozieren und Konsequenzen fordern. Offenbart es doch einmal mehr das prinzipielle Problem der aus der systematischen Verdrängung des Nationalsozialismus resultierenden Schwierigkeit einer offensiven und politisch bewussten Aneignung seiner steinernen Hinterlassenschaften.

In Fortsetzung der 1936 von Hitler angeregten „Tradition“: Siegerstele für die Olympiasieger München/Sapporo 1972, Aufnahme 1992

Die heutigen Begehrlichkeiten, die spezielle Teilbereiche des ehemaligen Reichssportfeldes betreffen, sollten insofern produktiv gewendet und als Chance für eine nachhaltige Reflexion begriffen werden. Die Qualität des kritischen Verhältnisses zur Geschichte sowie die glaubwürdige Auseinandersetzung und Verarbeitung deren politisch-gesellschaftlicher Folgewirkungen muss die Prämissen für den künftigen Umgang mit dem ehemaligen Reichssportfeld bestimmen, nicht die wandelbaren und höchst fragwürdigen Normen in der Sache überforderter Sportverbände, hemdsärmeliger Funktionäre und ihrer Kombattanten in politischen Funktionen.

Die kritische Auseinandersetzung mit der Vergangenheit hat dabei ausdrücklich die Geschichte der politischen Folgen des Nationalsozialismus – wie zum Beispiel die Einrichtung des Britischen Hauptquartiers im Bereich des ehemaligen Deutschen Sportforums – sowie die Geschichte der Verdrängungen inhaltlich wie baulich mit einzubeziehen. Eine Verengung der Betrachtung allein auf die Olympischen Spiele von 1936 käme einem „selektiven Erinnern“ gleich.

Das legt im Besonderen einen behutsamen, den inhaltlichen Zusammenhang der einzelnen historischen Schichten nicht verschüttenden Umgang mit dem Bestand nahe. Dementsprechend ist dieser sorgsam zu sichern und mit den notwendigen technisch-funktionalen sowie nutzungsbedingten Erneuerungen in Einklang zu bringen. Die Eingriffe sollten sich eingedenk der dringlichen Sanierungsproblematik des Stadions dabei insgesamt eher an Minimalforderungen orientieren. Das schließt Veränderungen in dem Maße mit ein, wie diese den Charakter des räumlichen Kontextes sowie die spezifische Gestalt von Raum und Architektur nicht qualitativ gefährden, sondern zur Sicherung der langfristigen Nutzung der Anlage beitragen.

Die inhaltliche Vermittlung der Geschichte des ehemaligen Reichssportfeldes, seiner intendierten Wirkungsabsichten und deren geschichtlichen Brechungen ist vor allem auf zwei Vermittlungsebenen denkbar. Mit Hilfe einer zum Beispiel in der Langemarckhalle lokalisierten permanenten Ausstellung sowie der direkten Kommentierung der Objekte des weiträumigen Geländes könnte dem Besucher der inhaltlich-kritische Zugang zur Geschichte des ehemaligen Reichssportfeldes ermöglicht werden. Das zu entwickelnde Informationssystem sowie die Informationsträger müssten sich hierbei ästhetisch eindeutig von den zu kommentierenden Objekten abheben. Wie notwendig dies im Sinne differenzierter Aufklärung erscheint, zeigen die über Jahrzehnte bruchlos im Nazi-Gusto fortgesetzte Aufstellung der Siegerstelen am Osteingang des ehemaligen Reichssportfeldes sowie die politisch fragwürdige Umdeutung der Olympiaglocke zu einem „Denkmal", die das bisherige Unvermögen im Umgang mit NS-Relikten anschaulich machen.

Südvorplatz am Olympiastadion, im Beisein von Hans Fritsch (1. Vorsitzender der „Gemeinschaft der Olympiateilnehmer"), Willi Daume (Präsident des DSB und des NOK) und Kee Chung Sohn (Marathon-Sieger 1936) wurde am Sockel der Olympiaglocke eine Bronzetafel mit der Inschrift „Zum Gedenken an die Olympiakämpfer der Welt, die durch Krieg und Gewalt ihr Leben verloren" enthüllt, 14. November 1982

Nicht zuletzt verdient die Skulptur im Rahmen von Architektur und Freiraum des ehemaligen Reichssportfeldes besondere Beachtung. Aufgabe und Rollenfunktion der Skulptur des Nationalsozialismus ist, im Gegensatz zur Architektur des „Dritten Reichs", bis heute nur unzureichend untersucht. Da das reale Anschauungsmaterial zumeist fehlt, weil es nach 1945 aus dem baulichen Kontext bzw. den ständigen Sammlungen der Museen entfernt wurde, bietet das ehemalige Reichssportfeld die Möglichkeit, stadträumliche und politische Funktionen der Skulpturen und Plastiken des „Dritten Reichs" im Zusammenwirken mit der Architektur am authentischen Ort begreiflich zu machen. Die Werke sind daher, unabhängig vom künstlerischen Wert, unbedingt erhaltenswert. Jede Standortveränderung hieße, die hochrangigen Geschichtsdokumente, deren Aussage mit der Architektur eng verbunden ist, umzuinterpretieren und damit politisch zu entlasten.

Am ehemaligen Reichssportfeld besteht letztlich die Chance und Herausforderung, beispielhaft notwendige geschichtliche Aufarbeitung zu leisten, die über den Ort hinaus verweist. Gegen phänomenologische Verharmlosung gilt es verstärkt, ein bedeutendes bauliches Dokument des Nationalsozialismus – eingedenk seiner komplexen Nachgeschichte – in seinem politisch-gesellschaftlichen Auftrag zu analysieren und erfahrbar zu machen. Der Sündenfall des 20. Jahrhunderts darf auch in seinen architektonischen Ausdrucksformen nicht vergessen gemacht, sondern muss weiter thematisiert werden. Nur so ist die „zweite Schuld"[9] der jahrzehntelangen Verdrängung zu überwinden und der falsche Anspruch auf „Bewältigung" durch eine kritisch-produktive Auseinandersetzung mit Geschichte zu ersetzen.

Lage und Topographie des Geländes

„Aber wer wissen will, wie Berlin heute aussieht und morgen oder übermorgen aussehen wird, der darf auch über das Gestern nicht so einfach hinweggehen. Denn vieles vom Heute und auch vom Morgen ist nur zu erklären und zu verstehen aus dem Gestern. Um nun das allerfrüheste Gestern zu verstehen, da geht man am besten ein bißchen hinaus aus der Stadt. Etwa dorthin, wo der Grunewald beginnt ...“
(Felix A. Dargel: Berlin – wie es war und wurde, in: Otto Hagemann: Hauptstadt Berlin, gestern – heute – morgen, Berlin 1956)

Das ehemalige Reichssportfeld liegt im westlichen Teil des heutigen Berliner Verwaltungsbezirks Charlottenburg-Wilmersdorf an der Grenze zum Nachbarbezirk Spandau. Es befindet sich auf dem nördlichsten Teil der Teltowhochfläche, die durch das Berlin-Warschauer Urstromtal mit der Spreeniederung begrenzt wird. Die Endmoränenbildung prägte hier eine Kameslandschaft, das heißt eine durch eiszeitliche Ablagerungen von Sand und Geröll geformte Hügellandschaft mit Höhendifferenzen von bis zu 30 Metern.

Das einst zum königlichen Domänengut Ruhleben gehörende Gesamtgelände des späteren Reichssportfeldes wurde ursprünglich überwiegend forstwirtschaftlich

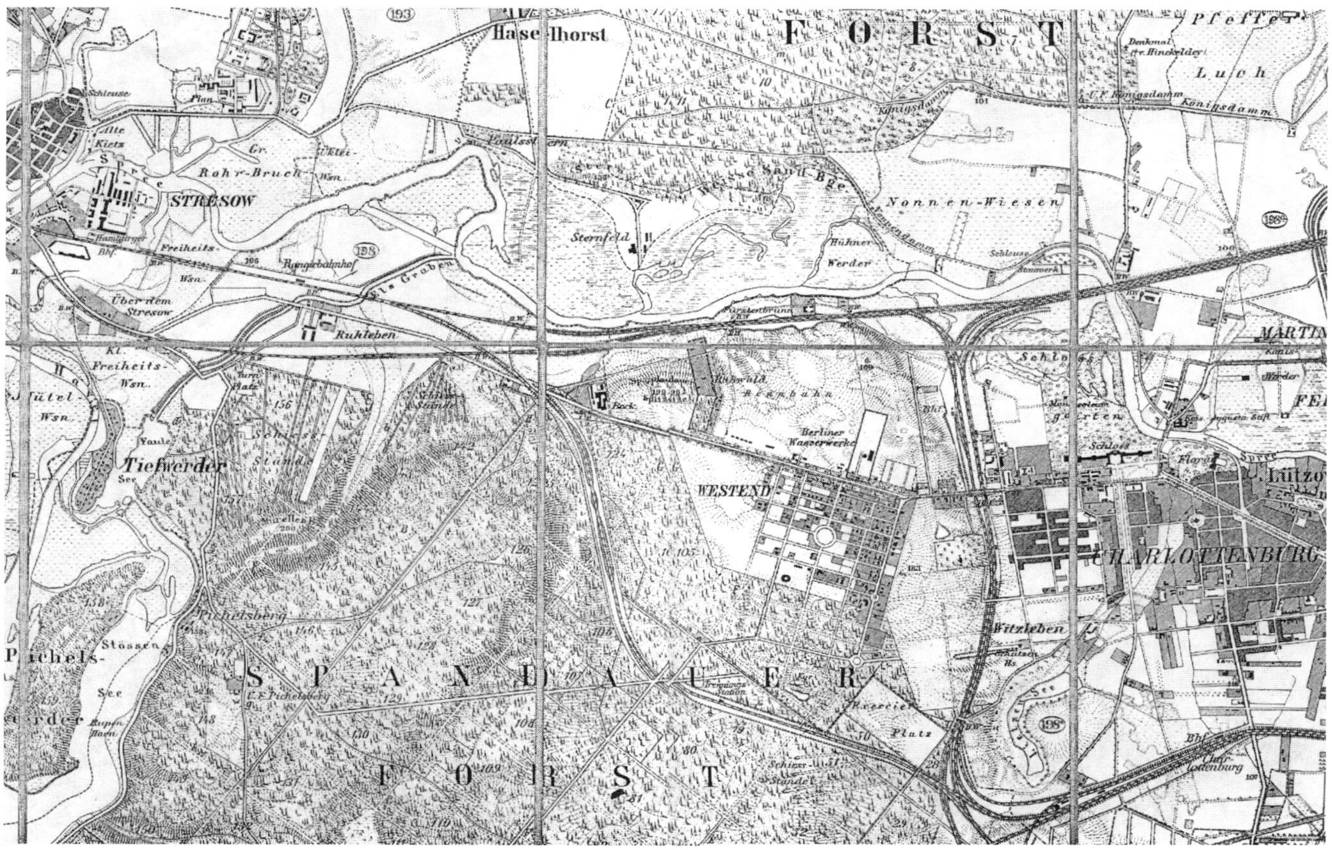

Karte von Spandau und Umgebung, aufgenommen vom Kgl. Preußischen Generalstab, 1867 (einzelne Nachträge 1888)

genutzt. Zu Beginn des 19. Jahrhunderts ging es in den Besitz des Preußischen Militärfiskus über, der hier Schieß- und Übungsplätze, Lagerflächen und eine Militärbadeanstalt einrichtete. Die militärische Nutzung verhinderte für geraume Zeit die Parzellierung und die Veräußerung dieses vom Ortskern Charlottenburgs entfernteren Gebietes, während bereits 1866 die benachbarte Villenkolonie Westend gegründet worden war.

Obwohl schon 1874 neben dem Ausbau des Kurfürstendamms die Anlage einer nordwestlichen Ausfallstraße mit angrenzender Villenbebauung vorgeschlagen wurde, entwickelte man erst 19 Jahre später dafür konkrete Pläne. Der nun empfohlene Ausbau einer Verbindungsstraße nach Spandau und weiter zu den Truppenübungsplätzen bei Döberitz fand das Interesse von Militär und Kaiser, mit deren Unterstützung sich das Vorhaben zum größten städtebaulichen Projekt der staatlichen Forstverwaltung entwickelte. Der Bau der Döberitzer Heerstraße als monumentale Ausfallstraße von Berlin wurde bis 1910 realisiert. Parallel hierzu betrieb die zu diesem Zeitpunkt selbstständige Stadt Charlottenburg den verkehrstechnischen Anschluss an die Reichshauptstadt mit der Anlage des die Bismarckstraße verlängernden Kaiserdamms als Prachtstraße und der Fortführung der U-Bahnlinie „Stammbahn" (heute U2) bis zum Reichskanzlerplatz, dem heutigen Theodor-Heuss-Platz. 1911 wurde schließlich ein Bebauungsplan für das zu beiden Seiten der Heerstraße gelegene Gelände aufgestellt, der überwiegend die Errichtung frei stehender Villen bzw. Landhäuser vorsah. Auf den für die Parzellierung weniger geeigneten Niederungsflächen war ein Waldgürtel geplant, der vom Grunewald über den 1916 angelegten Ortelsburgpark und die Anlagen am Sausuhlensee bis zur Spandauer Chaussee im Norden reichen sollte und in dieser Weise auch realisiert wurde. Die verstärkte Bebauung des Geländes zu beiden Seiten der Heerstraße setzte hingegen erst mit der 1920 erfolgten Gründung von Groß-Berlin ein.

Die Anlagen des ehemaligen Reichssportfeldes lassen sich in drei Bereiche eintei-

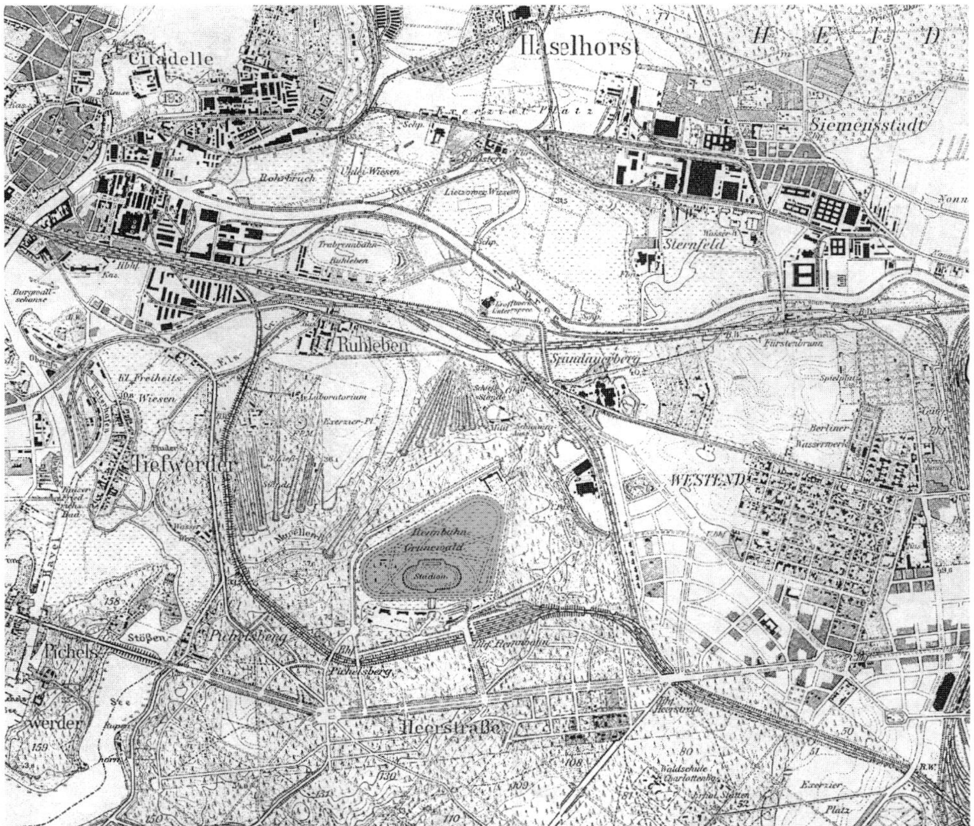

Karte von Charlottenburg und Umgebung mit Einzeichnung der Grunewaldrennbahn und des Deutschen Stadions, Preußische Landesaufnahme, 1901 (berichtigt 1920)

len. Den ältesten stellt die 1909 eröffnete so genannte Grunewaldrennbahn auf einem Gelände von ca. 70 Hektar dar, das im Süden durch die S-Bahntrasse, im Westen durch die Passenheimer Straße (bis 1936 Rominter Allee), und im Norden durch die Friedrich-Friesen-Allee (bis 1936 Graditzer Allee) begrenzt wurde. Zwischen dem Rennbahngelände und der U-Bahnlinie im Osten blieb ein durchschnittlich 300 Meter breiter, zunächst zur Parzellierung vorgesehener Streifen frei.

Nördlich davon befindet sich der ca. 19 Hektar umfassende Bereich der ehemaligen Hochschule für Leibesübungen – das so genannte Deutsche Sportforum –, welcher 1925 zur Hochschulerweiterung vom Forstfiskus zunächst gepachtet, später erworben wurde. Es nimmt einen durchschnittlich 170 Meter breiten Geländestreifen ein, der sich zwischen der Friedrich-Friesen-Allee und der nordwestlichen, zur Murellenschlucht steil abfallenden Hangkante etwa einen Kilometer lang hinzieht.

Bei der Realisierung des Reichssportfeldes während der dreißiger Jahre wurde den beiden genannten Bereichen das östlich bis zur U-Bahnlinie und der Trakehner Allee reichende, etwa 20 Hektar große Gelände zugeschlagen und für die Anlage der Freilichtbühne in der Murellenschlucht weitere sieben Hektar in Anspruch genommen. Zusammen mit den umgebenden Straßen-, Platz- und Grünflächen ergab sich damit ein Gesamtareal, welches insgesamt 131 Hektar umfasst.

Die Heerstraße und die nördlich gelegene Spandauer Chaussee stellten für die 1909 eröffnete Pferderennbahn eine hervorragende Verkehrsanbindung nach Charlottenburg und Berlin dar. Durch die Inbetriebnahme der Haltestellen „Rennbahn" (1930-35 „Rennbahn Grunewald", 1935-60 „Reichssportfeld", ab 1960 „Olympiastadion") und Pichelsberg auf der nach Spandau führenden S-Bahnlinie im Jahre 1909 wurde die Erreichbarkeit der Grunewaldrennbahn und des auf dem Areal ab 1912 im Bau befindlichen Deutschen Stadions noch erheblich verbessert. 1913 wurde zusätzlich der Bahnhof „Stadion" der U-Bahnstrecke nach Ruhleben eröffnet. Bis 1922 nur Bedarfshaltestelle und lediglich bei Veranstaltungen auf der Rennbahn bzw. im Stadion genutzt, baute man 1929/30 den Bahnhof (1935-1950 „Reichssportfeld", ab 1950 „Olympiastadion") nach Plänen des Architekten Alfred Grenander zu einer vollwertigen Station aus.

Mit den bis dahin entstandenen Anschlüssen des öffentlichen Verkehrsnetzes und den südlichen und nördlichen Hauptverkehrsstraßen verfügte der Austragungsort der Olympischen Spiele von 1936 somit über eine hervorragende Erschließung und Anbindung an das Berliner Stadtzentrum. Im Zuge der Planungen des Reichssportfeldes erfolgte der Ausbau der Olympischen Straße, ehemals Schwarzburgallee, als östliche Zufahrtsmöglichkeit von der Reichsstraße, die, beginnend am Reichskanzlerplatz (heute Theodor-Heuss-Platz), wiederum den Kaiserdamm bzw. die Heerstraße mit der Spandauer Chaussee verbindet. Olympische Straße und Reichssportfeldstraße (seit 1997 Flatowallee), die als frühere Rennbahnstraße schon die Hauptzufahrt zur Grunewaldrennbahn bildete, gaben schließlich die städtischen Ordinaten für die Konzeption des Reichssportfeldes und die räumliche Verklammerung im Stadtgrundriss vor.

Luftbild des ehemaligen Reichssportfeldes mit Umgebung, Befliegung April 1999

Deutsches Stadion, perspektivische Ansicht, Zeichnung 1913

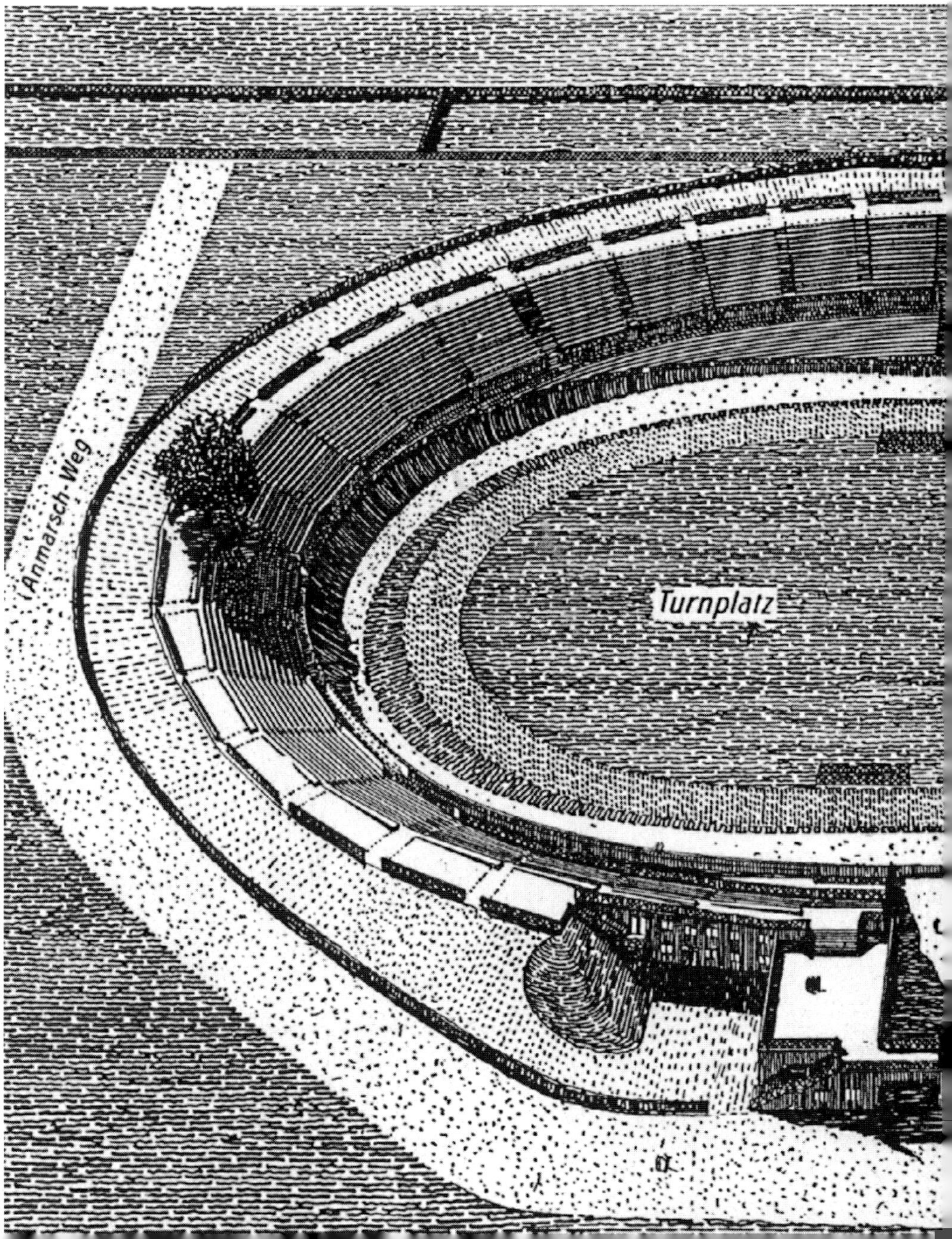

Die Rennbahn Grunewald und das Deutsche Stadion (1906-1919)

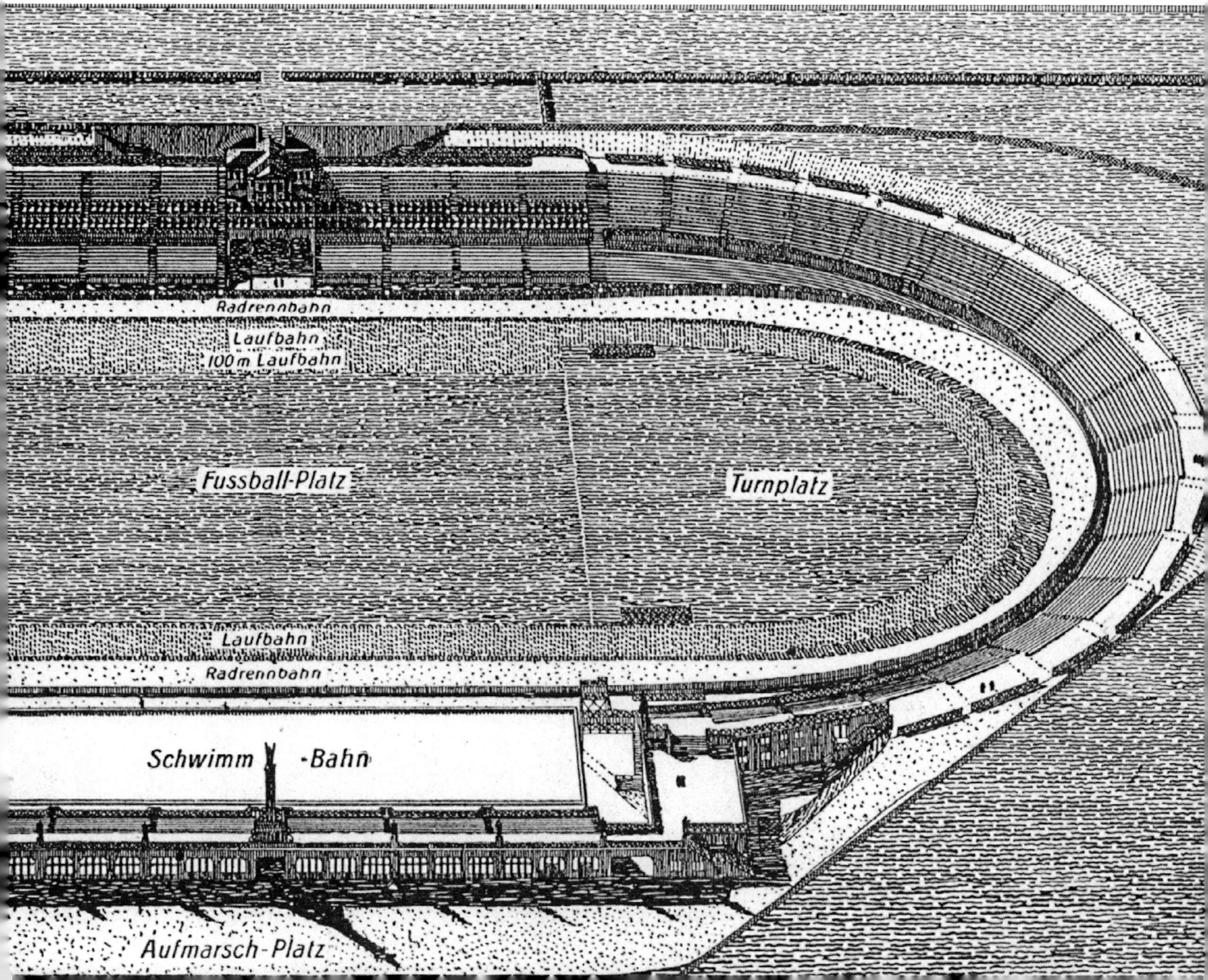

Planungs- und Baugeschichte

„Nicht nur (Otto) Marchs Pläne und seiner Arbeiter Hände haben diesen Bau geschaffen. Auch die nervigen Fäuste, die die Franzosen von deutschem Boden jagten, die auf blutigen Feldern die deutsche Einigkeit schmiedeten, die klugen und geschäftigen Hirne, die im Wettkampf des Handels für deutsches Ansehen Ruhm und Lohn davontrugen, gar alle jene, die in dem nicht fernen Berlin auf dem märkischen Sande eine Weltstadt gebaut haben, sie alle waren hilfreich und beteiligt beim Entstehen des Stadions.“

(Carl Diem: Das Deutsche Stadion. Was es uns sein soll, in: Das Deutsche Stadion, Berlin-Charlottenburg 1913)

Im Jahre 1896 fanden in Athen auf Initiative des Barons Pierre de Coubertin die ersten Olympischen Spiele der Neuzeit statt. Ihre Wettkämpfe erfreuten sich einer interessierten internationalen Öffentlichkeit. Auch deutsche Sportler gehörten zu dem damals noch überschaubaren Teilnehmerkreis der Aktiven. Besondere Erfolge erzielten die deutschen Athleten im Turnen, wo neben Mannschaftssiegen in drei Einzelwettbewerben (Barren, Längspferd und Reck) jeweils erste Plätze belegt werden konnten. Die folgenden Olympischen Spiele 1900 in Paris und 1904 in St. Louis waren im Gegensatz zu Athen in die Veranstaltungsprogramme der dort zugleich stattfindenden Weltausstellungen eingebunden. Obschon auch diese Olympiaden zur Konsolidierung und Verbreitung der Olympischen Idee einen maßgeblichen Beitrag leisteten, erfuhren sie durch die Koppelung mit dem Großereignis einer Weltausstellung jedoch nicht die gleiche ungeteilte Aufmerksamkeit wie die Spiele von 1896. Dessen ungeachtet war die Begeisterung in Deutschland so nachhaltig, dass sich im Jahre 1904 unter dem Namen „Deutscher Reichsausschuß für Olympische Spiele“ (DRAFO)[10] ein nunmehr ständiger Ausschuss für die Durchführung Olympischer Spiele gründete. Präsident der Organisation wurde Graf Egbert von der Asseburg. Unter seiner Leitung reiste der Reichsausschuss 1906 in die griechische Hauptstadt, wo die (später) so genannten Olympischen Zwischenspiele in dem 1896 nach antikem Vorbild gebauten Panathenäischen Stadion (Planung: Anastasios Metaxas) stattfanden. Auf der Rückreise der Delegation mit dem Dampfer „Amphitrite“ weckten die Athener Tage „in den Herzen der deutschen Sportsleute so recht die Sehnsucht nach dem Besitz einer ähnlichen Stätte wie des Athener Stadions“[11], und es reifte der Plan, in Berlin eine vergleichbare Sportarena anzulegen.

Noch im Herbst 1906 reichten die einzelnen Sportverbände ihre Vorstellungen und Wünsche zu einem großen Sportstadion ein, denn Ziel der Planungen war es, möglichst viele Disziplinen, wie Leicht- und Schwerathletik, Rad-, Schwimm- und Turnsport, mit ihren verschiedenen Einrichtungen und Anforderungen in einer Wettkampfstätte zu vereinen. Da traf es sich, dass bereits seit einiger Zeit in Berlin der Plan bestand, neben den vorhandenen aber stadtferner und verkehrsungünstiger gelegenen Pferderennbahnen in Karlshorst und Hoppegarten im Westen von Berlin eine neue Rennbahn „grossen Stils“ zu errichten, „da gerade dieser sich gewaltig entwickelnde Stadtteil von derjenigen Gesellschaftsklasse bewohnt wird, der dem Rennsport ein besonderes Interesse entgegenbringt“[12]. Für diesen Zweck gründeten die beiden führenden Berliner Rennvereine, der „Union-Club“ und der „Verein für Hindernisrennen“ den „Berliner Rennverein“, welcher dann 1907 den Architekten Otto March[13], der bereits zahlreiche Rennbahnprojekte, u.a. für Düsseldorf, Köln und Hamburg bearbeitet hatte, offiziell beauftragte, eine Pferderennbahn für Berlin-Grunewald zu entwerfen.

Die Einrichtung der Grunewaldrennbahn auf der bislang forstwirtschaftlich genutzten Hochfläche hatte umfangreiche Rodungsarbeiten zur Folge. Eine die Schmelzwässer zum Urstromtal ableitende Toteisrinne, die Murellenschlucht, schneidet die Hochfläche im Nordwesten und im Norden stark ein. Die Murellenschlucht bildet mit der zum Spreetal gewandten Hangkante des Teltow und einer weiteren, sich vom Murellenteich bis zum Sausuhlensee erstreckenden Rinne, in welcher Streckenabschnitte der Berlin-Hamburger Anschlussbahn und der U-Bahnlinie nach Ruhleben angeordnet sind, die natürliche, im Bogen von Nordwesten bis Osten reichende Begrenzung. Der Einschnitt der nach Spandau führenden S-Bahnlinie stellt die klare südliche Grenze dar und verhinderte eine weitere Ausdehnung in diese Richtung.

Auf den Kiesen und Sanden der Ablagerungen der Hochfläche entwickelten sich überwiegend Rostbraunerden, zu deren natürlicher Vegetation Kiefern-Traubeneichenwälder gehören. Die recht kargen Bodenschichten wurden im Zuge der Baumaßnahmen und immensen Erdbewegungen stark verändert.

Zwischen den Rennstrecken der Grunewaldbahn blieben nur vereinzelt Bäume aus dem ursprünglichen Waldbestand, vorwiegend Kiefern und Eichen, erhalten, da der Überblick über das Gelände von den im Süden angeordneten Zuschauertribünen gewährleistet sein musste. Neben den Tribünen befanden sich die Kassenhallen und das Verwaltungsgebäude. Der eingeschossige Kaiserpavillon mit Freitreppe und Vorhalle wurde von March im Westen der Anlage platziert. Auf der Ostseite lag die im Landhausstil errichtete Gaststätte „Waldhaus“, an die sich ein lang gestreckter Flügelbau mit einer Gartenhalle und einem Wandelgang sowie ein Pavillon anschlossen.

Im Vorfeld zwischen den Tribünen und den Eingängen, an der parallel zur S-Bahnlinie geführten Stadionallee und der das Gelände im Westen begrenzenden Rominter Allee (ab 1936 Passenheimer Straße), boten sich Flächen für eine gärtnerische Gestaltung. Die Entwürfe fertigte der Gartenarchitekt Albert Brodersen an, der 1910 zum Stadtgartendirektor von Berlin ernannt wurde. Die Ausführung erfolgte vermutlich durch die Gartenbaufirma Körner und Brodersen, deren Teilhaber Letzterer seit 1884 war.

Das Gelände, das an Renntagen einen enormen Besucherandrang aufnehmen musste, war durch großzügige Promenaden und Plätze geprägt. Baumreihen konturierten die weiträumige Anlage. Deren zentrale Achse bildete eine versetzt die beiden Toranlagen verbindende Promenade mit zwei parallel geführten Alleen, zwischen

Lageplan der Grunewaldrennbahn mit projektiertem Stadion, Entwurf: Otto March, 1909

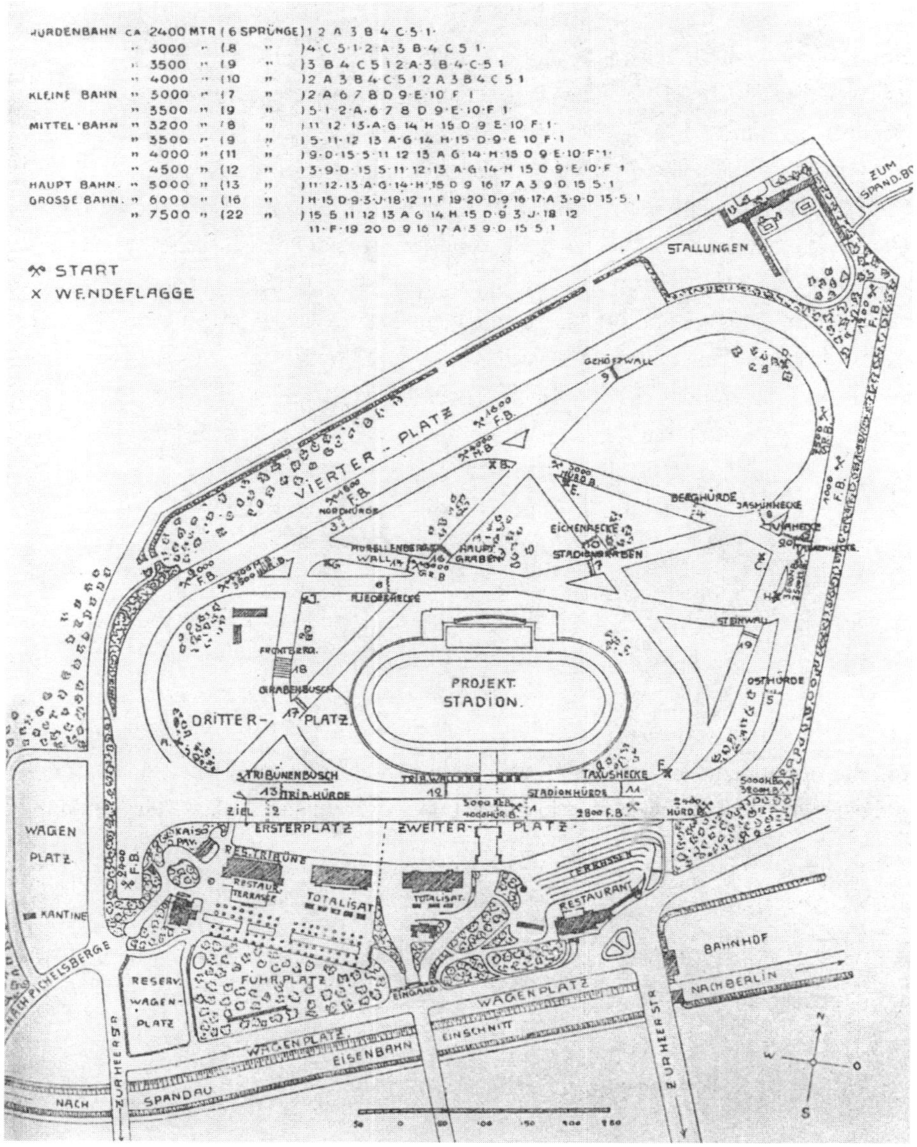

denen sich Rasenbeete befanden. An der Nordseite des erhöht liegenden Restaurants „Waldhaus" schlossen sich abstufende Gartenterrassen an, von denen sich den Besuchern ein hervorragender Ausblick auf die Rennbahn bot.

Als Standort für das zu erbauende Sportstadion schlug Otto March eine inmitten der Rennbahn gelegene Sandmulde vor. Der Vorschlag fand allgemeine Zustimmung und die daraufhin angefertigten Pläne „waren von Tag zu Tag gewachsen, immer imposanter geworden, und beim Anblick der Skizzen fiel von selbst das Wort, das dem Werk den bezeichnenden Namen gab: das Deutsche Stadion"[14].

Im Vertrauen auf die Realisierung des Stadionprojekts wurden schon bei der Errichtung der Rennbahnbauten ab 1907 der Zugang zum Stadion mit einem von zwei Gebäuden flankierten Ehrenhof (der heute noch vorhandene so genannte

Marchhof) sowie die Unterführung des Rennbahngeläufs angelegt und die Kosten in Höhe von 800 000 Reichsmark vom Rennverein aufgebracht.

Bereits 1906 hatte der Deutsche Reichsausschuss beschlossen, sich um die Olympischen Spiele 1912 – die Spiele 1908 waren bereits an London vergeben – zu bewerben und die projektierte Sportanlage inmitten des Rennbahngeländes als zentrale Austragungsstätte der sportlichen Wettkämpfe zu präsentieren. Massive finanzielle Schwierigkeiten führten jedoch dazu, dass der Stadionbau zurückgestellt werden musste. Die einzelnen Sportverbände verfügten nicht über die erforderlichen Mittel, und die noch selbstständigen Stadtgemeinden Berlin, Charlottenburg, Schöneberg, Wilmersdorf sowie der Landkreis Teltow, aber auch Preußen und das Deutsche Reich verweigerten ihre Beteiligung. 1911 nahm der Reichsausschuss daher formell den Antrag an das Internationale Olympische Komitee zur Durchführung der Spiele zurück.

1912, drei Jahre nach der Eröffnung der Rennbahn, konnte der seit dem Tod von der Asseburgs im Jahre 1909 als Präsident des Deutschen Reichsausschusses amtierende ehemalige preußische Landwirtschaftsminister, Viktor von Podbielski, den Berliner Rennverein „Union Club“ schließlich dazu veranlassen, die Bausumme von 2,25 Millionen Reichsmark für den Neubau des Deutschen Stadions zur Verfügung zu stellen. An die Finanzierung knüpfte sich die Bedingung, den Rennbetrieb durch den Stadionbau nicht zu beeinträchtigen. Um zu vermeiden, dass das Deutsche Stadion die Pferderennbahn Berlin-Grunewald baulich überragte, versenkte Otto March die Anlage gleichsam als Erdstadion in die 85 000 Quadratmeter umfassende Sandmulde

Blick in den Ehrenhof und den Tunnelzugang zum Deutschen Stadion, erbaut 1908/09 bei der Anlegung der Rennbahn, Zeichnung 1913

Rennbahn Grunewald, Restaurant „Waldhaus“, Ansicht von der Rennbahnseite, Aufnahme 1909

im Innenbereich der Rennbahn. Das damals „größte Stadion der Welt“ konnte nach nur einem Jahr Bauzeit am 8. Juni 1913 eröffnet werden und sollte nun 1916 als zentrale Austragungsstätte der VI. Olympiade dienen.

Die Anlage orientierte sich vom Aufbau her an römischen Amphitheatern, ihre oval gestreckte Form wurde allerdings im Norden von einem hochrechteckigen, symmetrisch angeordneten Schwimmbecken unterbrochen und damit optisch aufgewertet. Radrennbahn, Laufbahn, Turn- und Fußballplatz sowie Sprunganlagen waren ebenfalls in die Anlage integriert. Nur die Haupt- bzw. Kaiserloge überragte auf der Südseite die für 30000 Zuschauer konzipierten Sitzreihen und Stehplätze der Arena.

Die Erschließung des Stadions konnte aufgrund seiner Lage nur über den bereits beim Bau der Rennbahn angelegten Zugang erfolgen, der sich bei großem Andrang schon sehr bald als problematisch erwies. Hinter der repräsentativen Toranlage an der Stadionallee begann der erwähnte Tunnel mit Ehrenhof, der unterhalb der Rennbahn bis zur Haupttribüne des Stadions führte.

Das Deutsche Stadion musste sich in der Gestaltung und hinsichtlich seiner Erschließung nicht nur der Geländestruktur anpassen. Es hatte als Anlage „für nationale Kampfspiele und nationale Kunst“ auch immense Repräsentationspflichten zu erfüllen. Nicht zuletzt vor diesem Hintergrund erklären sich der Feierlichkeit beschwörende symmetrische Aufbau, die großen Säulenordnungen mit Gebälk, die exponierte Kaiserloge mit den angrenzenden Promenadenwegen, die Reiterstandbilder und die Siegessäule des Stadions.

Die künstlerische Ausstattung von Sportstätten hatte Tradition und weist bis in die Antike zurück. Für die neu belebte Olympische Idee wurde der Zusammenhang von Kunst und Sport von Beginn an thematisiert. Schon 1894 betonte der Begründer der modernen Olympischen Spiele, Coubertin, die Einheit von Kunst, Religion und Wettkampf. Bei den Olympischen Spielen 1912 in Stockholm ergänzten erstmals Kunstwettbewerbe die sportlichen Wettkämpfe.

Rennbahn Grunewald, Tribünenbauten und Kaiserpavillon (hinten rechts), im Vordergrund der Zugang zum Stadion, Aufnahme 1909

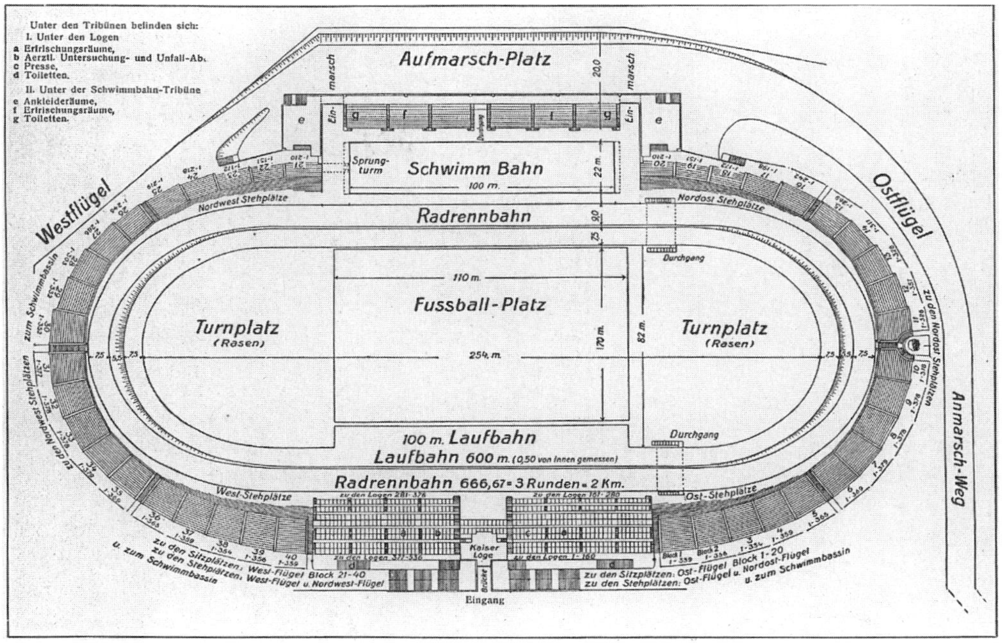

Deutsches Stadion, Gesamtgrundriss, Zeichnung 1913

Auch die Bauten der Grunewaldrennbahn waren mit zum Teil aufwendigem Bauschmuck versehen worden. Die Gebäude erhielten u.a. Wand- und Deckenmalereien sowie Bauplastiken, gestaltet von den Bildhauern Walter Schmarje und Hans Lehmann-Borges.

Die weitaus repräsentativere plastische Ausstattung aber erfuhr das Deutsche Stadion. Es wurde als „Stätte nationaler Kunst" mit Standbildern ausgeschmückt, die der Antike nachempfunden waren. Ihr zentrales Thema war die Symbolisierung des Sieges. Doch wegen des „leidigen Mangels an Baukapital" verzögerte sich ihre Ausführung. Mit dem Stadionbau hatte man schon begonnen, als auf Initiative des deutschen IOC-Mitglieds Adalbert von Sierstorff, unter der gutachterlichen Beteiligung von August Gaul und Louis Tuaillon, eine Gruppe namhafter Künstler, bestehend aus Ludwig Cauer, Hermann Fuchs, Georg Kolbe, August Kraus, Walter Schmarje und Ludwig Vordermayer, berufen wurde, die sicherstellen sollte, dass die Stadionanlage bildhauerische Werke von hohem künstlerischen Wert erhielt, welche „auf eindrucksvolle Weise die Verbindung zwischen Kunstschaffen und Körperkultur" veranschaulichten. Gleichsam als Krönung des Stadions schuf Ludwig Cauer eine auf hoher Säule aufgestellte Siegesgöttin, die, auf einer Weltkugel balancierend, in beiden Händen Lorbeerkränze hielt. Ihr zu Füßen war ein von Walter Schmarje ausgeführter Neptun auf einem Muschelwagen platziert, während die übrigen Plastiken der beteiligten Künstler sich rund um das Stadionoval verteilten.

Die Skulpturen sind zunächst in „vergänglichem Material" (vermutlich Zement) angefertigt und aufgestellt worden. Es war beabsichtigt, je nach Verfügbarkeit der Geldmittel, spätestens jedoch zu den Olympischen Spielen 1916, die Kunstwerke in Bronze gießen zu lassen, was dann aber aufgrund des Ersten Weltkriegs und der damit verbundenen Absage der Spiele in Berlin unterblieb.[15] Von dauerhafter Ausführung waren lediglich zwei von Schmarje modellierte Portraittafeln, die man schon zu Friedenszeiten im Stadion angebracht hatte: das Bildnis des Rennbahn- und Stadionerbauers Otto March in der Hauptloge der Schwimmbahntribüne und das von Viktor von Podbielski an der Umfassungsmauer für die „Deutsche Eiche" im Scheitelpunkt der Ostkurve.

Deutsches Stadion, Bastion der „Podbielski-Eiche" mit dem 1914 angebrachten Bildnis des Namensgebers, Aufnahme um 1925

Luftbild vom Rennbahngelände und dem Deutschen Stadion, Aufnahme 1919

Sucht man das Deutsche Stadion aus historischer Distanz nun im Hinblick auf seine architektonische Gesamtqualität einzuordnen, so offenbart es sich mit seiner künstlerischen Ausstattung in einer für den Wilhelminismus an der Schwelle zum Ersten Weltkrieg typischen wie gleichermaßen charakteristischen Ungleichzeitigkeit von Form und Inhalt. Eine ökonomisch-rationale, strukturell, technisch wie funktional hochmoderne Stadionanlage – ihr lag im Wesentlichen eine reine Stahlbetonkonstruktion zugrunde – zeigte sich in einer den Repräsentationsbedürfnissen des 19. Jahrhunderts verhafteten Inszenierungsarchitektur, die erprobte Versatzstücke der abendländischen Baugeschichte in eklektizistischer Aneignung in einen neuen Sinnzusammenhang stellte.

„Grand Prix von Berlin: Die halbe ganze Welt und die ganze halbe Welt war da. Alles wirbelte und wogte durcheinander. Gesandschaftsattachés und Börsengalerins, Gardeoffiziere und Provinzleutnants, Rennbahnveteranen und Außenseiter, die zum ersten Male den interessanten Boden des Turfs betraten.“
(Vossische Zeitung vom 24. Mai 1909)

Die Anlagen im Spiegel von Veranstaltungen und Ereignissen

Die Eröffnung der Rennbahn Grunewald, am Sonntag den 23. Mai 1909, stellte sich als ein gesellschaftliches Ereignis erster Ordnung dar. Kaiser Wilhelm II. und seine Gemahlin, Kaiserin Auguste Viktoria, sowie zahlreiche Prinzen und Prinzessinnen aus dem Königlichen Haus waren erschienen und verliehen dem Ereignis damit höchste Weihen. Neben dem Adel war alles, „was in Berlin mitzählte oder mitzählen wollte [...] in einem endlosen Wagenkorso nach der Bahn an der Heerstraße geeilt, und die Massen brachte die Stadtbahn zu dem großen Sonderzugbahnhof“[16], so dass der Eröffnungstag zugleich als einer der Rekordbesuchstage in der Statistik des Berliner Rennvereins verzeichnet werden konnte. Auch auf sportlicher Ebene sorgte die erste Veranstaltung auf der Grunewaldbahn für ein rekordverdächtiges Ergebnis, als im ersten Rennen der Überraschungssieg des krassen Außenseiters „Autlershorst“ unter Jockey Rastenberger den wenigen Wettfreunden, die auf das richtige Pferd gesetzt hatten, die erstaunliche Quote von 660:10 bescherte.

Dass die nach zeitgenössischen Berichten „schönste Rennbahn der Welt“ dann doch nicht alle Erwartungen erfüllen konnte, zeigte sich gleichermaßen an dem sehr warmen und sonnenklaren Eröffnungstag, als trotz allen Wässerns der Anlage der Staub in dichten Wolken über das Gelände wirbelte und das Vergnügen der Zuschauer stark beeinträchtigte.

Wilhelm II. (Bildmitte in Husarenuniform), umgeben von Familienmitgliedern vor dem Kaiserpavillon bei der Eröffnung der Rennbahn Grunewald am 23. Mai 1909

Die vier Jahre später, am Sonntag den 8. Juni 1913, mit einer dreistündigen Feier unter der Beteiligung von 35 000 Turnern und Sportlern erfolgte Einweihung des Deutschen Stadions war mit einem anderen Ereignis, dem 25-jährigen Regierungsjubiläum Kaiser Wilhelms II., verbunden. Die Teilnahme des Kaisers an der Eröffnung des Stadions wertete die Führung des Deutschen Reichsausschusses dabei als die ersehnte offizielle Anerkennung ihrer sportpolitischen Bemühungen, den populären Volkssportarten wie Leichtathletik,

Besucher auf dem Weg in das Deutsche Stadion, im Hintergrund der neue, nur an Veranstaltungstagen geöffnete U-Bahnhof „Stadion“, Aufnahme 1913

Schwimmen, Fußball und Turnen gesellschaftliche Akzeptanz und breite Förderung zuteil werden zu lassen.

Das Stadion war trotz hoher Eintrittspreise bis auf den letzten Platz gefüllt. Die Weihe begann mittags mit einer Fahnenparade unter der Leitung von Oberleutnant Kurt Roesler und Carl Diem.[17] Es folgte der „Huldigungsflug“ von 10 000 Militärbrieftauben vom „Verband deutscher Brieftauben-Liebhaber-Vereine“, die im „Kriegsfalle“ – wie im offiziellen Programmheft angegeben – dem Kriegsministerium 380 000 Tauben zur Verfügung stellen wollten. Danach setzte sich ein imposanter Festzug in Bewegung. An der Spitze marschierte die „Deutsche Turnerschaft“, als größte Einzelorganisation vertreten durch ca. 10 000 Mitglieder. Das Ende des Festzuges bildete der „Jungdeutschland-Bund“ mit „etwa 8 500 Jungmannschaften, 500 Mädchen und 30 Fahnen“. Im Anschluss daran fanden Vorführungen der verschiedenen Sportverbände statt. Höhepunkt der sportlichen Darbietungen und zugleich das offizielle Ende der Eröffnungsfeierlichkeiten bildete das vom „Deutschen Schwimm-Verband“ organisierte Kunstspringen vom 3-, 5- und 10-Meter-Brett.[18] Am späten Nachmittag desselben Tages wurde im Deutschen Stadion schließlich noch das Endspiel um den „Kronprinzenpokal“ des Deutschen Fußballbundes ausgetragen.

Am Tag der Eröffnung nahm die „Hochbahngesellschaft“ auch erstmals den neuen Streckenabschnitt „Reichskanzlerplatz – Stadion“ (heute „Theodor-Heuss-Platz – Olympiastadion“) in Betrieb und ließ zwischen 9.00 Uhr und 21.00 Uhr die U-Bahnzüge auf dieser Linie im Fünf-Minuten-Takt verkehren.

Erste internationale Vergleichswettkämpfe in den olympischen Leichtathletiksportarten veranstaltete der „Berliner Sport-Club“ dann am 29. Juni 1913. Und am 24. August desselben Jahres war das Deutsche Stadion Austragungsort der Radweltmeisterschaften für Amateure im Bahnfahren.

Einweihung des Deutschen Stadions, Einzug der Turner, Zeichnung 1913

Den vorläufigen Höhepunkt in der Entwicklung der Deutschen Sportbewegung sollte die für das neue Stadion anvisierte Austragung der VI. Olympischen Spiele im Jahre 1916 markieren. Doch da senkte sich am 28. Juni 1914 noch während der „Olympia-Vorspiele“ die Fahne an der Kaiserloge auf Halbmast. Die Meldung von der Ermordung des österreichischen Thronfolgers in Sarajevo hatte das Deutsche Stadion erreicht. Wenige Tage später begann der Erste Weltkrieg. Angesichts des massenhaften Sterbens bei Langemarck und an anderen Kriegsschauplätzen im Oktober/November 1914 wurden die Olympischen

Spiele schließlich abgesagt und das Deutsche Stadion sowie die Rennbahn zum Reservelazarett umfunktioniert.

Zwei Jahre später, 1916, nahm man trotz der Fortdauer des Krieges den Sportbetrieb im Stadion mit den Kriegsmeisterschaften der Verbände wieder auf. Als erste Veranstaltung nichtsportlicher Art wurde auf Anregung des Stadtkommandanten von Berlin, zugunsten des Witwen- und Waisenfonds, „Wallensteins Lager" und der letzte Akt von „Die Meistersinger von Nürnberg" mit dem auf 300 Musiker verstärkten Orchester der Staatsoper und der Leitung von Leo Blech zur Aufführung gebracht. Erstaunt stellte man hierbei fest, dass sich die für sportliche Wettbewerbe angelegte „Kampfbahn" auch für solche Art von Veranstaltungen eignet: „Der wuchtige Eindruck der Freilichtaufführungen im Grunewaldstadion vor wenigen Wochen vor mehr als 30000 Zuschauern hat gezeigt, daß solche Räume, ohne überdeckt zu sein, akustisch sein können. Was aber die Möglichkeit einer szenischen Entfaltung anlangt, so haben die dortigen Darbietungen die höchsten Hoffnungen gerechtfertigt."[19]

Deutsches Stadion, Blick auf die Nordseite mit der Schwimmbahntribüne während der Einweihungsfeier am 8. Juni 1913

Deutsches Stadion mit Reiterstatue von Hermann Fuchs, Freiübungen der Soldaten bei den Armeemeisterschaften 1914

Carl Diem (Bildmitte hinten) im Kreise der Hochschullehrer im Deutschen Stadion, Aufnahme um 1923

Die Gründung der Hochschule für Leibesübungen und der Ausbau zum Deutschen Sportforum (1919-1930)

Aufbau der Hochschule und erste Bauplanungen

„Der Gedanke an eine freie Lehrstätte der Leibesübungen erwuchs aus den Folgen der schweren Menschenverluste des Weltkrieges. Dieser hatte seine Opfer, was natürlich war, gerade unter den Führern der Turn- und Sportvereine gesucht. Sie waren ja alle gesund, geübt, tatwillig, an Anstrengungen und Gefahren gewöhnt. Was Wunder, daß sie in der vordersten Linie standen und dort auch gefallen sind.“
(Carl Diem: Die Deutsche Hochschule für Leibesübungen, Hannover 1924)

Einer Anregung von Arthur Mallwitz, Leiter der Sportabteilung des Dresdener Hygiene-Museums, folgend, entstand 1912 die „Vereinigung zur wissenschaftlichen Erforschung des Sports und der Leibesübungen“. Auf deren Betreiben beschloss der Deutsche Reichsausschuss für Olympische Spiele am 19. Mai 1914 die Einrichtung einer sportwissenschaftlichen Forschungsstätte im Deutschen Stadion in Berlin-Charlottenburg. Wegen des Beginns des Ersten Weltkriegs unterblieb jedoch zunächst die Umsetzung des Vorhabens. 1917 griff der in „Deutscher Reichsausschuß für Leibesübungen“ (DRA) umbenannte Sportverband

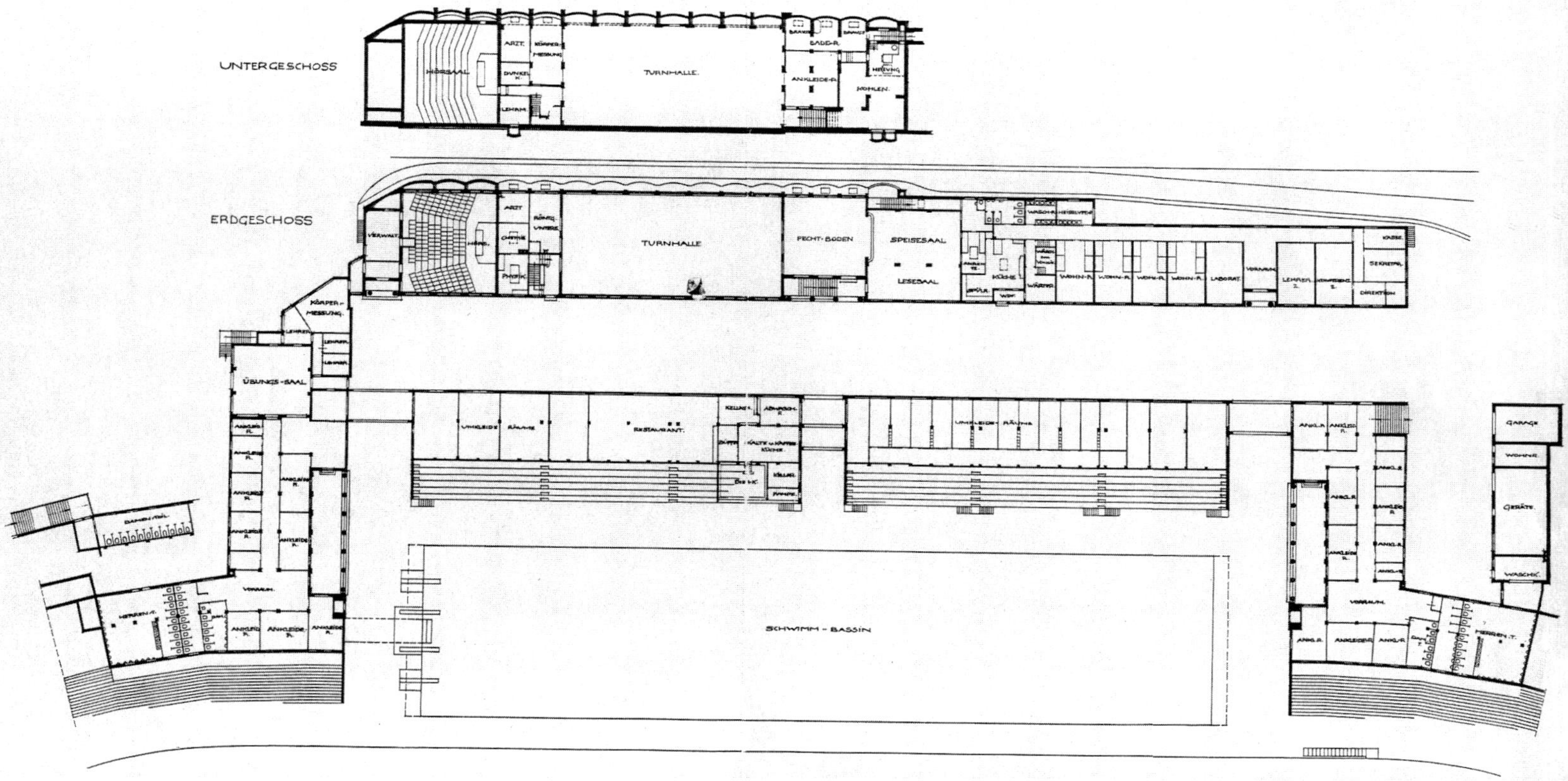

Deutsche Hochschule für Leibesübungen, Neubau hinter der Schwimmbahntribüne, erbaut 1920/21, Grundrisse Unter- und Erdgeschoss, Entwurf: Johannes Seiffert, Zeichnung 1926

das Projekt, eine Forschungsanstalt mit sportärztlichem Laboratorium einzurichten, wieder auf. Doch erst Carl Diems im September 1919 vorgelegte Denkschrift über die Gründung einer freien privaten Hochschule für Leibesübungen „im Anschluß an das Deutsche Stadion“ brachte den Durchbruch. Am 15. Mai 1920 fand in der Aula der Berliner Friedrich-Wilhelms-Universität (heute Humboldt-Universität) in Gegenwart des Reichspräsidenten Friedrich Ebert, Vertretern der obersten Reichs- und Staatsbehörden, der Stadt Berlin sowie führender Mitglieder der Turn- und Sportverbände der feierliche Gründungsakt statt.

Neubau der Deutschen Hochschule für Leibesübungen, im Bild links über dem Treppenaufgang zur Schwimmbahntribüne die Neptun-Gruppe von Walter Schmarje mit der Säule und bekrönender Viktoria von Ludwig Cauer, Aufnahme um 1923

Aufgabe der Hochschule war zum einen die Sportlehrerausbildung für die Bereiche Schulen und Vereine, zum anderen die wissenschaftliche Erforschung von Theorie, Praxis und Geschichte der Leibesübungen. Von besonderem Interesse waren die damit verbundenen medizinisch-technischen Untersuchungen über die Auswirkungen bzw. Veränderungen, die sportliche Betätigungen auf den menschlichen Körper ausüben. Welche große Bedeutung dem sportmedizinischen Aspekt beigemessen wurde, lässt sich nicht zuletzt daran erkennen, dass mit dem Geheimen Medizinalrat und Professor der Chirurgie, August Bier, ein Arzt zum ersten Rektor der Hochschule berufen wurde.

Die Verwaltung der Hochschule für Leibesübungen oblag dem Deutschen Reichsausschuss, den seit dem 12. April 1919 Theodor Lewald, zu der Zeit Staatssekretär im Innenministerium, leitete und in dem Carl Diem als Generalsekretär fungierte. Für den Unterhalt der Hochschule erhielt der Deutsche Reichsausschuss für Leibesübungen Spendengelder in nicht unerheblicher Höhe von deutschen Industrieunternehmungen und Banken. Von der Hochschule wurden die Räumlichkeiten des Deutschen Stadions und die beiden Gebäude im Ehrenhof des Stadionzugangs – das eine als Unterkunft für Kursusteilnehmer, das andere als „Kleiner Hörsaal“ – genutzt. Daneben stand ihr das Gebäude der Tribüne 3 der Grunewaldrennbahn zur Verfügung. Hier waren Übungs- und Wohnräume für die Studenten untergebracht.

Da sich jedoch nicht alle zur Verfügung gestellten Einrichtungen des nur für den Sommerbetrieb erbauten Stadions für einen ganzjährigen Hochschulbetrieb eigneten, entstand 1920/21 auf dem großen Aufmarschplatz hinter der Schwimmbahntribüne ein neues, in Teilen zweigeschossiges Hochschulgebäude, wobei das Untergeschoss wegen der umliegenden Rennbahn in das Erdreich eingebaut wurde. Der

Deutsche Hochschule für Leibesübungen, Gliederung der Einrichtung (Ausschnitt), Stand Wintersemester 1923

KURATORIUM:
VORSITZENDER: STAATSSEKRETÄR DR. LEWALD
50 Mitglieder

SENAT:
REKTOR: GEH. MED.-RAT PROF. DR. BIER
12 Mitglieder

SEKRETARIAT:
LEITER: DR. ALTROCK
3 Beamte

LEHRKÖRPER:

ABTEILUNG ÜBUNGSLEHRE LEITER: DR. KLINGE 14 ordentliche 7 außerordentliche	ABTEILUNG GESUNDHEITS-LEHRE LEITER: DR. MALLWITZ 7 ordentliche 11 außerordentliche	ABTEILUNG ERZIEHUNGS-LEHRE LEITER: DR. HÄUSSLER 3 ordentliche 4 außerordentliche	ABTEILUNG VERWALTUNGS-LEHRE LEITER: DR. DIEM 3 ordentliche 4 außerordentliche
Ordentliche Lehrer: *Dr. Klinge (Allgem.) *Holz (Leichtathletik, Hockey) *Dipl. Westerhaus (Leichtathletik) *Dipl. Meusel (Turnen, Ringen) *Dipl. Knappe (Fußball) Dipl. Hartig (Tennis) *Kellner (Schwimmen) Bormann (Rudern) Murero (Fechten) *Dr. Altrock (Ringen, Frauenrudern) Schäfer (Boxen) Rahn (Jiu-Jitsu) *Dr. Diem (Schneelauf) Vieregg (Eislauf) Außerordentliche Lehrer: Dr. Bode (Ausdrucksgymnastik) Fr. v. Wicht-Petz (Mensendieck) Frl. Feist (Laban) Frl. Cario (Volkstänze) Dipl. Schelenz (Leichtathletik, Handball) Kessler (Schwimmen) Dr. Beck (Golf)	Ordentliche Lehrer: Prof. Kopsch (Anatomie) Prof. Dubois-Reymond (Physiologie) Prof. Baetzner (Pathologie) Prof. Klapp (Orthopädie) Dr. Mallwitz (Konstitutionslehre) *Dr. Kohlrausch (Anthropometrie) Dr. Kirchberg (Hygiene) Außerordentliche Lehrer: Prof. Atzler Prof. Bier Prof. Kisch Prof. Müller Prof. Stier Prof. Rubner Dr. Friedel *Dr. Herbst Dr. Krause Dr. Mair Dr. Michaelis	Ordentliche Lehrer: Dr. Häußler (Pädagogik) Dr. Schulte (Psychologie) *Dr. Klinge (Methodik) Außerordentliche Lehrer: Prof. Spranger Dr. Bode Dr. Brustmann Dr. Engel	Ordentliche Lehrer: *Dr. Diem (Verwaltungslehre) *Dr. Altrock (Geschichte) Seiffert (Übungsstättenbau) Außerordentliche Lehrer: Prof. Schmidt Dr. Hartstein Wiedemann Prof. Schröder

* Hauptamtlich tätig

als Provisorium gedachte Bau mit einer Gesamtlänge von 133 Metern umfasste einen „Großen Hörsaal“ mit 250 Plätzen, eine große Turnhalle, Übungsräume für Ringen, Boxen und Fechten, Verwaltungsräume der Hochschule, Bibliothek und Speisesaal sowie acht Wohnräume mit Doppelstockbetten für jeweils acht Studenten.

Den Entwurf für das Gebäude fertigte Johannes Seiffert[20], der als leitender Mitarbeiter von Otto March an den Planungen für die Grunewaldrennbahn und das Deutsche Stadion von Beginn an maßgeblich beteiligt war und nach Marchs Tod als einer der angesehensten Architekten des noch in den Kinderschuhen steckenden Sportstättenbaus in Deutschland galt und hoch geschätzt wurde.

Schon bei der Einweihung der auch von Seiffert als „Notbau“ bezeichneten Gebäudeanlage der neuen Hochschule war absehbar, dass aufgrund der rasch wachsenden Zahl von Studenten weiterer Bedarf an überdachten Übungsräumen entstehen würde. Nur kurzzeitige Abhilfe schufen hierbei zwei 1925 bzw. 1926 errichtete Querhäuser am Ost- und Westende der Schwimmbahntribüne. Die Aufgabe, eine grundsätzliche bauliche Lösung für die Hochschule zu entwickeln, hatte sich schon zuvor als dringlich offenbart und war nun nicht mehr aufzuschieben.

„Und welche Bedeutung hat die Vereinigung der Lehr- und Forschungsstätten mit den Verbandsheimen für das Forum, als Ganzes gesehen? Es wird damit zu nichts Geringerem, als zum geistigen Mittelpunkt unseres Turn- und Sportwesens überhaupt. Zugleich wird es die würdige Hochburg der deutschen Leibesübungen gegenüber dem In- und Auslande werden, ein Wahrzeichen für den Gesundheits- und Kulturwillen unseres Volkes. Wahrscheinlich ist ja die Zeit gar nicht mehr so fern, wo sich der deutsche Sport im Forum und dem zugehörigen Stadion der ganzen Welt zeigen wird – wenn nämlich [...] die Olympischen Spiele 1936 in ihnen abgehalten werden.“
(Gerhard Krause: Das Deutsche Sportforum, Berlin 1928)

Der städtebauliche Gesamtplan und seine Teilrealisierung

Die Suche nach geeigneten Erweiterungsflächen im näheren Umfeld der Rennbahn und des Deutschen Stadions erwies sich als schwierig. Zum umfassenden Ausbau der provisorisch und beengt am Deutschen Stadion untergebrachten Hochschule für Leibesübungen konnte aber schließlich 1925 jenseits der Graditzer Allee (der späteren Friedrich-Friesen-Allee), die die Grunewaldrennbahn im Norden begrenzte, ein etwa 19 Hektar großes Areal vom Forstfiskus zunächst auf 30 Jahre gepachtet werden.[21] Bei dem für die vorgesehenen Zwecke geradezu ideal geschnittenen Gelände handelte es sich um ein in der Länge gut einen Kilometer messenden Flächenstreifen zwischen der Rennbahn und der zur Murellenschlucht steil abfallenden Hangkante, welcher eine mittlere Breite von 170 Metern aufwies.

Nach dem von Carl Diem aufgestellten Bedarfsprogramm entwickelte Johannes Seiffert, der auch als Dozent für Übungsstättenbau an der Hochschule für Leibesübungen tätig war und zudem seit 1920 als Leiter der „Spielplatzberatungsstelle“ beim

Deutsches Sportforum, projektierter Grundriss der Gesamtanlage, Entwurf: Johannes Seiffert, datiert September 1925

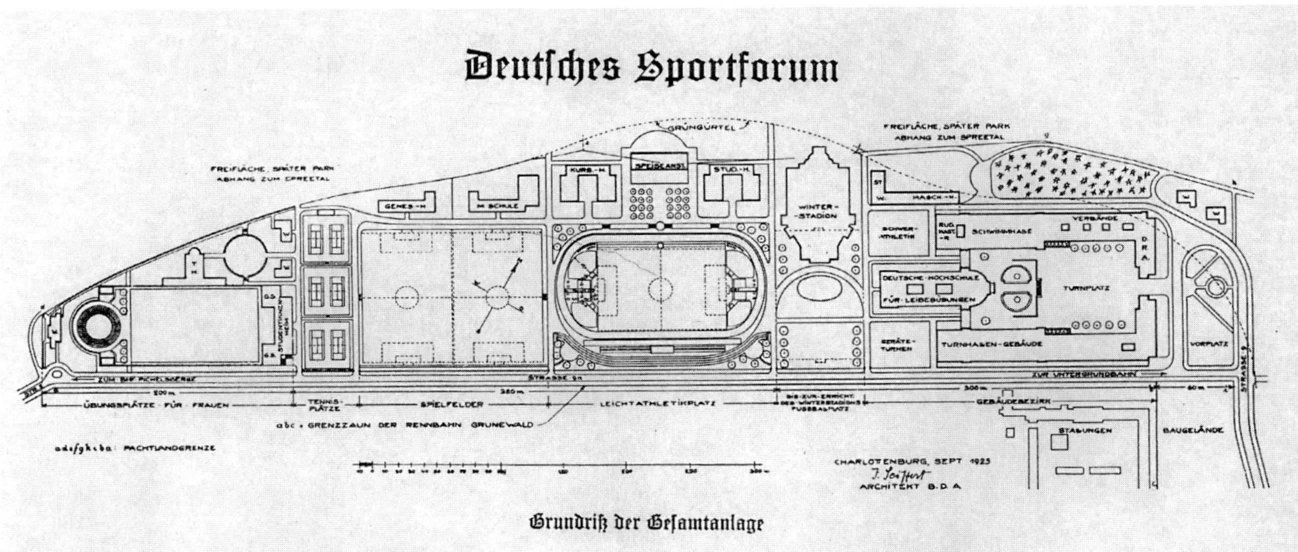

Deutsches Sportforum, Vorentwurf von Johannes Seiffert zum Neubaukomplex der Deutschen Hochschule für Leibesübungen, Ansicht von Nordosten über den Turnplatz, 1925

Deutschen Reichsausschuss fungierte, eine Lageplanstudie, die die grundsätzliche Aufteilung des zukünftigen Sportgeländes festlegte. Zugleich unterbreitete er Vorschläge zur Gebäudeanordnung und -form. Seifferts Konzept sah eine Dreiteilung des lang gezogenen Areals durch zwei quer geführte Hauptwege vor, wobei im Ostteil die Gebäude und im Mittelteil die Freianlagen angeordnet waren. Die im Westen gelegenen Flächen sollten einem eigenen Frauenbezirk vorbehalten bleiben. Noch im September 1925 begann man nach Seifferts Vorschlägen mit der Herrichtung der Sportstätten im Freien. Zur Ausführung kamen – von Ost nach West – ein Leichtathletikplatz (der spätere August-Bier-Platz), ein die Fläche von zwei Fußballfeldern messender Rasenspielplatz (der spätere Hueppeplatz), sechs Tennisplätze und ein Turnplatz (der spätere Georgiiplatz).

Seifferts Vorschläge bezüglich der Gebäudeanordnungen scheinen dagegen bei den zuständigen Stellen der Stadtverwaltung nicht den erforderlichen Zuspruch gefunden zu haben, so dass noch im Dezember 1925 ein beschränkter Wettbewerb zur Gestaltung der Gesamtanlage ausgeschrieben wurde. Der von Seiffert entwickelte Lageplan war aufgrund der bereits im Bau befindlichen Freiflächen hierbei jedoch zu berücksichtigen.

Deutsches Sportforum, Schnittzeichnung des Hochschulgebäudes, Entwurf: Johannes Seiffert, datiert September 1925

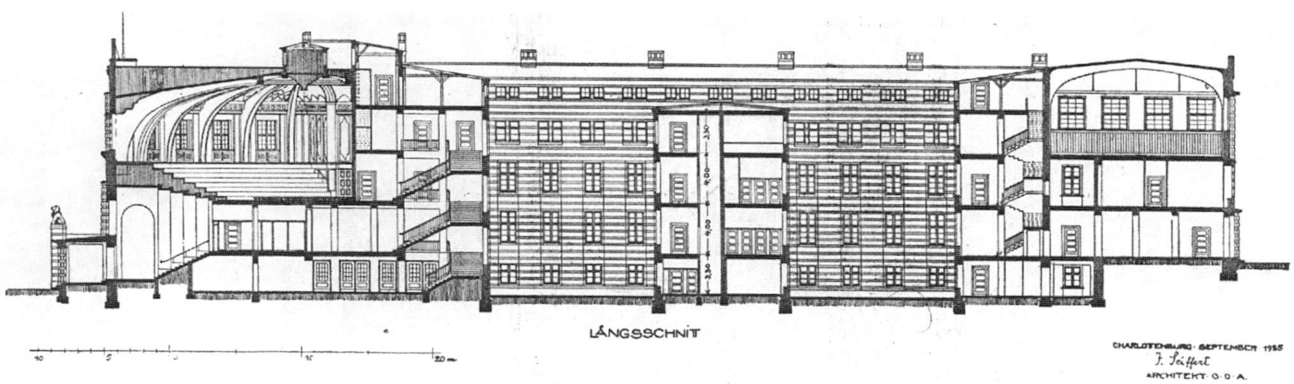

Wettbewerb Deutsches Sportforum, Blick auf das Turnhallengebäude mit Schwimmhalle (links) und Hochschule (rechts), Entwurf: Johannes Seiffert mit Albert Biebendt, 1926

Dem Preisgericht der ausgeschriebenen Konkurrenz gehörten von Architektenseite der ehemalige Berliner Stadtbaurat Ludwig Hoffmann, der amtierende Berliner Stadtgartendirektor Erwin Barth sowie die freischaffenden Architekten German Bestelmeyer und Paul Bonatz an. Weitere Jurymitglieder waren der Reichskunstwart Edwin Redslob sowie Theodor Lewald und Carl Diem als Vertreter des beim Deutschen Reichsausschuss gebildeten Bauausschusses. Unter den bis zum 1. Februar 1926 eingereichten insgesamt sieben Entwürfen der Architekten Hermann Dernburg,

Wettbewerb Deutsches Sportforum, Ansicht des Turnplatzes mit Blick auf das Winterstadion (oben) und Schaubild der Gesamtanlage von Südosten gesehen, Entwurf: Hans Poelzig, 1926

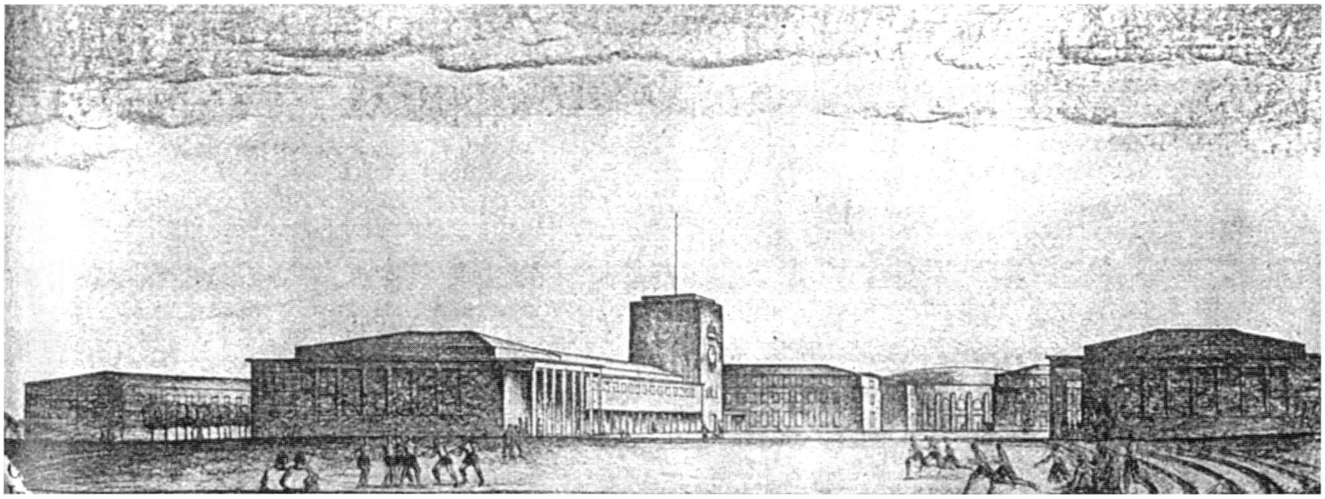

Wettbewerb Deutsches Sportforum, Schaubild der Gebäudeanlage mit dem Winterstadion als östlichem Abschluss (Vorschlag II), Entwurf: Werner und Walter March, 1926

Werner und Walter March (zwei Vorschläge), Hans Poelzig, Johannes Seiffert (je ein Entwurf mit Albert Biebendt und Ernst Rentsch) und Max Taut wurde der „Vorschlag II" der Gebrüder March ausgewählt und dem Reichsausschuss „als Grundlage für die definitive Bearbeitung"[22] anempfohlen. In seiner Begründung hob das Preisgericht einleitend die „freie Lage des Geländes mit dem schönen Blick nach Nordwesten"[23] hervor, der dem Sportforum „für immer einen eigenartigen Reiz und einen unvergleichlichen Vorzug gegenüber allen anderen Sportplätzen"[24] verleihen würde, und postulierte zugleich, die weitgehende Nutzung der natürlichen Schönheit sei am besten zu erreichen, „wenn die Freiheit des Nordrandes möglichst geschont und der freie Durchblick in der Längsachse möglichst weit ausgedehnt wird"[25]. Diese „grundsätzlichen Erwägungen" sah das Preisgericht im zweiten Entwurfsvorschlag der Marchs, der den Nordrand „besonders reizvoll entwickelt"[26], am besten gelöst. Dagegen blieb die vorgeschlagene Anordnung der einzelnen Gebäude zueinander – der zentrale Teil der Aufgabenstellung – nicht ohne Kritik: „Einzelheiten, wie Eingliederung des Gebäudes der Turnerschaft und der Verbände in den regelmäßigen Hof um den Jahnplatz sind in der vorgeschlagenen Form nicht ausführbar."[27]

In der allzu kurz gehaltenen Begründung sind weitere Aussagen zur architektonischen Gestaltung der Gebäude nicht enthalten. Auch eine Einzelwürdigung der übrigen Entwürfe veröffentlichte das Preisgericht nicht. Zu diesem Vorgehen bemerkte die Deutsche Bauzeitung, die den Wettbewerb in zwei Beiträgen mit zahlreichen Abbildungen ausführlich beschrieben hatte: „Wir überlassen es auch unseren Lesern, aus dem Vergleich der einzelnen Pläne selbst die Schlüsse zu ziehen, wieweit die Bewerber die gestellte Aufgabe programmäßig erfüllt haben, wieweit die Preisrichter selbst bei ihrer Beurteilung eine freie Auslegung der Programmbestimmungen haben walten lassen. Das letztere gilt namentlich in Bezug auf die Einhaltung der festgelegten Bebauungsgrenzen. So sind z. B. in dem preisgekrönten Entwurf die Vereinshäuser und das Wirtschaftsgebäude südlich der großen Straße des Sportforums auf Gelände der Rennbahn verlegt. Falls sich das als undurchführbar erweist, würde eine stärkere Bebauung des Pachtgeländes nötig sein, was wohl zu einer stärkeren Bebauung der Nordseite, also zur teilweisen Preisgabe des besonderen Vorzuges des preisgekrönten Entwurfes führen müßte."[28]

Carl Diem als Mitglied des Preisgerichts zeigte sich mit dem Ergebnis völlig unzufrieden und intervenierte bei Lewald. Nur sechs Tage nach der Preisgerichtsentscheidung, am 11. Februar 1926, schrieb er an diesen: „Euer Exzellenz bitte ich vor dem Besuch des Herrn March nachstehende Stellungnahme zu dem Entwurf freundlichst zu prüfen. Ich habe ihn noch einmal genau durchdacht und auch gestern Abend noch mit den anderen Entwürfen verglichen und kam zu folgendem Ergebnis:

1.) Die ihm nachgesagten Vorteile treffen in der Wirklichkeit nicht zu.
2.) Die in ihm enthaltenen Nachteile sind nicht erträglich.
3.) Die auch vom Schiedsgericht geforderten und durch den Stand der Einebnung etwa notwendig werdenden Abänderungen werfen den Plan völlig um.
4.) Die Architektur ist so farblos, dass sie uns keine Gewähr für die künstlerische Meisterschaft der Architekten gibt."[29]

In demselben Schreiben wies Diem ebenfalls darauf hin, dass von den beiden Marchs entgegen den Vorgaben drei große Bauten außerhalb des Geländes angeordnet wurden. Weiter bemängelte er die Lage des Hochschulgebäudes und die Anordnung der Gebäude um einen „stilisierten Doppelhof". Am heftigsten äußerte Diem Kritik an der Gestaltung: „Die bisher gegebenen Zeichnungen bringen uns lange einförmige kastenartige Gebäude."[30] Ausdrücklich erwähnte er Seifferts ursprünglichen, in der Denkschrift zur Grundsteinlegung des Deutschen Sportforums veröffentlichten Entwurf, den er für „mindestens erwägenswert"[31] hielt. Sein Schreiben an Lewald endete mit der Feststellung, dass keiner der Pläne ausführbar sei und sie alle einen „wertvollen Beitrag" zu einem neuen Plan böten, „bei dessen Gestaltung wir den älteren March mit heranziehen wollen"[32]. Vorbehalte äußerte Diem gegenüber Walter March, der „bei mir gar kein Vertrauen (erweckt) und ich würde es für gut halten, wenn er aus der Arbeit ausscheidet"[33]. Aber auch Werner March wollte Diem nur eingeschränkt als „künstlerischen Mitberater" beteiligt sehen, „denn wir wissen nicht, ob er die nötige praktische Erfahrung, technisches Verständnis, Sparsamkeit und Zuverlässigkeit aufweist"[34]. Dass Lewald selbst möglicherweise gar nicht an der entscheidenden Beratung des Preisgerichts teilgenommen hatte, deutet Diems Schlussbemerkung an: „Auch werde ich das Gefühl nicht los, das mich während der ganze Preisgerichtssitzung – und nicht nur mich allein – beschlichen hat, Hoffmann und Bestelmeier (richtig: Bestelmeyer; d.Verf.) waren voreingenommen, fanden von vornherein an dem Marchplan alles gut, an den anderen alles tadelnswert und so erschien mir ihr Urteil nicht objektiv."[35]

Der Wunsch nach einer bruchlosen Fortschreibung der Architektur des Deutschen Stadions spielte wohl eine entscheidende Rolle bei der Preisgerichtsentscheidung. Formal stellten neben der Hoffmann und Bestelmeyer entgegenkommenden, traditionalistischen architektonischen Grundhaltung vor allem die kleinformatigen holländischen Ziegel sowie die Sockel- und Pfeilerausbildungen aus Kirchheimer

Muschelkalk eine direkte Beziehung zwischen den vorgeschlagenen Gebäuden des Deutschen Sportforums und den bestehenden Baulichkeiten der Grunewaldrennbahn her.

Das Wettbewerbsvotum für den Planvorschlag der Gebrüder March scheint möglicherweise die Ursache dafür gewesen zu sein, dass Seiffert sich tief enttäuscht noch 1926 vom Deutschen Reichsausschuß für Leibesübungen trennte.[36] Werner March wurde schließlich die alleinige Planung und Ausführung des Deutschen Sportforums übertragen. Seine der Realisierung zu Grunde gelegte Konzeption folgte dabei im Wesentlichen dem mit seinem Bruder Walter entwickelten siegreichen Wettbewerbsvorschlag. Dieser wiederum fügte sich in die bereits zuvor von Johannes Seiffert entwickelte und 1925 zur Ausführung bestimmte weiträumige Freiluftanlage ein, in der der Hauptgebäudegruppe bereits der Platz zugewiesen war, den sie schließlich nach dem Marchschen Entwurf auch einnahm. Bedeutsam erscheint, dass die von den Gebrüdern March vorgesehene Gebäudekonfiguration und das Prinzip der Baumassenverteilung dabei in frappanter Weise dem schon 1925 von Seiffert vorgelegten „Vorentwurf für die Deutsche Hochschule für Leibesübungen" entsprachen.

Wettbewerb Deutsches Sportforum, Vorschlag II der Brüder March, das Haus der Vereine und das Wirtschaftsgebäude waren südlich der Straße am Forum und damit außerhalb des Wettbewerbsgebietes angeordnet. Darunter der überarbeitete Lageplan von Werner March, datiert 29. April 1926

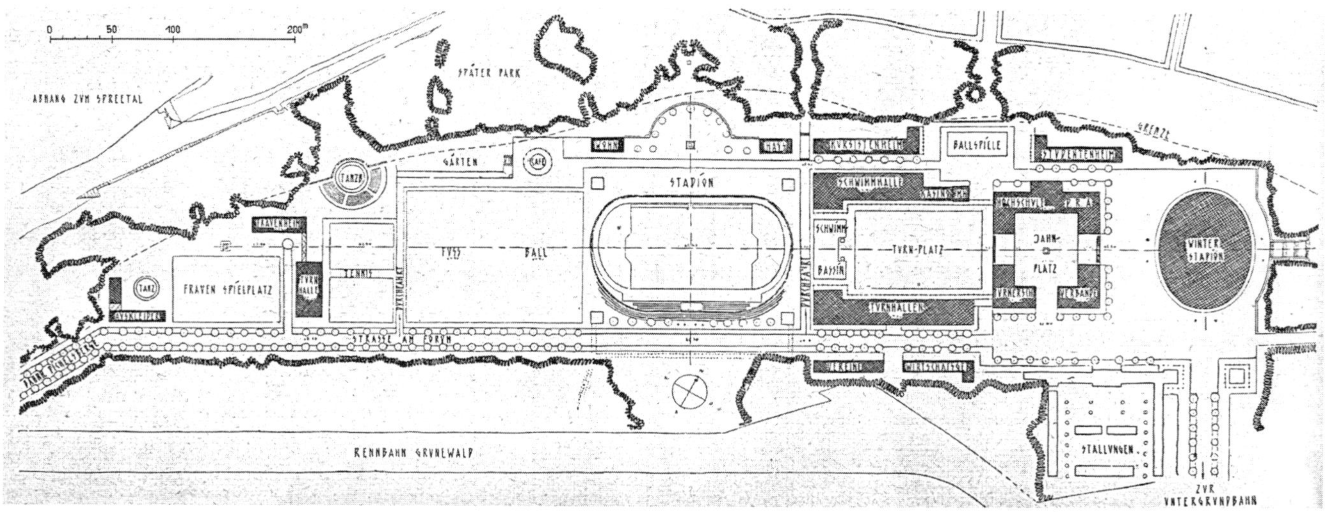

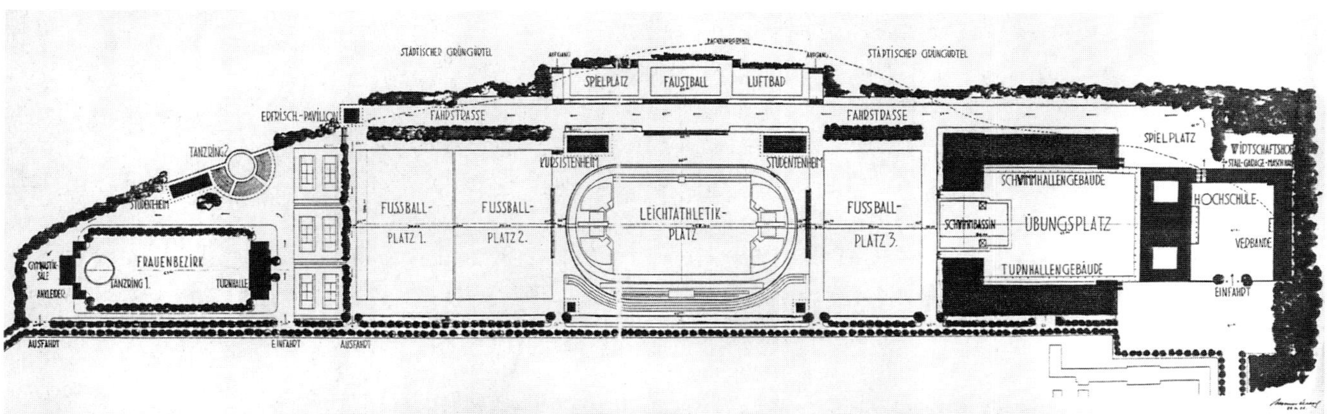

Deutsches Sportforum, Ansicht des geplanten Schwimmhallengebäudes (realisiert 1934-36), Entwurf: Werner March, Zeichnung 1928

Insgesamt umfasste der zur Ausführung vorgesehene Gebäudekomplex von Werner March eine Anzahl funktional unterschiedlicher Gebäudeteile, welche um einen dreiseitig umschlossenen Hof gruppiert waren. Im Einzelnen setzte sich die Anlage aus einem Turnhaus und einer Schwimmhalle zusammen, die die westlichen Kopfbauten ausbildeten, zwei anschließenden Flügelbauten sowie dem Haus des Deutschen Sports, welches (zunächst von den Flügeln abgerückt) an der Ostseite angeordnet war.

Die bauliche Umsetzung der Marchschen Planung begann am 25. August 1926. Um Baufreiheit zu schaffen, wurden hinter dem späteren Hindenburgplatz zunächst zwei provisorische Wohnbaracken zur Unterbringung der Studenten errichtet. Während die eigentlichen Arbeiten in den ersten Bauabschnitten gerade mühsam in Gang gekommen waren, konnten die ersten, noch von Seiffert projektierten Sportanlagen bereits zum Ende des gleichen Jahres genutzt werden.

Schon im darauf folgenden Jahr musste man infolge neuerlich aufgetretener Finanzierungsschwierigkeiten das gerade begonnene Bauprogramm reduzieren und von Werner March entsprechend überarbeiten lassen. So konnten in der Bauphase bis 1929 lediglich ein Teil des Turnhallengebäudes (1928), das offene Sommerschwimmbecken (1928), das Annaheim (1928) im Frauenbezirk als Wohnheim für Studentinnen, der Tennispavillon (1929) und die nördlichen Tunnelausgänge (1929), die den Zugang zum Stadion ermöglichten, fertig gestellt werden. Parallel zur Errichtung dieser ersten Gebäude wurde bis 1928 ein von Nadelgehölzen umgebener Tanzring für die Studentinnen am Westende des Areals, wo zunächst ein Frauenturnhaus

Deutsches Sportforum, Neubau des „Hirtsiefer"-Schwimmbeckens am Jahnplatz, dahinter das Turnhallengebäude von Werner March, Aufnahme um 1928

Deutsches Sportforum, Frauenwohnanlage „Annaheim", Ansicht von Südwesten, Entwurf: Werner March, Aufnahme um 1928

geplant war, angelegt und am daneben gelegenen Annaheim ein Schmuckgarten geschaffen. Den offenen Hörsaal ordnete man unter Erhalt aller Tennisplätze weiter im Osten an. Durch die Verschiebung der gegenüber dem Wettbewerbsentwurf in ihren Maßen verringerten Baugruppe an den Ostrand des Geländes konnte zwischen dieser und dem vorhandenen Leichtathletikplatz ein weiterer Fußballplatz (der spätere Hindenburgplatz) angelegt werden. Die Ausführung der Sportanlagen lag in der Verantwortung der in Berlin-Steglitz ansässigen Gartenbaufirma von Richard Köhler.

Ebenfalls im Jahre 1928 kam das schon in den ersten Entwürfen, allerdings in anderer Grundrissform, vorgesehene Freischwimmbecken zur Ausführung, das später für die Gesamtanlage das verbindende Bauglied zwischen der Platzfolge und dem Innenhof des U-förmigen Gebäudekomplexes bildete. An der Westseite fiel das Wasser zur Erwärmung über Kaskadenanlagen in das Nichtschwimmerbecken. Dieses wurde durch einen Steg, der zugleich den Zugang zum achteckigen Sprungturm bildete, vom Sprungbecken abgegrenzt. Mit dem quer gelegten Sportbecken ergab sich die T-förmige Grundrissgestalt, die zu der engen Verklammerung des Bassins mit den Gebäuden führte. In der Achse des Turnhallengebäudes östlich davon entstand nahezu zeitgleich das „Haus der Deutschen Turnerschaft". Die Deutsche Turnerschaft gehörte nicht dem Reichsausschuss für Leibesübungen an; folglich war ihr Gebäude auch nicht Bestandteil des Bauprogramms der Marchschen Planung. Das Bauwerk mit drei Turnhallen, Wohn- und Schlafräumen, Hörsaal und Kantine wurde in eigener Regie nach einem Entwurf des Architekten Heinrich Schütte von der Berlinischen Boden-Gesellschaft errichtet.[37]

Deutsches Sportforum, Brunnensäule „Amor" von Hugo Lederer auf der Terrasse vor dem Speisesaal des „Annaheims", Aufnahme 1928

Die Freiflächengestaltung der bis dahin geschaffenen Anlagen dienten dem Deutschen Reichsausschuss als vorbildliche Beispiele des Sportstättenbaus. Der Leichtathletikplatz wurde bis ins Detail als Muster in dem 1928 erschienenen Band der „Anlagen für Sport und Spiel" des Handbuchs für Architektur vorgestellt.[38] Die Nutzung der Freiflächen blieb allein den Studenten der Hochschule für Leibesübungen vorbehalten, weshalb das Gelände allseitig eingezäunt wurde. Das Deutsche Stadion konnte durch einen 1929 realisierten Tunnel, der vom Leichtathletikplatz aus unter dem Geläuf der Rennbahn zum Stadion führte, erreicht werden. Die Nutzung durch die Hochschule ließ es zu, dass auf untergliedernde Grünflächen, wie sie beispielsweise bei Sportanlagen innerhalb von öffentlichen Volksparks – etwa dem zeitgleich angelegten Berliner Volkspark Rehberge – erforderlich waren, verzichtet werden konnte. Lediglich die den natürlichen Gegebenheiten angepasste Höhenstaffelung der verschiedenen Plätze führte zu einer Trennung der unterschiedlichen Bereiche. Das herausragende Charakteristikum des Sportforums bildete aber nicht zuletzt seine Lage hart an der steil zur Murellenschlucht abfallenden Hangkante. Die Errichtung des Tennispavillons und der Eingangsterrasse des Annaheimes sowie die

Anlage des offenen Hörsaales stellten dabei gezielt am Plateaurand angeordnete Aussichtspunkte dar. Das angrenzende weit reichende Waldgebiet gewährleistete schließlich die Versorgung des Sportgeländes mit der erforderlichen frischen und reinen Luft.

Haus der Deutschen Turnerschaft am Deutschen Sportforum, Südansicht, Entwurf: Heinrich Schütte, Bauzeit 1926/27, Aufnahme um 1928

Bei der Anlage des Deutschen Sportforums wurde in dieser Phase auf die konzeptionelle Einbindung eines die Sportstätten ideell überhöhenden Skulpturenprogramms weitgehend verzichtet. Lediglich eine „Läuferstatue zum Andenken an Prinz Friedrich Carl von Preußen" von Ernst Gorsemann kam „dank einer Stiftung der Mutter des im Luftkampf gefallenen Prinzen"[39] zur Aufstellung, außerdem der „Diskuswerfer" von Wolfgang Schaper, der von der Zigarettenfirma Reemtsma gespendet wurde, sowie Hugo Lederers „Amor", der auf dem Brunnenplatz vor dem Annaheim Aufstellung fand. Für das Eingangsfoyer zur großen Turnhalle hatte Werner March schon einen Sockel für eine große Skulpturengruppe geschaffen, ebenso einen Sockel an den Treppenstufen, die zu dem offenen Schwimmbecken hinabführten; der Kultusminister hatte die Stiftung zweier größerer Skulpturen in Aussicht gestellt. Werner Marchs Aufrisszeichnungen lassen die vorgesehen Plastiken erkennen, die jedoch aus Einsparungsgründen nicht zur Ausführung kamen.

Deutsches Sportforum, offener Hörsaal, Entwurf: Werner March, Aufnahme um 1929

Sport, Spiel und Ablenkung

„Wie erinnerlich, siegte neulich bei der Olympiade in Amsterdam als Meisterin der ganzen Welt im Florettfechten die Primanerin Helene Mayer aus Offenbach. Die deutsche Presse aller Richtungen feierte sie, nicht zum wenigsten die völkische Presse, deren Enthusiasmus sich noch steigerte, als bekannt wurde, dass Helene Mayer im ersten Siegestaumel eine schwarzweissrote Fahne schwang [...] Leider fällt jetzt ein Tropfen Wermuth in den Wein der völkischen Begeisterung. Denn [...] diese ‚blauäugige' und ‚blondhaarige' Helene Mayer (ist) die Tochter des Arztes Dr. Mayer in Offenbach, eines Mitgliedes des Zentralvereins deutscher Staatsbürger jüdischen Glaubens."
(Berliner Tageblatt, 19. August 1928)

Deutsches Stadion, Vorführung der Turner während der „Deutschen Kampfspiele" am 25. Juni 1922

Nach dem Ende des Ersten Weltkriegs sah sich der Deutsche Reichsausschuß für Leibesübungen aufgrund der schwierigen wirtschaftlichen Situation und der inflationären Entwicklung gezwungen, auch kommerzielle Veranstaltungen im Stadion zuzulassen. Ohnehin standen die Zeichen der Zeit nicht günstig für hehren Sport und körperliche Ertüchtigung. So genannte Steherrennen hinter Schrittmachermotoren, Kleinautorennen und Schauflüge fanden nun in der „geheiligten Arena" statt. Eine Filmgesellschaft inszenierte gar für ein Lichtspiel im bis auf den letzten Platz gefüllten Stadion ein „römisches Arenafest mit großem Wagenrennen", indem die Schauspielerin und Sensationsdarstellerin Fern Andra ein „wildes Viergespann" lenkte, und sogar „die Sportsleute unter den Zuschauern, so schmerzlich ihnen diese Verwendung des Stadions auch war, mußten zugeben, daß die Frau ihre Rosse schneidig lenkte"[40], und belohnten ihre Darbietung mit Beifall und Bewunderung.

Zeitweilig „zierte" dann Reklame das Radrennbahnoval der Anlage und die Zugänge und Brüstungen wurden als Flächen für „Bandenwerbung" angeboten und so eine weitere Einnahmequelle erschlossen. Eine Maßnahme, die – wie ein Chronist konstatierte – schwer fiel und die „keinem mehr zu Herzen ging, als denen, die das Jawort dazu geben mußten"[41].

Sportlicher Höhepunkt eines ansonsten kargen Veranstaltungsprogramms der ersten Nachkriegsjahre war das am 24. Oktober 1920 ausgetragene Fußballländerspiel Deutschland – Ungarn, das 50 000 Zuschauer dicht gedrängt verfolgten und das nach spannendem Spielverlauf mit 0:1 verloren ging.

1922 wurden im Stadion die ersten „Deutschen Kampfspiele" durchgeführt. Da Deutschland nach dem Ersten Weltkrieg von den Olympischen Spielen ausgeschlossen war, sollten die auf 14 Tage (18. Juni – 2. Juli) angesetzten Spiele für die Sport-

Grundsteinlegung zum Deutschen Sportforum, Hammerschläge von Maria Ziegler im Namen der weiblichen Sportstudenten, 18. Oktober 1925

und Turnvereine entsprechenden Wettkampfersatz bieten. Eingeladen waren auch Sportler aus den „abgetrennten deutschen Ostgebieten" und aus Österreich. Erstmals traten auch Studenten der Hochschule für Leibesübungen öffentlich auf, „sie waren bei dem Eröffnungsmarsch und bei der Preisverteilung [...] beigegeben und wirkten mit ihren braungebrannten, bis in die letzte Muskelfaser durchgebildeten Körpern als Musterbilder moderner deutscher Körperkultur"[42].

Weitere große Sportfeste der Folgezeit finanzierten die auflagenstarken Zeitungsverlage Scherl und Ullstein. Scherl unterstützte u. a. den großen Städtewettkampf von Amsterdam, Berlin, Budapest, Oslo und Rom am 24. Mai 1925, den Berlin knapp für sich entschied. Und Ullstein ermöglichte durch eine großzügige Unterstützung wenig später das „Nurmifest", bei dem der legendäre finnische Sportler im Stadion über 3000 Meter Weltrekord lief.

Deutsches Stadion, Parvo Nurmi läuft über 3 000 Meter in 8.25,4 Minuten Weltrekord, Pfingsten 1926

Ein weiteres Großereignis in der Mitte der zwanziger Jahre bezog sich auf die geplanten Baumaßnahmen und Erweiterungen der Sportanlagen selbst. Obwohl die Pläne für die Neubauten zur Erweiterung der Hochschule und zum Deutschen Sportforum noch nicht beschlossen waren, fand am 18. Oktober 1925 bereits eine feierliche Grundsteinlegung statt. Welche Bedeutung dem Bauvorhaben beigemessen wurde, zeigt die Liste der Ehrengäste. Zu der Feier eingeladen waren der Reichspräsident Paul von Hindenburg, Reichsinnenminister Martin Schiele und der

Deutsches Stadion, 40 000 Schulkinder gratulieren dem Reichspräsidenten Paul von Hindenburg zu seinem 80. Geburtstag am 2. Oktober 1927

Luftbild von der Südtribüne des Deutsches Stadions mit ehemaliger Kaiserloge und Marchtunnel, Aufnahme 1928

preußische Ministerpräsident Otto Braun, „ferner namhafte Vertreter der deutschen Städte, der Universitäten und Hochschulen, der deutschen Industrie, der Landwirtschaft und der medizinischen Wissenschaft, und schließlich die Führer der Sportsverbände und bekannte Sportsleute selber“[43]. Hindenburg wurde von Lewald und Diem empfangen und durch ein Spalier von Sportlern zum Festplatz geleitet. Hier auf dem Erweiterungsgelände waren um ein großes Viereck provisorische, fahnengeschmückte Tribünen aufgebaut. Nach der Weiherede des Vorsitzenden des Deutschen Reichsausschusses legte der Reichspräsident den Grundstein mit den Worten: „Deutsche Jugend, der dieses Werk hier gewidmet ist, werde treu, werde einig, werde stark und hart.“[44] Anschließend fanden im Deutschen Stadion sportliche und turnerische Vorführungen statt. Die Veranstaltung zur Grundsteinlegung endete mit einem großen Festfrühstück im Rennbahnrestaurant.

Reichspräsident Hindenburg war zwei Jahre später erneut hofierter Mittelpunkt einer Großveranstaltung, als im Deutschen Stadion 40 000 Schulkinder antraten, um ihm zu seinem 80. Geburtstag zu gratulieren. Hindenburg bedankte sich mit mahnenden Worten bei den Kindern, die „Treue zum Vaterland“ ihr ganzes Leben lang zu bewahren.

Auf sportlichem Sektor zogen die wenigen im Deutschen Stadion ausgetragenen Fußballländerspiele das Publikum in großen Scharen in die Arena. Am 10. Mai 1930 spielte die deutsche Elf vor ausverkauften Rängen gegen die Mannschaft „aus dem Mutterland des Fußballs“, England, und erreichte ein achtbares 3:3. Dagegen erlitt die deutsche Mannschaft am 24. Mai 1931 eine der höchsten Heimspielniederlagen überhaupt, als gegen Österreich mit 0:6 verloren wurde.

Zu Beginn der dreißiger Jahre zeigten die Nationalsozialisten, wofür sich Sportstätten wie das Deutsche Stadion ebenfalls nutzen ließen, nämlich als Ort parteipolitischer Demonstrationen und militärischer Aufmärsche. So bei Hitlers Kundgebung am 27. Juli 1932 zum Abschluss seiner „Deutschlandflug“ genannten Wahlkampf-

Deutsches Stadion, zum Generalappell der „Nationalsozialistischen Betriebszellenorganisation" (NSBO) trifft Kultusminister Bernhard Rust im Stadion ein, 21. Mai 1933

reise, und nach der so genannten Machtergreifung beim am 21. Mai 1933 abgehaltenen Generalappell der „Nationalsozialistischen Betriebszellenorganisation (NSBO)", wo Reichskulturminister Bernhard Rust zu den versammelten Massen sprach, oder am 13. August 1933 beim SS-Appell, als die Kolonnen von SA und SS an ihren Führern Ernst Röhm und Heinrich Himmler vorbeimarschierten.

Letztes sportliches Ereignis im Deutschen Stadion war ein so genanntes Trainingslager für die Olympiakandidaten im Oktober 1933, bevor mit dem Abbruch und den Arbeiten für den monumentalen Neubau begonnen wurde.

Deutsches Stadion, Vorbeimarsch der SS an Ernst Röhm („Stabschef der SA") und Heinrich Himmler („Reichsführer der SS"), an der Spitze der Kolonne der „Chef der Ordnungspolizei und SS-Oberstgruppenführer" Kurt Daluege, 13. August 1933

Reichssportfeld, Modellansicht der
Gesamtanlage, Planungsstand 1935

Die Bewerbung um die Olympischen Spiele und die Anlegung des Reichssportfeldes (1930-1936)

Planungen und Bauarbeiten

„An technischer Großzügigkeit können die amerikanischen Stadionbauten nicht übertroffen werden. Sie dienen vorwiegend den großen Ligaspielen, dem Professionalsport und dem Sensationsbedürfnis eines breiten zahlungsfähigen Publikums und waren bis jetzt bei der starken Teilnahme ohne Schwierigkeit zu finanzieren. [...] Die deutschen Anlagen dienen dem Amateurgedanken, dem Volkssport auf breitester Grundlage, mit dem ideellen Ziel einer allgemeinen inneren und äußeren Gesundung.“
(Werner March: Kunst und Technik im Stadionbau, in: Zentralblatt der Bauverwaltung, 53. Jg., 1933)

Zu den Olympischen Spielen 1928 in Amsterdam war Deutschland nach seinem zwischenzeitlichen Ausschluss wieder zugelassen. Mit der Rückkehr in die „Olympische Familie“ entstand sogleich der Wunsch, die Spiele nun endlich auch im eigenen Land, im dazu umgebauten und modernisierten Deutschen Stadion ausrichten zu können. Treibende Kräfte, die Olympischen Spiele nach Deutschland zu holen, waren Theodor Lewald und Carl Diem. Letzterer, für die kriegsbedingt abgesagte VI. Olympiade 1916 in Berlin bereits zu deren Generalsekretär bestimmt, wollte sich seinen Lebenstraum erfüllen, einmal den „Kampf um Ehre, Vaterland, Friede (und) Freude“ (so Diem in einer „Hymne“ an das „Ewige Olympia“)[45] in maßgeblicher Position mitgestalten zu können. Und dieses Ziel verfolgte Carl Diem mit Beharrlichkeit und Kontinuität.

Bereits 1922 erschien in der von ihm herausgegebenen Schriftenreihe „Beiträge zur Turn- und Sportwissenschaft“ das gemeinsam mit Johannes Seiffert verfasste Heft „Sportplatz und Kampfbahn“, das auch Empfehlungen für den Bau großer Stadien enthielt. Einer Bitte von Diem folgend, beschäftigte sich Seiffert mit konzeptionellen Überlegungen zum Bau von Festspielplätzen und konkret auch mit Umbauplanungen zum Deutschen Stadion, um für die Durchführung Olympischer Spiele gerüstet zu sein, „die vielleicht eher kommen, als man denkt“[46].

Ein in der Ausstellung „Volkskraft“ 1925 gezeigtes Baumodell vermittelte der Öffentlichkeit die von Seiffert vorgeschlagenen Umgestaltungsmaßnahmen am Deutschen Stadion: Herausnahme der Radrennbahn, Tieferlegung der Sport- und Spielfläche bei gleichzeitiger Erhöhung der Zuschauerkapazität.

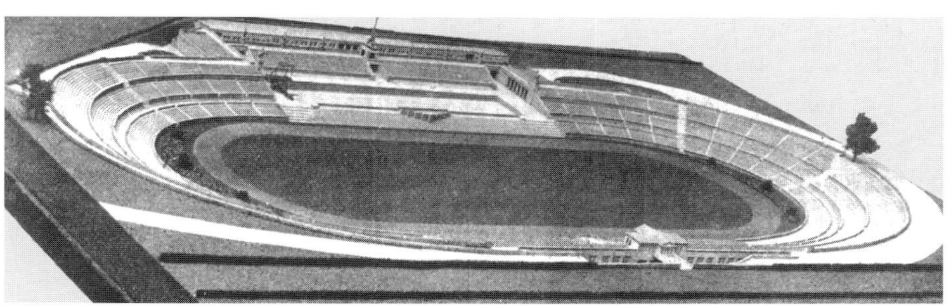

Deutsches Stadion, Studienmodell zur Umgestaltung des Stadions durch Herausnahme der Radrennbahn und Tieferlegung der Arena, Entwurf: Johannes Seiffert, 1925

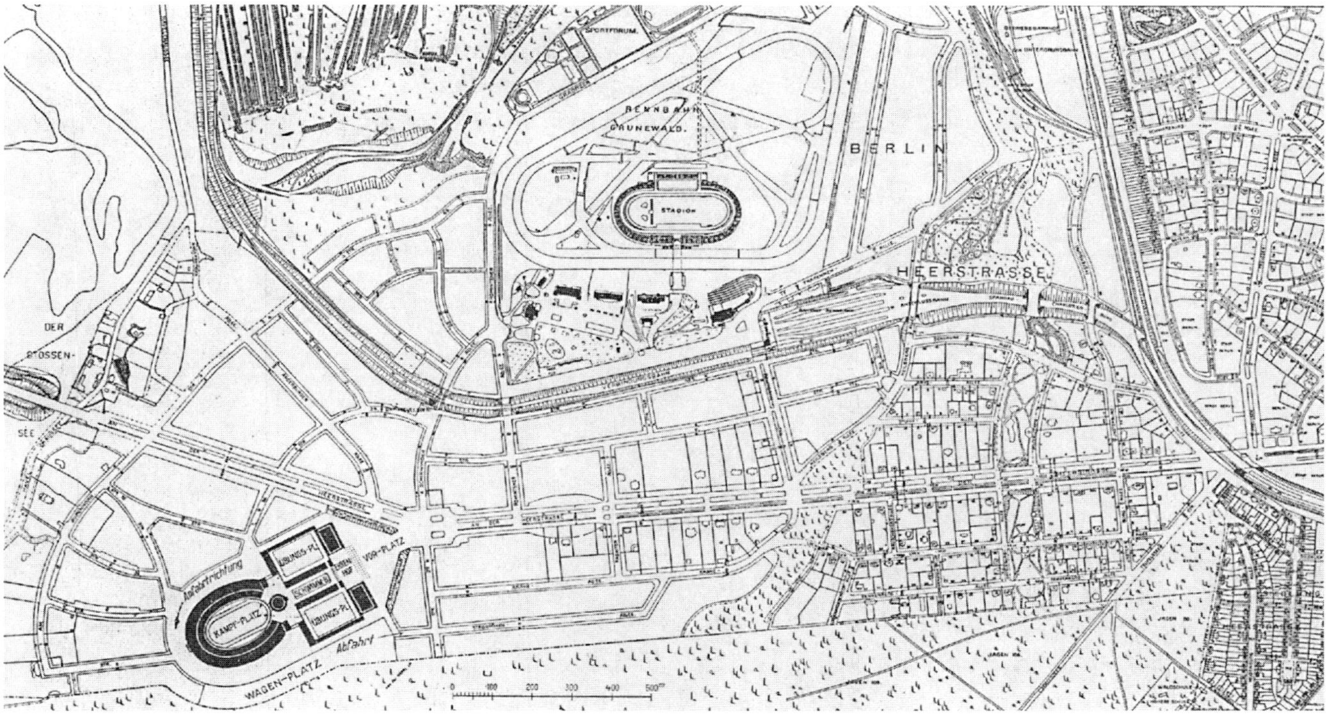

Lageplan zu einer nationalen olympiageeigneten Sport- und Festspielstätte südlich der Heerstraße, Planverfasser: Johannes Seiffert, 1927

Dass man damit „noch lange nicht den Bedürfnissen internationaler Spiele gerecht werden“[47] würde, selbst wenn die fertig gestellten Gebäude der Hochschule für Leibesübungen mit einbezogen werden könnten, veranlaßte Johannes Seiffert 1927, da sich der Wunsch nach Einbeziehung des Rennbahngeländes immer wieder rege machen würde, „ein deutsches Olympia-Stadion wenigstens in Skizzen vor Augen zu führen, zu dem die Baustelle außerhalb des Rennbahngeländes liegt“[48]. Den Vorteil eines Neubaus sah er darin, dass „die neue Festspielanlage ohne jede Beschränkung“[49] errichtet werden könnte, somit das vorhandene Stadion in unveränderter Gestalt erhalten bliebe und „durch eine Tunneldurchquerung des Rennbahngeländes mit der Hochschule (Sportforum) verbunden, als ‚Hochschulstadion' weiter den idealen Zielen praktisch und vollendet schön dienen könnte, für die es nach den Plänen Otto Marchs erbaut worden ist.“[50] Als Bauplatz für die neue Fest- und Sportanlage schlug Seiffert ein Areal südwestlich von Heerstraße und Scholzplatz vor.

Johannes Seifferts Vorschläge zum Bau einer solchen Stadionanlage blieben ohne größere Resonanz. Mit seiner Trennung vom Deutschen Reichsausschuss hatte er den Rückhalt und die Unterstützung bei führenden Sportfunktionären, auch bei Carl Diem, eingebüßt. Zudem musste das monumentale Bauvorhaben einer deutschen olympiageeigneten Fest- und Sportstätte vor dem Hintergrund der schwierigen wirtschaftlichen Situation in der Weimarer Republik der Allgemeinheit als geradezu utopisch und nicht finanzierbar erscheinen.[51]

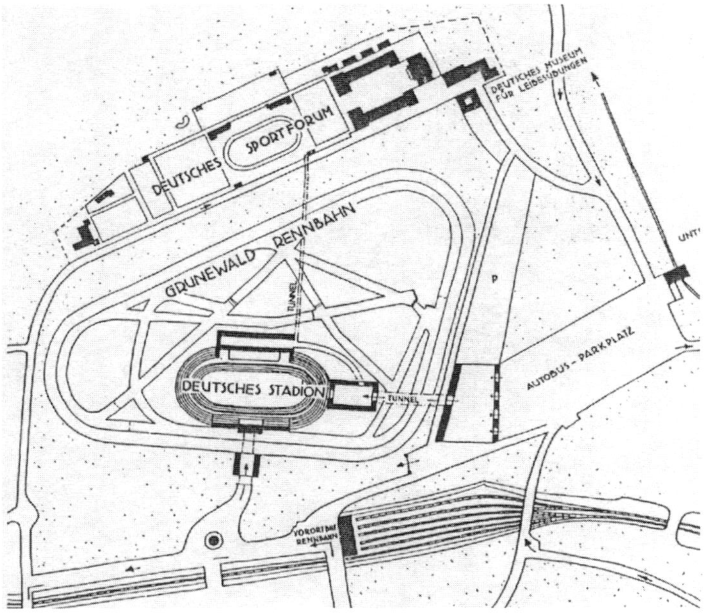

Deutsches Stadion und Sportforum, Lageplan zum Stadionumbau und zum Neubau eines zweiten Zuganges, Planverfasser: Werner March, 1930

Stattdessen erhielt Werner March nach einer gemeinsamen Besichtigung des Deutschen Stadions mit Diem den Auftrag, ein Vorprojekt zum Stadionumbau zu erarbeiten. In seinem Angebot vom 19. Juli 1928, gerichtet an den Deutschen Reichsausschuss für Leibesübungen, skizzierte March den Umfang der Arbeiten (Regelung aller Verkehrsfragen, Lösung der Zugänge, Bau eines weiteren Tunnels, Vertiefung des Stadions, Umbau der Hauptloge und der Schwimmbahntribüne) und die zu erbringenden Leistungen (Zeichnungen, Schaubilder, Herstellung eines Modells). Bezüglich der Honorierung erklärte er sich bereit, da „der Reichsausschuss für Leibesübungen z.Z. nicht in der Lage ist, das gebührenmäßige Honorar für diese Vorarbeiten zu bewilligen“[52], die Arbeiten zu einem Festpreis von 6000,- Reichsmark zu liefern, „sofern mir in einem im Einzelnen noch aufzusetzenden Projektvertrag die Zusicherung gegeben werden kann, dass mir im Falle der Verwirklichung eines Stadionumbaues dessen Ausführung übertragen wird“[53]. March hielt es zudem für erforderlich, die „wichtigsten, modernen Stadionanlagen eingehend“ zu studieren, und erbat für diese Reisen eine Vergütung der Spesen.[54]

Vom 25. bis 30. Mai 1930 fand in Berlin im Gebäude des ehemaligen Preußischen Herrenhauses an der Leipziger Straße der IX. Olympische Kongress statt, zu dem neben dem IOC-Präsidenten, Henri Comte Graf de Baillett-Latour, weitere 30 IOC-Mitglieder, Vertreter von insgesamt 94 NOK sowie zahlreiche Abgeordnete internationaler Verbände erschienen waren. Berlin präsentierte sich auf dem Kongress als die „Sporthauptstadt Deutschlands“ und überreichte den Teilnehmern eine gleich lautende Informationsschrift. Theodor Lewald, seit 1924 IOC-Mitglied und seit 1927 auch Mitglied der IOC-Exekutive, übergab die an das „Sekretariat des Internationalen Olympischen Komitees, Lausanne“ gerichtete Einladung des Magistrats der Stadt Berlin, die XI. Olympischen Spiele im Jahre 1936 in Berlin „ergebenst“ abhalten zu dürfen.

Als zentrale Austragungsstätte war das Deutsche Stadion vorgesehen. Den gesteigerten Ansprüchen und Bedürfnissen an eine solche Kampfbahn versprach Berlin „durch Ausbau der jetzigen Anlage Rechnung (zu) tragen“[55]. Den Kongressteilnehmern legte die Stadt ein von Werner March erarbeitetes Ausbaukonzept vor. Hauptmaßnahme war – wie bei den von Johannes Seiffert erarbeiteten Vorstudien – die Verkleinerung des Stadioninnenraums durch die Heraus-

Deutsches Stadion, Grundriss zum Stadionumbau, Entwurf: Werner March, 1930

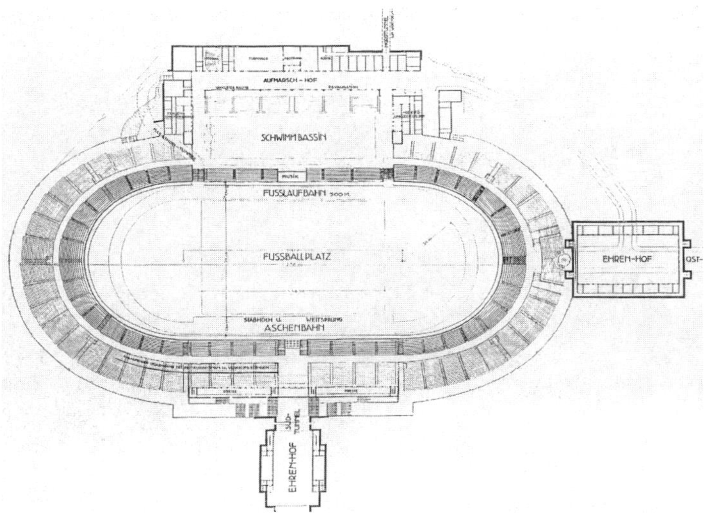

nahme der Radrennbahn. Marchs Vorschlag sah die Vertiefung des Innenraums um 4,5 Meter und die Verkürzung der 600-Meter-Laufbahn auf eine 500-Meter-Strecke vor, so dass nach erfolgtem Ausbau 70 000 Zuschauer, davon 50 000 auf nummerierten Sitzplätzen, den Sportwettkämpfen im Stadion hätten beiwohnen können. Diem, der Marchs Ausbauplan vorstellte, hob besonders hervor, dass auch sämtliche Sportanlagen des Deutschen Sportforums für die Zeit der Olympischen Spiele in vollem Umfang zur Verfügung stünden und dass damit die beiden Komplexe, Stadion und Sportforum zusammen, „in einer bisher noch nicht vorhandenen Zusammengehörigkeit alle für die Olympischen Spiele notwendigen Kampfplätze (vereinen)“[56].

Die Bewerbung erwies sich als erfolgreich. Am 13. Mai 1931 bestimmte das IOC Berlin als Austragungsort der XI. Olympischen Spiele.[57] Werner March erhielt vom Reichsausschuss für Leibesübungen den Auftrag, das Deutsche Stadion den neuen Anforderungen entsprechend umzugestalten. In Anbetracht der wirtschaftlichen Situation war weiterhin an einen Neubau nicht zu denken. Die von Werner March entwickelten Entwürfe betrafen als wesentliche Änderung zu den bisherigen Planungen das Schwimmstadion, das, von der Nordseite zur Ostseite verlegt, zugleich den neuen Hauptzugang zur Arena bilden sollte. Ein Modell des Stadionbaus wurde auf der am 11. Juli 1931 eröffneten Deutschen Bau-Ausstellung in Berlin der Öffentlichkeit gezeigt.

Zur Durchführung der Olympischen Spiele wurde ein nationales Organisationskomitee (OK)[58] ins Leben gerufen, das gegenüber dem IOC für die Leitung der Spiele und die Einhaltung der Olympischen Bestimmungen verantwortlich war. Die Gründungssitzung fand am 24. Januar 1933 im Roten Rathaus in Berlin statt.

Sechs Tage später, am 30. Januar 1933, ernannte Reichspräsident Paul von Hindenburg Adolf Hitler zum neuen Reichskanzler. Die Nationalsozialisten hatten ihr politisches Ziel erreicht, die SA feierte die Machtübernahme mit einem Fackelzug durch das Brandenburger Tor. Bereits am 16. März 1933 empfing Hitler IOC-Mitglied Theodor Lewald in seiner Eigenschaft als Vorsitzender des OK für die XI. Olym-

Deutsches Stadion, Modellansicht des 1933 von Werner und Walter March überarbeiteten Umbauentwurfs, das Schwimmbecken befindet sich nun auf der Ostseite

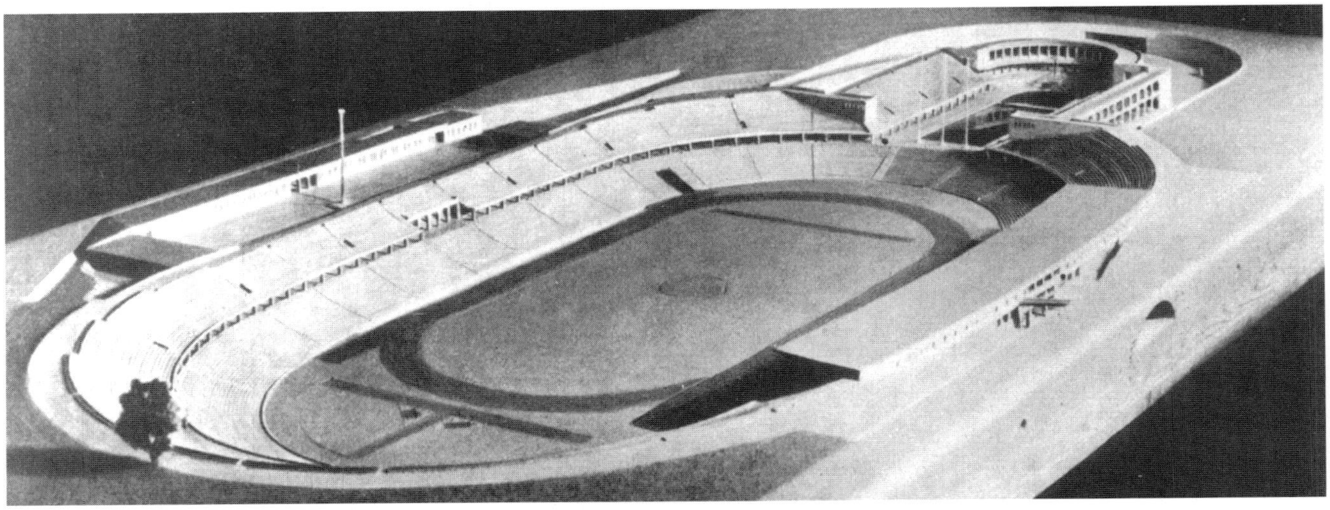

pischen Spiele 1936 und gab die Zusicherung, dass die Olympiade in Berlin den Statuten entsprechend durchgeführt würde.

Im April 1933 wurde mit dem SA-Gruppenführer Hans von Tschammer und Osten[59] ein Nichtfachmann zum „Reichssportkommissar“ ernannt. Er bekam den vagen und allgemein gehaltenen Auftrag, die „gesamte deutsche Leibesübung zu ordnen und zu betreuen“[60]. Am 10. Mai 1933 verfügte Tschammer als eine seiner ersten Maßnahmen die Auflösung des Deutschen Reichsausschusses für Leibesübungen. Dessen Vermögen (Stadion, Sportforum, Hochschule) ging gemäß der Satzung auf das Reichsinnenministerium über. Diem verlor im Zusammenhang mit der Zwangsauflösung seine Hochschulämter. „Damit endete meine 30jährige Tätigkeit für die Verwaltung und Lehre des deutschen Sports und es verblieb mir nur die Aufgabe der Vorbereitung Olympischer Spiele.“[61] Der Deutsche Reichsausschuß für Leibesübungen wurde zum „Reichsführerring für Leibesübungen“ umgewandelt, dem 15 Fachverbände unterstellt waren. Am 19. Juli 1933 erhielt Hans von Tschammer und Osten seine Ernennung zum „Reichssportführer“. In dieser Funktion unterstand er im Rang eines Ministerialdirektors dem Reichsinnenminister.

Der Versuch des NS-Regimes, von Tschammer auch zum Vorsitzenden des OK für die XI. Olympischen Spiele zu machen, scheiterte am Widerstand des IOC. Drei Jahre vor den Olympischen Spielen im eigenen Land scheute man den Konflikt mit der mächtigen internationalen Sportorganisation. Die Haltung des IOC bedeutete eine erhebliche Stärkung der Position von Lewald und Diem.

Am 15. Juli 1933 fand die erste Sitzung des vom OK gebildeten Bauausschusses unter dem Vorsitz von Carl Diem statt. Ihm gehörten u.a. der NS-Propagandist, Architekt und Direktor der Staatlichen Kunsthochschule Weimar, Paul Schultze-Naumburg, an, der Leiter der Reichsbauverwaltung, Karl Reichle, „Reichssportführer“ von Tschammer und Osten und Werner March. Der Ausschuss stellte in seiner konstituierenden Sitzung fest, dass zur Durchführung der Olympischen Spiele das Stadion mit der Schwimmkampfbahn allein nicht ausreiche und das Gelände des Sportforums mit einbezogen werden müsste. Die Vollendung der Sportforumsbauten als Provisorium wurde abgelehnt, da derartige Bauten der Würde und der Bedeutung Olympischer Spiele nicht entsprächen. Schultze-Naumburg forderte angesichts der Naturschönheit des Areals eine einheitliche Planung. Die vielen „Zäune und Bretterwände“ müssten verschwinden, um eine einzige, großartige Anlage zu schaffen, welche „im Jahr 1936 der ganzen Welt als ein Zeichen des Gestaltungswillen und die unbezwingbare innere Kraft Deutschland erscheinen (wird)“[62]. Auf seinen Vorschlag hin stellte der Ausschuss fest, dass zur Durchführung der Spiele der Ausbau des Stadions und die Fertigstellung der Sportforumsbauten notwendig seien. Baurat Reichle bezifferte den damit verbundenen Kostenaufwand für das Gesamtprojekt auf ca. 5,7 Millionen Reichsmark.

Deutsches Stadion, Werner March (links) und Carl Diem in Betrachtung des im Modell neu konzipierten Schwimmstadions, Aufnahme 1933

Anfang Oktober 1933 wurde die Entscheidung des IOC, die Olympiade 1936 in Berlin auszutragen, bestätigt. Obwohl das IOC Marchs Änderungsvorschläge bereits genehmigt hatte, ordnete Hitler nach einer Besichtigung des Geländes am 5. Oktober eine Erweiterung des Bauprogramms an, das damit eine entscheidende Wende erhielt. Lewald vermerkte in seinen Aufzeichnungen zum Besuch Hitlers: „Auf dem Wege über das ganze Sportforum bis zum Ausgang des Annaheims, und später im Stadion, zu dem man im Wagen fuhr, konnten March und ich alle wesentlichen Fragen zur Sprache bringen. [...] Der Kanzler erklärte, das Stadion müsse vom Reich gebaut werden, es sei das eine Reichsaufgabe; wenn man die ganze Welt zu Gast geladen hätte, müßte etwas Großartiges und Schönes entstehen. March hatte ihm die verschiedenen Steinarten gezeigt, und er erklärte, auch das Stadion müsse mit Haustein bekleidet sein; wenn man 4 Millionen Arbeitslose habe, müsse man für Arbeit sorgen, da spielten einige Millionen mehr gar keine Rolle. [...] Bei der Besichtigung des Modells der Gesamtanlage machten wir darauf aufmerksam, daß aus Ersparnisgründen das Hauptmittelgebäude (gemeint ist das Haus des Deutschen Sports; d. Verf.) ausfallen solle. Der Kanzler sagte, es gehöre unerläßlich zum Plane und müsse

Deutsches Sportforum, Besuch Hitlers in Begleitung von Reichsinnenminster Wilhelm Frick (im Bild links; rechts von Hitler „Reichssportführer" Hans von Tschammer und Osten) am 5. Oktober 1933

gebaut werden. Kurz, alle diejenigen Gedanken, die Dr. Diem, March und ich als wünschenswert aber wohl unerreichbar erachtet hatten, schien der Kanzler entschlossen zu sein zu verwirklichen. [...] Ich glaube, daß mit dem heutigen Tag der entscheidende Schritt für die Verwirklichung unserer kühnsten Hoffnungen und Pläne getan ist.“[63]

Die Anlage sollte sich an Kultstätten des antiken Griechenlands orientieren.[64] Bauherr des fortan mit „Reichssportfeld“ bezeichneten Großprojekts wurde das Deutsche Reich, vertreten durch den Staatssekretär im Reichsinnenministerium, Hans Pfundtner. Lewald, der Pfundtner noch am Tag von Hitlers Besichtigung seine als vertraulich deklarierten Aufzeichnungen zukommen ließ, stellte dem Reichsinnenministerium anheim, „inwieweit die Stadt Berlin von der veränderten Lage zu benachrichtigen ist“[65]. Sein Anschreiben an Pfundtner enthielt auch die Mitteilung, dass Hitler March beauftragt habe, „mit allen Plänen im Laufe der nächsten Woche zu ihm zu kommen und Vorschläge für ein Gesamtprojekt einschließlich eines großen Freilichttheaters, wofür die nördlich vom Sportforum gelegenen Schluchten das denkbar beste Gelände bieten, zu machen“[66]. Mit dieser Haltung beteiligte sich der Präsident des OK an der faktischen Ausschaltung der Stadt Berlin aus der weiteren Bauplanung, denn nur zwei Tage nach Lewalds Schreiben teilte der Staatssekretär dem Berliner Oberbürgermeister Heinrich Sahm lakonisch mit, „daß eine Beteiligung der Vertreter der Stadt Berlin bei der Anfang nächster Woche beim Herrn Reichskanzler stattfindenden internen Besprechung leider nicht möglich ist“[67].

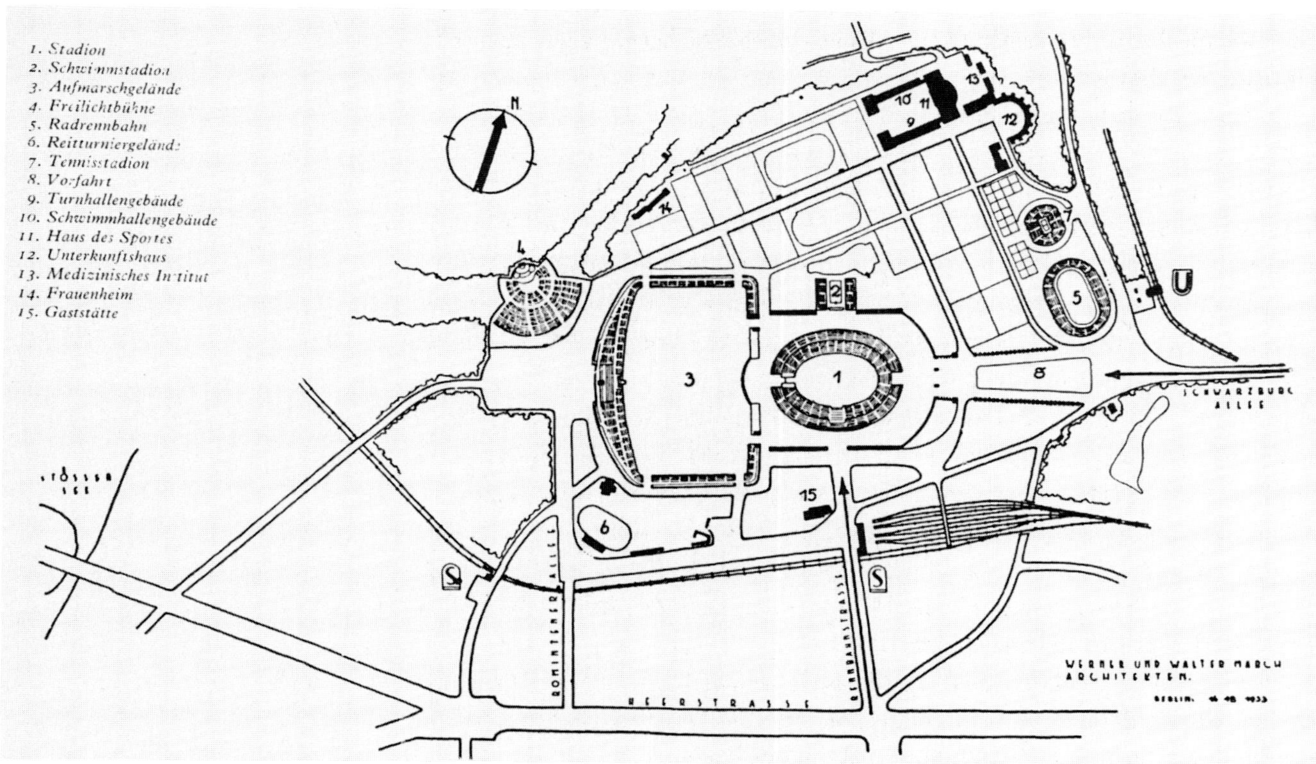

Lageplan des von Hitler genehmigten Entwurfs eines „Reichssportfeldes“ von Werner und Walter March, datiert 14. Dezember 1933

Fünf Tage nach Hitlers Besuch fand die vorgesehene „interne Besprechung", an der nun auch Propagandaminister Joseph Goebbels und Staatssekretär Pfundtner teilnahmen, in der Reichskanzlei statt. Über das Treffen findet sich in den Akten des Reichsinnenministeriums kein Vermerk, jedoch ist später im „Amtlichen Bericht" zur „Olympiade Berlin 1936" unter der Überschrift „Der Reichskanzler entscheidet" der Verlauf der Besprechung im Einzelnen dargestellt. Danach hatte Hitler einleitend ausgeführt, „daß, wenn man zu einem Fest einlüde, [...] man der Welt auch zeigen müsse, was das neue Deutschland kulturell leiste"68 und zudem „Berlin ein gewaltiges Gelände für Versammlungen und Volksfeste, wie sie die heutige Zeit mit sich bringe, haben müsse"69. Nachdem Lewald die Frage, „ob es in und um Berlin noch ein anderes Gelände gäbe, das die gleiche Schönheit und die gleichen Vorteile wie das Gelände der Rennbahn böte"70, verneinte und Hitler zugestimmt hatte, den Rennverein für seinen noch bis 1943 laufenden Pachtvertrag sowie für den Verlust seiner Tribünenbauten zu entschädigen, wandte man sich den baulichen Dimensionen der Anlage zu: „Als auf seine (Hitlers) Frage, welche Volksmenge das Stadion mit der Arena aufnehmen könne, die Zahl von 120000 - 130000 genannt wurde, erklärte er dies für ganz unzureichend. Er ließ sich von Architekt March eine Terrainskizze geben und zeichnete in der westlichen Verlängerung des Stadions einen Platz auf, der ihm groß genug für Versammlungen, Feste und Aufmärsche erschien. March berechnete, daß sich hier die Möglichkeit für Versammlungen von nahezu einer halben Million Menschen biete, und bemerkte weiter, daß ihm schon einmal der Gedanke aufgetaucht sei, das Olympia-Stadion in der Westkurve einzuschneiden und damit den Blick nach Westen freizulassen. Der Führer griff diesen Gedanken einer architektonischen Verbindung mit dem Olympia-Stadion und dem großen Festplatz lebhaft auf und forderte, daß dieser auch seinerseits eine feste bauliche Umrahmung haben müsse. Dr. Lewald wies darauf hin, daß wir, nachdem eine Glocke als neues Symbol der Berliner Spiele gewählt sei, schon daran gedacht hätten, für eine gewaltige Glocke, die die Spiele ein- und ausläute, einen großen, ganz Berlin überragenden Glockenturm zu errichten, der an der Westseite des großen Festplatzes aufragen könnte."71

Geländebesichtigung des Reichssportfeldes, in der ersten Reihe Staatssekretär Hans Pfundtner (mit Bauplan), rechts daneben Werner March, Theodor Lewald und Hans von Tschammer und Osten, 18. April 1934

Am 17. Oktober 1933 berichtete die Vossische Zeitung über die Neubauplanungen. Der Artikel „Deutschlands Olympiastadion für 100 000" endet mit der Feststellung: „Das bedeutende an dem Projekt ist die Gesamtplanung, der von vornherein alle Bauvorhaben angepaßt werden. Während die Vorkämpfer dieser Idee, Diem und Lewald, um jeden Pfennig kämpfen mußten, ist jetzt mit einem Schlage die Genehmigung und Förderung eines Werkes gesichert, das in Europa nicht seinesgleichen hat."

Da die Olympischen Spiele dem neuen Regime bei seiner politischen Konsolidierung als Ablenkungsmanöver und „vertrauensbildende Maßnahme" im In- und Ausland willkommen waren, scheute Hitler sichtlich keine Kosten für das prestigeträchtige Vorhaben. Bei seinem zweiten Besuch am 14. Dezember stellte Werner March in der Reichskanzlei Hitler in Lageplänen drei Varianten seines städtebaulichen Konzepts vor, die einheitlich eine Hauptachse, ein Aufmarschfeld und einen dominierenden „Führerturm" aufwiesen. Zur Erläuterung hatte er für zwei seiner Entwürfe (Vorschlag B und C), die von einem Neubau der Stadionanlage ausgingen, Plastilinmodelle sowie ein Plastilinmodell der Freilichtbühne und ein Modell der großen Vorführhalle im Haus des Deutschen Sports anfertigen lassen. Die erste Lösung (Vorschlag A) griff noch einmal die Möglichkeit auf, das Deutsche Stadion zu erweitern und auszubauen, stieß aber schon wegen des zu kleinen Aufmarschgeländes auf Ablehnung. Eine weitere Variante (Vorschlag C) ging von der vorhandenen südlichen Erschließung über die Rennbahnstraße (ab 1936 Reichssportfeldstraße, seit 1997 Flatowallee) aus. Der als Vorschlag B bezeichnete Entwurf wurde für den Bau des Reichssportfeldes schließlich ausschlaggebend und noch am Tag der Vorstellung von Hitler genehmigt. Vorplatz, Stadion, ein Aufmarschfeld für 150 000 Personen und Führertribüne lagen in einer dominanten Ost-West-Achse. Das Schwimmstadion, das in den ersten Entwürfen an die östliche Kurve des Stadions angeschlossen war, bildete nun die nördliche Verlängerung der Gegenachse. Das hinter dem geplanten Schwimmstadion gelegene Deutsche Sportforum wurde, wie bereits seit 1931 vorgesehen, in die Gesamtplanung des Reichssportfeldes mit einbezogen.

Zugleich begannen die Planungen der Aufmarschstraßen, die als Zubringer zum Stadiongelände fungieren sollten. Die Stadt Berlin hatte deren Finanzierung zu übernehmen. Drei Hauptausfallstraßen (Heerstraße, Reichsstraße, Spandauer Chaussee) mündeten in sieben Zubringerstraßen ein. Erste Überlegungen gingen von einem Andrang von einer Million Menschen aus. Das enorme Straßenbauprogramm wurde allerdings reduziert, nachdem March berechnet hatte, dass die Gesamtkapazität des Reichssportfeldes bei etwa 400 000 Menschen lag. Das Bauprogramm umfasste neben dem Athletikstadion („Olympiastadion") und dem Aufmarschgelände (Maifeld) ein Schwimmstadion, ein Hockeystadion, einen Reiterplatz, ein kleines Tennisstadion, eine Freilichtbühne („Dietrich-Eckart-Bühne"), die Reichsakademie für Leibesübungen, das Haus des Deutschen Sports als Sitz der Reichssportverwaltung und eine Großgaststätte.

Am 22. Januar 1934 tagte der Vorstand des OK. Auf seiner Sitzung stellte der Vorsitzende Lewald fest, dass die Funktionen des OK-Bauausschusses „auf den nunmehr beim Reichsministerium des Innern unter dem Vorsitz von Staatssekretär Pfundtner begründeten Stadionbauausschuß übergegangen (sind)"[72].

Der neue Bauausschuss entschloss sich seinerseits – vermutlich erst nach diesbezüglichen Anfragen durch die Reichsleitung des „Kampfbundes für Deutsche Kultur" und des Präsidenten der Deutschen Gesellschaft für Gartenkunst, Gustav Allinger –, Fachleute zur Gestaltung sowie zur Betreuung der Ausführung der Grünanlagen hinzuzuziehen. Er war dabei der Auffassung, dass die Frage der Gestaltung grundsätzlich aber Sache des für den baukünstlerischen Entwurf verantwortlichen Architekten, also Werner Marchs, bleibe. Im März 1934 wurde in diesem Zusammenhang Erich Maurer als Berater in gartenbaulichen und -technischen Dingen gewonnen. Maurer wirkte seit 1929 an der Landwirtschaftlichen Hochschule als Professor für „gärtnerischen Pflanzenbau" und stand seit dieser Zeit der Lehr- und Forschungsanstalt für Gartenbau in Berlin-Dahlem als Direktor vor.

Für das nun kurzfristig abzutretendes Rennbahngelände erhielt der Rennverein die in Aussicht gestellte Entschädigung. Noch im März 1934 begann der Abriss der Tribünenbauten der Pferderennbahn und des Deutschen Stadions. Unmittelbar daran anschließend setzten die eigentlichen Bauarbeiten am Stadion, an der „Dietrich-Eckart-Bühne" und am Schwimmstadion ein. Das Stadion wurde um 12 Meter in die Erde versenkt, wobei die hierfür erforderlichen Erdaushebungen als Arbeitsbeschaffungsmaßnahme deklariert wurden. Die Erdmassen fanden zur Aufhöhung des nördlich angrenzenden Geländes und beim Bau des „Westwalls", der westlichen Haupttribüne am Maifeld, Verwendung.

Deutsches Stadion, Sprengung der Tribünenbauten auf der Nordseite, Aufnahme 1934

Im April 1934 wurde Werner March offiziell die Entwurfsbearbeitung und künstlerische Oberleitung des Reichssportfeldes übertragen.[73] Für die Gestaltung der für gärtnerische Pflanzungen zur Verfügung stehenden Flächen wurde im Sommer 1934 Heinrich Friedrich Wiepking-Jürgensmann hinzugezogen.[74] Wiepking-Jürgensmann ging vertragliche Bindungen mit March hinsichtlich der Mitwirkung bei der Planung der Gartenanlagen und mit dem „Reichsneubauamt Stadion" über die Mitwirkung bei der Ausführung der gestaltenden Arbeiten ein. Vorgesehen war die Schaffung von Gartenanlagen auf dem Gelände des Reiterstadions, bei der Freilichtbühne, dem Erholungsgelände am Schwimmstadion und in den Eingangsbereichen. Da zum Zeitpunkt der Hinzuziehung von Wiepking-Jürgensmann die Gesamtkonzeption von March im Wesentlichen vorlag, blieb seine Tätigkeit demzufolge auf die Ausformulierung der genannten Bereiche und auf die Entwicklung der Pflanzkonzeption beschränkt.

Mitte Juli 1934 beklagte der Reichsfinanzminister in einem Schreiben an das Innenministerium, dass bis auf Zeichnungen für die Freilichtbühne, die Tribünen des Reitturniergeländes und die Erdarbeiten am Stadion für alle übrigen Bauten ausführungsreife Unterlagen fehlten und es daher noch nicht möglich gewesen sei, einen annähernd genauen Kostenüberschlag für die Gesamtanlage aufzustellen. Er habe nun seine Bauverwaltung beauftragt, auf den Architekten einzuwirken, dass dieser die noch fehlenden Unterlagen wenigstens in skizzenhafter Form liefere, „damit so bald als irgend möglich festgestellt werden kann, ob die zur Verfügung stehenden 9 1/4 Millionen RM für das Bauvorhaben ausreichen“[75]. Der daraufhin von Richard Sponholz, dem Leiter des Reichsneubauamtes Stadion, aufgestellte Kostenplan vom 23. Juli 1934 veranschlagte bei einer Gesamtsumme von 11,6 Millionen allein für den Stadionneubau Baukosten in Höhe von 4,57 Millionen Reichsmark.

Reichssportfeld, Aushub für das nach Nordosten verschobene neue Stadionoval des Olympiastadions, Aufnahme 13. Juli 1934

Wenige Tage später wandte sich Staatssekretär Pfundtner wegen des Fehlbetrages persönlich an den im Urlaub befindlichen Finanzstaatssekretär Fritz Reinhardt: „Weshalb ich heute an Sie schreibe, ist folgendes: Die unter meiner Oberleitung für die Olympiade herzustellenden Neubauten an Grunewald-Stadion und Sportforum werden leider eine Kostenüberschreitung um etwa 10% = rund zwei Millionen RM beanspruchen. Das ist insbesondere darauf zurückzuführen, daß, dem Wunsche des Führers entsprechend, die ganze Anlage in Material und Ausführung erstklassig sein soll, damit die Welt von den Leistungen des nationalsozialistischen Staates auch auf diesem Gebiete den nötigen Eindruck gewinnt. Infolgedessen muß beispielsweise die Verwendung von Werksteinen in weit größerem als ursprünglich vorgesehenem Umfang erfolgen.“[76] Pfundtner bat zu überlegen, wie das Geld aufgebracht werden könnte, und endete: „Wir müssen die Gewißheit haben, daß der Betrag wenigstens im Jahre 1935 zur Verfügung steht, da wir andernfalls über die Vergebung der Aufträge, die uns auf den Nägeln brennen, nicht disponieren können. Ich wäre Ihnen daher dankbar, wenn Sie sich möglichst bald – zunächst nur unter uns – über die etwaigen Möglichkeiten äußern würden.“[77] Da eine schnelle Reaktion ausblieb, schrieb er erneut am 20. August 1934 an den noch immer in Herrsching am Ammersee weilenden Staatssekretär und forderte möglichst umgehend eine Zusage über die weiteren 2 Millionen Reichsmark: „Ich darf Sie bitten, mir Ihren Bescheid spätestens bis zum 1. September d. J. zukommen zu lassen, da ich andernfalls versuchen müßte, die Angelegenheit sofort dem Führer vorzutragen. Minister Goebbels, mit dem ich die Angelegenheit auch besprach, hat keinen Zweifel, daß der Führer eine Überschreitung der ursprünglich ganz roh gegriffenen Baukosten um rund 10% ohne weiteres billigen wird.“[78]

Auch andere grundsätzliche Fragen verlangten vom verantwortlichen Staatssekretär für die Olympiabauten ein energisches Vorgehen, da sich die für ein Gelingen des Baues erforderliche „innige Zusammenarbeit" zwischen dem „Künstler, der Bauverwaltung und dem Reichssportführer" trotz aller Bemühungen nicht einstellen wollte. In einem Vermerk vom 25. August 1934 hielt Pfundtner fest, dass zwischen den beteiligten Stellen folgende Konflikte bestanden:

„a) Der Reichssportführer fürchtet, daß auf Betreiben des Künstlers zu Gunsten einer werkmäßig besonders gediegenen Ausführung der Bauten einzelne Programmpunkte geopfert werden, auf die er besonderes Gewicht legt (Medizinisches Institut);

b) die Reichsbauverwaltung fürchtet, daß durch die von March betriebene Ausstattung die Anschlagssumme über den Haufen geworfen werde und sie dafür später verantwortlich gemacht werde;

c) der Architekt fürchtet, daß die künstlerische Ausgestaltung zu kurz kommt und die vom Führer gewünschte hochwertige Schöpfung zu einem fiskalischen Regiebau herabgedrückt wird."[79]

Übersichtsplan des Reichssportfeldes mit den Bezeichnungen der Gebäude und Sportstätten sowie mit Einzeichnung der Lage des abgebrochenen Deutschen Stadions, veröffentlicht März 1936

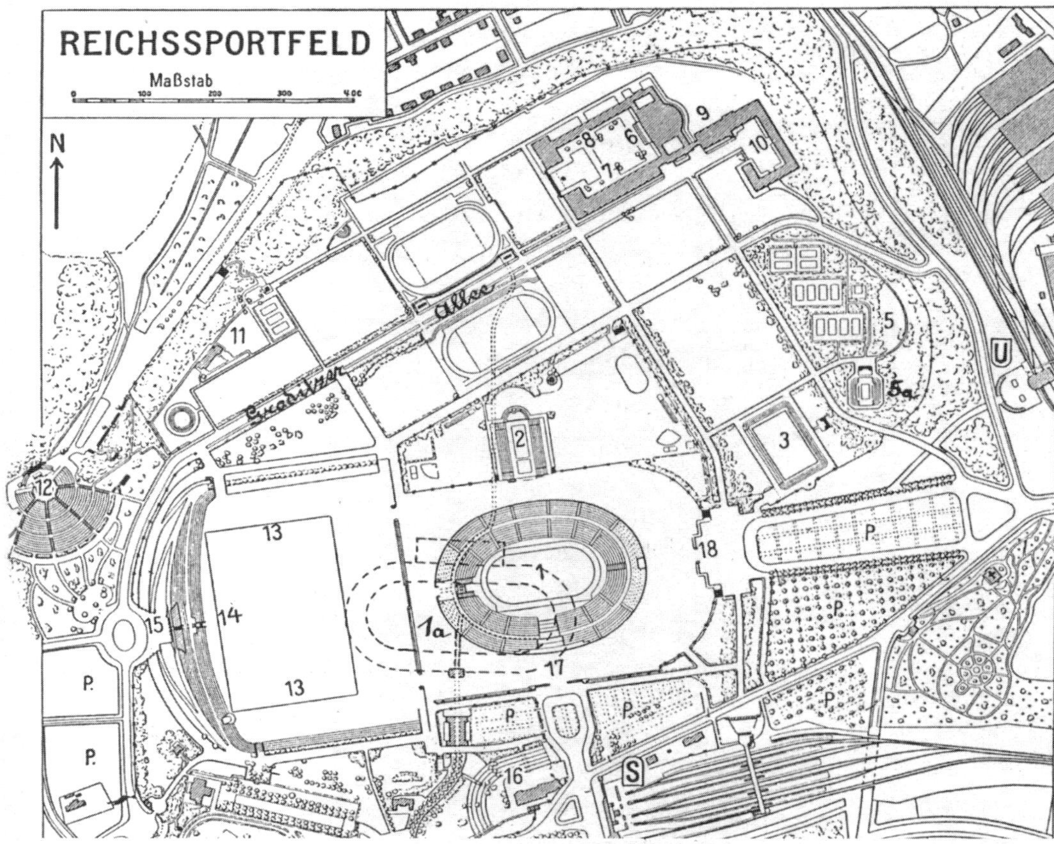

Abb. 1. Lageplan der Kampfstätten auf dem Reichssportfeld.

1. Deutsche Kampfbahn
1a. Altes Stadion
2. Schwimmstadion
3. Hockeystadion
4. Reiterplatz
5. Basketballplätze
5a. Tennisturnierplatz
6. Haus des Deutschen Sports (Reichssportführer)
7. Turnhallengebäude
8. Schwimmhallengebäude
9. Deutsche Turnschule
10. Kameradschaftshaus
11. Frauenheim
12. Dietrich-Eckart-Freilichtbühne
13. Aufmarschgelände
14. Polofeld
15. Glockenturm
16. Gaststätte
17. Südeingang
18. Osteingang

P = Parkplätze
S = S-Bahnhof Reichssportfeld
U = U-Bahnhof Reichssportfeld

Modell von Olympiastadion und Schwimmstadion, die Ansicht zeigt den Planungszustand vor der letzten abschließenden Überarbeitung durch Werner March, 1935

Als eine erste Maßnahme ordnete Pfundtner an, dass der von ihm geleitete engere Bauausschuss ab sofort regelmäßig (mindestens alle 14 Tage) tagte, und berief die nächste Sitzung für den 30. August 1934 ein.

Die Entscheidung bezüglich der künstlerischen Ausstattung des Reichssportfeldes fiel erst relativ spät. Während im Juni 1934 im Bauausschuss schon über einen Olympischen Kunstwettbewerb und die Ausschmückung von Straßenzügen diskutiert wurde, blieben die Plastik und Skulptur im Stadionbereich noch unberücksichtigt. Am 18. September 1934 schrieb Pfundtner an den Reichsminister für Wissenschaft, Erziehung und Volksbildung, Bernhard Rust: „Ich beabsichtige, zur endgültigen Auswahl der auf dem Gesamtgelände zur Aufstellung kommenden Bildwerke und der zu ihrer Ausführung zu betrauenden Künstler einen aus wenigen ausgewählten Sachverständigen bestehenden Kunstausschuß zu berufen, dem auch der Präsident der Reichskammer der bildenden Künste und der für die künstlerische Gesamtgestaltung der Anlage verantwortliche Architekt March angehören sollen."[80]

Modellansicht vom östlichen Teil des Stadions, die erkennbaren Wandflächen am oberen Umgang sind noch weitgehend offen, die Kassenhäuser am Eingang gestaffelt angeordnet, 1935

Neben Pfundtner selbst, der den Vorsitz übernahm, gehörten dem dann erstmals am 7. März 1935 einberufenen Kunstausschuss die Bildhauer Wilhelm Gerstel, Ludwig Isenbeck, Ulfert Janssen und Joseph Wackerle sowie der Maler Fritz Erler an bzw. waren als Jurymitglieder tätig. Das Gremium vervollständigten je ein Vertreter aus dem Innen-, Propaganda- und Volksbildungsministerium. Da zunächst kein adäquates Ausstattungskonzept vorlag, knüpften die ersten Vorschläge noch an das künstlerische Programm des Deutschen Stadions an. Theodor Lewald als Vorsitzender des Organisationskomitees für die XI. Olympischen Spiele und des Deutschen Reichsbundes für Leibesübungen, war trotz seiner Bemühungen nicht in den Kunstausschuss aufgenommen worden. Daraufhin verfasste er eine Denkschrift, um für die Aufstellung von Antikenabgüssen zu plädieren. Für neue Projekte wollte er bewährte Künstler wie Hugo Lederer hinzuziehen, der bereits beim Deutschen Sportforum tätig war. Reichskammerpräsident Eugen Hönig schlug vor, mehrere Statuen entlang der Terrasse am Abschluss des Maifeldes aufzureihen. Carl Diem, nur im Bauausschuss vertreten, bezeichnete die Marmorstatuen des „Foro Mussolini" in Rom als vorbildlich. All diesen, eher konventionellen Vorschlägen war gemein, dass sie die ideologischen Anforderungen des NS-Staates an die Bauplastik zunächst nicht erkannt hatten. Staatssekretär Pfundtner legte daraufhin gemeinsam mit Werner March Gestaltungskriterien fest. Die in Auftrag gegebenen Arbeiten, so der damit verbundene Anspruch, sollten richtungsweisend für die neue Staatskunst sein.

Offensichtlich nahmen die Planungsarbeiten unterdessen einen etwas zügigeren Verlauf, denn bereits am 11. Oktober 1934 war ein „Bericht des Vorsitzenden des Bauausschusses der XI. Olympiade an den Führer und Reichskanzler über den Stand der Bauvorhaben auf dem künftigen ‚Reichssportfeld' in Grunewald bei Berlin" samt beiliegender Plan- und Bildmappe fertiggestellt. Der Bericht enthielt eine detaillierte Darstellung des Bauprogramms, Angaben über den Stand der Entwurfs- und Bauarbeiten sowie eine Aufstellung der Kostendeckung, bezogen auf die nunmehr auf rund 27 Millionen Reichsmark veranschlagten Gesamtbaukosten. Zum Stadionneubau wurde in dem Bericht ausgeführt: „Die Deutsche Kampfbahn (Olympiastadion) erhält in ihrem inneren Kern die international festgelegten Maße der Sportflächen. Sie wird umschlossen von zwei Zuschauerringen, deren oberer einen Eisenbetonskelettbau mit innen und außen umlaufenden Säulenhallen aus echtem Werkstein bildet. Der untere Zuschauerring ist in das Erdreich eingesenkt. Im ganzen sind 59 000 Sitzplätze und 47 000 Stehplätze, insgesamt 106 000 Zuschauerplätze vorgesehen, also 1000 mehr als in dem Olympiastadion von Los Angeles."[81] Zum noch nicht namentlich bezeichneten Maifeld hieß es: „Das 374 m breite und 295 m tiefe Aufmarschgelände hat ein Fassungsvermögen von 180 000 Personen. Die Zuschauerwälle, die es auf drei Seiten umschließen, vermögen weitere 60 000 Personen aufzunehmen. Bei großen Kundgebungen kann auch das Arenagebäude und der innere Kern der Kampfbahn, ferner die die Kampfbahn umschließende Plattform, das nördlich der Kampfbahn liegende Erholungsgelände und die Dietrich-Eckart-Freilichtbühne einbezogen und dadurch unter Verwendung von Lautsprechern eine halbe Million Zuhörer erfaßt werden.

Der das Aufmarschgelände nach Westen abschließende Wall ist 19 m hoch und hat 35 Zuschauerreihen. Der in der Hauptachse des Reichssportfeldes aus diesem Wall aufsteigende Führerturm ist 76 m hoch; er trägt über der Aussichtsplattform die Olympische Glocke. Der Führerturm ist rechts und links vom Fahnenwall flankiert. Vor ihm befinden sich die massiven Sitzstufen für die Ehrengäste und die erhöhte Rednerbühne für den Führer. Alle Ansichtsflächen werden mit echtem Werkstein verkleidet."[82]

Pfundtner versäumte es nicht, in seinem Bericht an Hitler den „Parteigenossen", Staatssekretär Reinhardt wegen der raschen Zusage besonders hervorzuheben: „Die Bereitstellung der gesamten Mittel konnte durch das Entgegenkommen des Reichsministers der Finanzen, besonders auch durch die tatkräftige Unterstützung seitens des Staatssekretärs Reinhardt, reibungslos durchgeführt werden."[83] An seinen Vor-

Reichssportfeld, Verpflanzung großer Bäume mit festem Wurzelballen, Aufnahme Winter 1934/35

gesetzten, Reichsinnenminister Frick, dem der Bericht vorab zur Kenntnisnahme zuging, richtete er die Bitte, bei Hitler „zu erwirken, daß er sich baldmöglichst, wenn irgend angängig, schon im Laufe der nächsten Woche, von dem Stande der Bauarbeiten persönlich überzeugt, (da) in nächster Zeit Entscheidungen von größter Tragweite über die endgültige Gestaltung der Bauten und insbesondere über die Auswahl der zu verwendenden Werksteine zu treffen sind, die dem Führer nach meiner Ansicht persönlich vorbehalten bleiben müssen“[84].

Die drängend vorgetragene Bitte hatte Erfolg. Nur einen Tag später meldete sich der Adjutant Hitlers und teilte mit, dass die Besichtigung am 17. Oktober 1934 stattfinden könne. Zwecks Vorbereitung der Besichtigung der „Baustelle Reichssportfeld“ trafen sich Werner March und der persönliche Referent des Staatssekretärs vier Tage vor dem avisierten Termin zu einer Besprechung. Beide stimmten überein, dass der Teilnehmerkreis, „um dem Führer eine intensive Befassung mit den Problemen zu ermöglichen, so eng als möglich gehalten werden soll“[85]. Nicht erforderlich war nach beider Auffassung die Teilnahme von OK-Präsident Lewald und Generalsekretär Diem. Auch die Beiziehung der künstlerischen Mitglieder des Bauausschusses (Schultze-Naumburg, Hönig, Steinmetz, Maurer, Wiepking-Jürgensmann), des Stellvertreters des Reichssportführers, Arno Breitmeyer, der Stadt Berlin oder des Staatskommissars Julius Lippert, wurde als nicht notwendig erachtet. „Ob der Reichspropagandaminister (Dietrich-Eckart-Freilichtbühne) und der Reichsunterrichtsminister (Reichsakademie für Leibesübungen) an der Besichtigung teilnehmen sollen, dürfte vom Führer selbst entschieden werden.“[86] Zum Besichtigungsprogramm – March bat dringend darum, zunächst in dem im Turnhallengebäude eingerichteten Zeichen- und Modellsaal einen kurzen zusammenhängenden Vortrag halten zu dürfen – wurde schließlich folgender Ablauf vereinbart und in einem Vermerk festgehalten: „Anfahrt Turnhallengebäude. Vortrag March im Zeichensaal über allgemeine Gliederung des Reichssportfeldes, Straßenverkehr, Bahnhöfe, Deutsche Kampfbahn, Aufmarschgelände, Freilichtbühne, Reichsanstalt für Leibesübungen, Gartengestaltung und Grüngürtel, künstlerischer Schmuck, Besichtigung des Schwimmhallengebäudes, der Fundierung des Hauses des Deutschen Sports, der Turnhallengebäudefront in der Graditzer Allee, den Osttorweg entlang zur großen Ostvorfahrt, Besichtigung des Teilmodells 1:1 des Arena-Gebäudes und der dort bereitgestellten Werksteinproben, Besichtigung der Stützmauer und des Schwimmstadions, Besichtigung des Aufmarschgeländes, in dem der Führerturm durch Markierung kenntlich zu machen ist, Besichtigung der Freilichtbühne, Rückfahrt

Olympiastadion, Bauarbeiten an der Konstruktion im Bereich der Ehrentribüne, Aufnahme 1935

Olympiastadion, fertiggestellte Substruktionen im Bereich des Marathontors, Aufnahme 1935

der Kraftwagen von der Freilichtbühne aus."[87] Auch „Sicherheitsfragen" wurden noch erörtert, da nicht geklärt war, „ob die Frage der unauffälligen persönlichen Sicherung des Führers vom Stab des Führers unmittelbar bearbeitet wird", denn „es ist zu bedenken, daß weit über 1000 Arbeiter in 3 Schichten zu je 400 Mann sich auf dem Reichssportfeld befinden."[88]

Zwei Tage später wurden der Anfahrtsweg und der gesamte Rundgang gemeinsam von von Tschammer, March und Sponholz sowie dem für die Sicherheit verantwortlichen Hauptmann vom Führerschutzkommando abgefahren. An dem vorgesehenen Teilnehmerkreis wurden dann doch noch Änderungen vorgenommen. Lewald sollte sich nun im Turnhallengebäude „einfinden" und Breitmeyer und Diem sich in einem Nebenraum für den Eventualfall bereit halten. Als alles vorbereitet war, wurde der Besichtigungstermin dann ganz kurzfristig abgesagt und ohne Programmänderung auf den 31. Oktober 1934 verlegt.

Aus einer Pressenotiz mit der Überschrift „Besichtigung der Olympiabauten auf dem Reichssportfeld durch den Führer und Reichskanzler" erfuhr die Öffentlichkeit vom Ablauf des denkwürdigen Termins: „Der Führer und Reichskanzler unterzog heute in Begleitung des für die Betreuung des deutschen Sportes zuständigen Reichsministers des Innern Dr. Frick sämtliche Olympiabauvorhaben auf dem künftigen Reichssportfeld im Grunewald einer mehr als 2stündigen Besichtigung, an der auch Reichsminister Dr. Rust teilnahm. (Der) Führer wurde am Eingang des Sportforums durch den Vorsitzenden des Bauausschusses der Olympiade Staatssekretär Pfundtner und den Reichssportführer von Tschammer und Osten empfangen und in den Zeichen- und Modellsaal geleitet, wo sich der Präsident des Organisationskomitees der Olympiade, Staatssekretär a. D. Dr. Lewald, der mit der baukünstlerischen Gestaltung betraute Architekt March und der Leiter des Neubauamts Stadion, Oberbaurat Sponholz eingefunden hatten. Pfundtner begrüßte den Führer und dankte ihm für das besondere Interesse, das er der Vorbereitung der Olympiade und damit auch den deutschen Leibesübungen fortgesetzt entgegenbringe. Der erneuten Besichtigung des Baugeländes durch den Führer komme gerade im jetzigen Zeitpunkt ausschlaggebende Bedeutung zu, da wichtigste Fragen, insbesondere künstlerischer Art, im Bauprogramm zur Entscheidung ständen.

Architekt March erläuterte an Hand der Pläne und Modelle sowohl die Gesamtplanung wie auch die fertigen Pläne der einzelnen Bauten. Der Führer äußerte sich zustimmend zu den für die städtebaulichen, verkehrstechnischen und gartenbaulichen Fragen gefundenen Lösungen und billigte auch die für die einzelnen Bauten ihm vorgelegten Pläne grundsätzlich. [...] Sodann begab sich der Führer zur riesigen Baustelle der Deutschen Kampfbahn und dem dort in natürlicher Größe errichteten 15 m hohen Pfeilermodell des Arenagebäudes, von dessen oberster Plattform er ein eindrucksvolles Bild des gesamten Baugeländes und seiner landschaftlichen Umgebung gewann. Der Führer gab wichtige Fingerzeige für die Gestaltung der Bauten und für die Auswahl des bei ihnen zu verwendenden Werksteins, wobei er seiner Befriedigung über die Wiederbelebung der Werksteinindustrie Ausdruck verlieh. [...] Mit Befriedigung nahm der Führer schließlich Kenntnis von den Plänen für die Ausschmückung des Reichssportfeldes mit Werken der bildenden Kunst, wobei er die Notwendigkeit einer dauernden Ehrung aller deutschen Sieger in künftigen Olympia-Spielen in den Vordergrund stellte."[89] Aufgrund der von Hitler gegebenen „wichtigen Fingerzeige" unterzog March seine Pläne und Modelle einer nochmaligen Bearbeitung.

Anfang Dezember 1934 bemühte sich Pfundtner telefonisch und schriftlich beim Chef der Reichskanzlei, Staatssekretär Hans Heinrich Lammers, um einen weiteren Termin bei Hitler, da die Entscheidung über die endgültige Gestaltung des Stadionbaus, „insbesondere über die Form und die Anordnung der vorgesehenen Säulen und die dafür zu verwendende Gesteinsart"[90] in spätestens einer Woche fallen müsste, andernfalls die rechtzeitige Fertigstellung des Bauwerks bis zum Beginn der Olympischen Spiele gefährdet sei. Er betonte dabei, dass er ebenso wie March besonderen Wert darauf lege, „diese letzten Modelle dem Führer und Reichskanzler persönlich vorzuführen"[91], damit dieser eine endgültige Entscheidung treffen könne. Sollte es nicht möglich sein, einen kurzen Termin für den erbetenen Vortrag zu erhalten, bat Pfundtner, an Hitler „die Meldung zu übermitteln, daß Bauausschuß und verantwortlicher Architekt nach Kräften bestrebt sein werden, bei der alsdann von ihnen selbständig zu treffenden Entscheidung im Sinne des Führers und Reichskanzlers zu handeln."[92]

Nicht nur wegen der noch ausstehenden „Führerentscheidung“ über die Gestaltung des Stadionbaus, sondern auch wegen des bei einer Besichtigung gewonnenen Eindrucks, auf der „riesigen Arbeitsstätte“ würden nicht die Fortschritte gemacht, die für eine rechtzeitige Fertigstellung notwendig seien, ordnete Pfundtner in persönlichen Schreiben an March und Sponholz an, dass Architekt und Bauleitung künftig zum 1. und 15. jeden Monats „in einem gemeinschaftlichen Bericht darlegen, welche Fortschritte in der Planbearbeitung, in den Ausschreibungen und in der Bauausführung gemacht worden sind.“[93]

Am 17. Dezember 1934 fand eine weitere, entscheidende Sitzung des engeren Bauauschusses statt, an dem neben Pfundtner, March und Sponholz auch „Reichssportführer“ von Tschammer sowie die baukünstlerischen Sachverständigen Kühn, Schultze-Naumburg und Steinmetz teilnahmen. Pfundtner teilte einleitend mit, dass die Entscheidung über die endgültige Gestaltung des Kampfbahngebäudes und die Auswahl des Werksteins auf Weisung Hitlers dem Bauausschuss übertragen sei. Anschließend erläutert Werner March den Teilnehmern, wie „er dem Wunsche des Führers nach wuchtigerer Gestaltung des Säulenringes dadurch Rechnung getragen habe, daß er die Breite der Pfeiler von 62 auf 72 und die Tiefe von 85 auf 100 cm, also sehr erheblich verstärkt habe“[94]. Für Schultze-Naumburg wirkten die Pfeiler

Olympiastadion, Ansicht der Baustelle von Osten, Aufnahme 1935

„immer noch so schlank“[95], dass die von March vorgenommene Verstärkung das Mindeste sei, was gefordert werden müsse. Dagegen legte Kühn mehr Gewicht auf die Vertiefung und wollte „eher noch einer Verschmälerung der Säulen zustimmen“[96]. Schließlich erklärten sich sämtliche baukünstlerischen Sachverständigen mit der von March vorgelegten Gestaltung des Säulenringes einverstanden. Im Anschluss an die Diskussion wurden die Werksteinproben an dem großen Modell besichtigt und erste Entscheidungen getroffen: „Gegen die Nagelfluhe wird hauptsächlich geltend gemacht, daß sie nur in Platten zu 20 cm gewonnen werden kann und daher zuviel Material erfordere. Gegen den von March vorgeschlagenen Süßwasserkalktuff wird namentlich von Kühn eingewendet, daß er im Alter Moos ansetze und dadurch verschmutze. In den Vordergrund tritt jetzt Travertin. Das Reichsneubauamt Stadion wird sofort Travertin, Süßwasserkalktuff, Muschelkalk und Nagelfluhe mit einer Frist bis 8. Januar 1935 ausschreiben.“[97] Am Ende kam man überein, „nach Vorliegen der Werksteinangebote eine regelrechte Bauausschußsitzung einzuberufen, in der die Gestaltung des Kampfbahngebäudes und die Entscheidung über den Werkstein vom Bauausschuß förmlich genehmigt wird“[98].

Zwei Tage später wurden in vergleichbarer Zusammensetzung, ohne die baukünstlerischen Sachverständigen, jedoch unter Teilnahme von Carl Diem, die Gesamtkosten für das Reichssportfeld besprochen. Nach der den Ausschussmitgliedern vorliegenden Kostenübersicht sollten die Ausgaben nunmehr insgesamt 24,5 Millionen Reichsmark (Sportforum 6,2 Millionen, Deutsche Kampfbahn und Freilichtbühne 17,3 Millionen, Bauleitung 1,0 Millionen) betragen. Dem standen zur Finanzierung der Baumaßnahmen nur 16,15 Millionen gegenüber, so dass ein nicht gedeckter Betrag von 8,35 Millionen bestand, der sich um die auf Drängen von Pfundtner vom Reichsministerium für Finanzen für 1935 zugesagte „Arbeitsspende“ in Höhe von 1,9 Millionen auf 6,45 Millionen reduzierte. Vor dem Hintergrund dieser finanziell unbefriedigenden Situation wurden in der Sitzung Streichungen vorgeschlagen, die sich auf insgesamt 1,1 Millionen summierten, wovon allein 339 000 Reichsmark auf das Stadion entfielen. So sollten u. a. pauschal 150 000 Reichsmark bei den Werksteinarbeiten eingespart werden. Ein Verzicht auf 10 000 Sitzplätze bei gleichzeitiger Kostensenkung bei den verbleibenden 70 000 Sitzplätzen war mit 95 000 Reichsmark Kostenersparnis angesetzt.

Luftbild vom Deutschen Sportforum, am linken Bildrand das im Bau befindliche Haus des Deutschen Sports mit der Kuppelhalle, Aufnahme 1935

Abschließend wurde hinsichtlich der Finanzierung der Bauten auf dem Reichssportfeld zur eigenen Entlastung und Rechtfertigung vom Reichsministerium des Innern als Bauherr festgestellt, dass für die ursprünglichen Schätzungen keine Erfahrungen zu Grunde gelegt werden konnten und wegen des noch nicht endgültigen Bauprogramms und wegen fehlender Baupläne eine genaue Kostenberechnung bisher unmöglich gewesen sei. So habe das Bauprogramm „in Auswertung der Besuche des Führers“[99] mehrfach wesentliche Erweiterungen erfahren. Als ein konkretes Beispiel wurde „der das Aufmarschgelände krönende Führerturm mit Ehrenhalle“[100] angeführt, dessen Baukosten allein etwa 1,5 Millionen Reichsmark betragen sollten, während ursprünglich für das Aufmarschgelände insgesamt nur 1,7 Millionen veranschlagt waren. Mit Hinweis auf die vorgenommenen Abstriche wurde dann eine Nachbewilligung des restlichen Fehlbetrages gefordert, da sonst „eine voll befriedigende Durchführung der Bauten“[101] nicht gewährleistet sei.

In dem Bemühen, nun zügig ein endgültiges Votum Hitlers herbeizuführen, schrieb Staatssekretär Pfundtner am 21. Februar 1935 an Propagandaminister Goebbels. Im Hinblick auf den engen Zeitrahmen müsse die Entscheidung über die Gestaltung des Stadions und über die Auswahl der dabei zu verwendenden Werksteine unter allen Umständen spätestens Anfang März erfolgen. Zudem bat er den Propagandaminister in seinem Schreiben, eine Besichtigung kurzfristig in den nächsten Tagen vorzunehmen, und bedauerte, dass er wegen Abwesenheit nicht persönlich führen könnte, aber March und Sponholz angewiesen habe, „sich von Montag früh zu Ihrer ständigen Verfügung zu halten (...) Die in Frage kommenden Werksteinproben und ein neues, den Ideen des Führers Rechnung tragendes Modell des Herrn March werden zur Stelle sein." [102] Abschließend wiederholte Pfundtner auch im Namen des Bauausschusses die Bitte, „dass auch Sie (Goebbels, die Verf.) dem Führer nahelegen möchten, sich von der Umgestaltung des Bauprojekts im Sinne seiner Wünsche möglichst noch in der nächsten Woche persönlich zu überzeugen. Herr March hat sich bei dieser Umgestaltung, wie ich Ihnen schon andeutete, in enger Fühlung mit Herrn Architekt Speer gehalten und hofft nunmehr, den Anregungen des Führers in vollem Umfang Rechnung getragen zu haben. Das neue Modell und die Werksteinproben würden für den Führer in der Reichskanzlei aufgebaut werden, so dass eine Besichtigung und auch ein kurzer Vortrag von Herrn March sich ohne wesentliche Beanspruchung der Zeit des Führers ermöglichen liesse."[103]

Maifeld, westliche Wallanlage („Westwall") mit Glockenturm und Haupttribüne im Bau, Aufnahme 1935

Am 8. März 1935 fand eine weitere Sitzung des Bauausschusses statt, auf der March seinen Bericht „über die endgültige Gestaltung der Bauten auf dem Reichssportfeld, besonders des Kampfbahngebäudes mit Säulenring, des Führerturms mit Innenhalle, des Hauses des deutschen Sports und des Kameradschaftshauses" [104] abgab und auf der, gemeinsam mit dem Kunstausschuss, über die Vorschläge für die künstlerische Ausschmückung des Reichssportfeldes beraten wurde. Der Vorschlag von Josef Wackerle, „die Türme westlich der Kampfbahn, wie schon früher einmal vorgesehen zu verdoppeln" und „westlich des Portals in Richtung zum Aufmarschgelände Pferdeplastiken mit Pferdeführer aufzustellen" [105], fand Zustimmung. Dagegen sollte statt der im Öffnungsbereich des Marathontores gedachten zwei Säulen nur noch eine, von einem Adler gekrönte 17 Meter hohe und 1,5 Meter starke Säule nach einem Entwurf von Ulfert Janssen zur Aufstellung kommen.

Da weiter beim Bauherrn große Sorge bestand, die Bauten auf dem Reichssportfeld könnten nicht rechtzeitig fertig gestellt werden, erwog das Reichsinnenministerium die Einsetzung eines „Olympia-Kommissars", der die „Macht" haben sollte, alle Widerstände zu beseitigen, die in „rechtlicher oder tatsächlicher Hinsicht"[106] dieser Aufgabe entgegenstehen könnten. Diese Ermächtigung sollte alle Maßnahmen umfassen, „die für die Vorbereitung und reibungslose Durchführung der Olympischen

Schwimmstadion, Bauarbeiten an den Tribünen und dem Sprung- und Schwimmbecken, Aufnahme 1935

Spiele 1936 erforderlich sind"[107]. Da aber eine geeignete Persönlichkeit nicht schnell gefunden werden konnte – die Kandidaten Lippert und von Tschammer wurden wegen ihrer anderweitigen Arbeitsbelastung als hierfür nicht geeignet angesehen –, unterblieb letztlich die Einsetzung eines solchen „Kommissars".

Stattdessen wurde der Druck von seiten des Reichsinnenministeriums auf den Architekten und das Reichsneubauamt Stadion erhöht. Am 23. März 1935 schrieb Pfundtner an Werner March und Richard Sponholz in gleichlautetenden Briefen: „Nachdem der Führer und Reichskanzler seinen Willen für die endgültige Gestaltung des Kampfbahngebäudes und anderer wichtiger Teile der Olympiadebauten auf dem Reichssportfeld kundgetan hat, treten die Arbeiten in den entscheidenden Abschnitt. Für die rechtzeitige Fertigstellung der gewaltigen Baumaßnahmen ist äußerste Anspannung aller Kräfte erforderlich. Der für die baukünstlerische Gestaltung verantwortliche Architekt muß die notwendigen Entwürfe so rechtzeitig liefern, daß jede Verzögerung der Bauarbeiten vermieden wird. Der für die technische Ausführung verantwortliche Leiter des Reichsneubauamts muß für rechtzeitige und nachdrückliche Inangriffnahme der Arbeiten an allen Stellen und mit allen erreichbaren Kräften sorgen."[108] Weiter forderte er „engste persönliche Zusammenarbeit" zur Bewältigung der „großen Aufgabe" und hob hervor: „Die besondere baukünstlerische Verantwortlichkeit des Architekten macht es erforderlich, daß ihm auch auf die Ausführungsmaßnahmen jeder für die Gestaltung der

Olympiastadion während der Bauarbeiten, Ballonluftbild aus westlicher Richtung, Aufnahme 1935

Bauwerke erforderliche Einfluß gewährt wird."[109] Am Ende des Schreibens erging an beide Adressaten die Aufforderung, künftig jeden Montag „einen Bericht über die in der abgelaufenen Woche erzielten Fortschritte zu übermitteln"[110].

Bereits am 11. April 1935 wandte Staatssekretär Pfundtner sich erneut an March und Sponholz, da nach seiner Überzeugung die Gesamtlage nach wie vor ernst sei und es der „Anspannung der äußersten Kräfte" bedürfe, wenn es gelingen sollte, den Termin der Fertigstellung am 1. April 1936, auf dem er aus „wichtigen Gründen" bestehen müsse, einzuhalten. Mit besonderer Sorge erfüllte Pfundtner der Stand der Bauarbeiten am Stadion und am Aufmarschgelände und er forderte das „äußerste an Organisationsfähigkeit, Kräfteeinsatz und Zusammenarbeit von Architekt und Bauleitung"[111], damit in den noch verbleibenden elf Monaten der „Aufbau und die Innengestaltung des gewaltigen Oberrings, die riesenhaften Werksteinarbeiten am Säulenring, die Erdbewegungen im Aufmarschgelände, der Bau des Führerturms mit der Ehrenhalle und den großen Walltribünen"[112] rechtzeitig fertig gestellt werden könnten. Pfundtner mahnte nochmals an, „die gegenseitigen Vorwürfe künftig zu unterlassen und sich dessen bewußt zu sein, daß nur die engste und vertrauensvolle Zusammenarbeit beider Herren eine rechtzeitige Fertigstellung des großen Werkes gewährleistet"[113].

„Dietrich-Eckart-Freilichtbühne", Bauarbeiten im Bühnenbereich und an der Bestuhlung, Aufnahme um 1935/36

Am 5. Juli 1935 fand eine weitere Sitzung des Kunstausschusses zur Ausschmückung des Reichssportfeldes statt. Im Protokoll, verfasst von einem Mitarbeiter aus dem Büro March, wurde festgehalten, dass Sponholz mit einem weiteren Mitarbeiter von Reichsneubauamt Stadion eingangs der Sitzung mit Vergabeunterlagen zu den Werksteinarbeiten im Aufmarschgelände erschien und die Zustimmung zur unmittelbaren Auftragserteilung von Staatssekretär Pfundtner erhielt. Im Protokoll wurden detailliert die einzelnen Bauteile und die jeweilig ausgewählten Gesteinsarten, teilweise mit Namen der ausführenden Firma, festgehalten: 1. „Führerturm" – Crailsheimer Muschelkalk (Firma Schön und Hippelein), 2. Westfront der Ehrenhalle mit Hauptaufgangstreppe – Nagelfluh (Firma Feicht), 3. Vorderer „Führerstand" – Crailsheimer Muschelkalk, 4. Umlaufende untere Stützmauer – Rüdersdorfer Kalkstein, 5. Mittlere Stützmauer und Verkleidung Fahnenwall – Gönninger Tuffstein, 6. Innere Pfeilerstellung der kleinen Halle über dem „Führerstand" – Crailsheimer Muschelkalk.[114]

Wann über die Gesteinsarten und die Vergabe der Werksteinarbeiten für das Stadion entschieden wurde, geht aus den Akten des Reichsministeriums nicht eindeutig hervor. Vermutlich aber geschah dies nicht unmittelbar nach Ablauf der Abgabefrist am 8. Januar 1935. Möglicherweise kam es auch aufgrund des akuten Termindrucks zu keinem formellen Beschluss durch den Bauausschuss. Dass auch nach der Abgabefrist die zur Angebotsabgabe aufgeforderten Natursteinwerke um diese großen und Prestige versprechenden Aufträge weiter gerangelt haben, geht aus den Aufzeichnungen von Albert Burrer jun.[115] hervor, die dieser nach Abschluss der Spiele im September 1936 verfasst hatte. Danach besuchte im Winter 1934/35 Werner March in Begleitung von Karl Reichle vom Reichsfinanzministerium und Richard Sponholz vom Reichsneubauamt Stadion „bei einem Schneesturm" den Steinbruch der Firma Burrer in Gauingen. March zeigte sich von dem Natursteinvorkommen so begeistert, dass er versprach – so Burrer jun. –, das gesamte Stadion im Gauinger Travertin auszuführen. Mustersteine wurden dementsprechend von der Firma nach Berlin gesandt, jedoch „setzte meine Konkurrenz alles daran, mich auszubooten."[116] Offensichtlich mit Erfolg, denn in einem Telegramm teilte March der Firma Burrer wenig später mit, „daß der Generaldirektor Speer und der Führer bestimmt hätten, daß das ganze Stadion in Würzburger Muschelkalk ausgeführt würde."[117]

Ob March hier wegen seines nicht gehaltenen Versprechens, „höhere Stellen" nur vorgeschoben hat oder tatsächlich eine solche Entscheidung vorlag, bleibt offen. Vieles spricht für die erste Annahme, denn Burrer jun., der sich mit der Entscheidung nicht abfinden wollte, reiste nach Berlin und erfuhr in Einzelgesprächen mit March und Sponholz, beide würden die getroffene Entscheidung außerordentlich bedauern. Beide beteuerten, dass jeweils der Andere bzw. Reichle „daran schuldig sei, daß der Gauinger nicht zum Zuge gekommen wäre"[118]. March, den Burrer jun. in einem zweiten Treffen mit den sich widersprechenden Schuldzuweisungen konfrontierte, hätte daraufhin mit Sponholz vom Reichsneubauamt Stadion telefoniert und ihm „die bittersten Vorwürfe" gemacht, um anschließend zu fragen, „ob er damit einig sei, daß die Firma Burrer das Marathontor bekomme, was dieser bejahte"[119]. Neben dem Marathontor erhielt die Firma schließlich noch den Auftrag, das Hauptgesims des Stadions und die Langemarckhalle im Bereich des „Westwalls" mit Gauinger Travertin zu verkleiden.

Knapp ein Jahr vor Beginn der Olympischen Spiele, am 22. August 1935, fand das „Richtfest der Olympiabauten auf dem Reichssportfeld" statt. Das Fest, in seiner Ausgestaltung eher eine auf propagandistische Wirkung ausgerichtete Kundgebung, begann auf der Graditzer Allee vor dem Sportforum, wo zum Auftakt ein Fanfarenmarsch erklang. Dem Richtspruch des Poliers folgte eine Ansprache von Reichsinnenminister Frick. Nach dem Abspielen von Deutschland- und „Horst-Wessel-Lied" sprach der Leiter des Reichsneubauamtes Stadion, Sponholz. Anschließend marschierten die Festteilnehmer in geschlossener Abfolge auf der Nordstraße zum Festzelt, wo vor der Bewirtung der Gäste Reichssportführer von Tschammer und Osten noch eine Ansprache hielt.

Geschäftskarte der Firma Albert Burrer, Natursteinwerk aus Maulbronn (Württemberg), 1936

Die letzten Entscheidungen die baukünstlerische Ausschmückung des Reichssportfeldes betreffend fielen schließlich erst Ende 1935. Noch am 4. Oktober 1935 wies Staatssekretär Pfundtner Werner March darauf hin, dass die Aufträge an die Künstler „erst nach ausdrücklicher Billigung durch den Führer erteilt werden dürfen“[120], und auch die Bereitstellung des Werksteins für die zu fertigenden Bildwerke erfolge „auf eigenes Wagnis“ des jeweiligen Unternehmers. Pfundtner schloss: „Dem Umstand, daß die Bildwerke auf diese Weise gegebenenfalls bis zum Beginn der Olympischen Spiele nicht fertiggestellt werden können, messe ich keine ausschlaggebende Bedeutung bei.“[121]

Modelle der „Siegesgöttin“ von Willy Meller und der „Rosseführer“ von Joseph Wackerle für die Albert Burrer Natursteinwerke zur Ausführung der Plastiken in Gauinger Travertin, Aufnahme undatiert (vermutlich 1935)

Am 17. Dezember 1935 tagte auf dem Reichssportfeld im neuen Gymnastiksaal des Turnhallengebäudes der Kunstausschuss. Anwesend war auch Reichsleiter Philipp Bouhler, Chef der Privatkanzlei Hitlers, „der dem Führer in den nächsten Tagen unter Vorlage von Lageplan und der heute zu beschließenden Zusammenstellung Vortrag halten will.“[122] Doch abschließende Entscheidungen wurden nur im Einzelfall getroffen. Joseph Wackerles „Rosseführer“ fanden allgemeine Zustimmung, Willy Mellers „Siegesgöttin“ lebhafte Anerkennung. Für Sepp Mages „Sportkameraden“ lag noch kein Modell im Maßstab 1:5 vor, so dass eine endgültige Entscheidung nicht getroffen werden konnte, und für die beiden Figurengruppen auf der Ostseite des Stadion hatte der Ausschuss sogar erst eine Auswahl zu treffen. Hier erhielten die Vorschläge von Karl Albiker den Vorzug und der Künstler den Auftrag, die Sportlerpaare „Diskuswerfer“ und „Staffelläufer“ unverzüglich im größeren Maßstab auszuarbeiten. Auch Arno Breker – zu diesem Zeitpunkt noch nicht der prominente und, neben Josef Thorak, bevorzugte Bildhauer Hitlers und der Nazis für monumentale Staatsaufträge – sollte seine Figuren „Zehnkämpfer“ und „Siegerin“ für den Pfeilerportikus des „Haus des Deutschen Sports“ in größerem Maßstab, „aber stilistisch stärker an dem ersten Vorschlag angelehnt, weiterführen“[123], da bei diesem „die Gestalten eine geschlossenere und vertikalere Entwicklung erreichen“ und hier „insbesondere die Beinbehandlung strenger und besser [...] ist“[124]. Am Ende der Ausschusssitzung erhielt March von Pfundtner den Auftrag, Minister Goebbels „schnellstens die Figuren im Ministerium vorzuführen und seine endgültige Entscheidung einzuholen.“[125]

Dass March Vorsorge getroffen hatte, was die Bereitstellung des Steinmaterials für die Großplastiken betraf, ging bereits aus dem Schreiben Pfundtners vom 4. Oktober 1935 hervor und findet seine Bestätigung in den Aufzeichnungen von Albert Burrer jun. Danach hat March ihm bei seinem Besuch in Berlin die Modelle für die Großplastiken von Wackerle gezeigt, was Burrer jun. zum Anlaß nahm, mit dem Bildhauer „Fühlung“ aufzunehmen, um ihm darzulegen, „daß nur ganz große

Reichssportfeld, Ausführungsarbeiten an der Skulptur „Staffettenläufer" von Karl Albiker, Aufnahme 1936

Steine Verwendung finden könnten"[126]. Im Steinbruch habe dann die Firma „1 Jahr im voraus [...] in Gauingen Felsen bereitgestellt. [...] Es kam zu verschiedenen Submissionen, zuerst für die Rosselenker von Prof. Wackerle. Die Versetzarbeiten mußten mit angeboten werden. Durch kurze Liefertermine der besonders großen Blöcke bekam die Firma Burrer den Auftrag. Innerhalb von 8 Wochen waren die Rosselenker versetzt und die Submission für den Diskusläufer, den Stafettenläufer und die Siegesgöttin kam in Gang."[127] Auch hier erhielt die Firma Burrer jeweils den Zuschlag. Für die Versetzarbeiten der großen Blöcke hatte die Firma eigens ein 20 Meter hohes Gerüst aus 25 Kubikmeter Bauholz konstruiert und zur Probe auf dem Münsterplatz in Zwiefalten durch Zimmerleute aufstellen lassen.

Im Januar 1936, also in der Endphase der Bauarbeiten, erhielten der „Reichssportführer", das Organisationskomitee, March und das Reichsneubauamt die Mitteilung, „der Führer und Reichskanzler" wünsche die Bezeichnung „Olympia-Stadion" für die große Kampfbahn. Zugleich genehmigte er die Benennung des Platzes vor dem Südtor nach dem Begründer der Spiele, Coubertin. Einverstanden war Hitler auch mit der Bezeichnung „Glockenturm" für den großen Turm am Westwall des Maifeldes und der Benennung der sechs das Stadion umgebenden Türme nach „deutschen Volksstämmen" (Preußen, Bayern, Friesen, Sachsen, Franken, Schwaben).

Sechs Wochen vor Beginn der Spiele, am 17. Juni 1936, besichtigte Hitler in Begleitung von Kriegsminister Blomberg und weiteren ranghohen Wehrmachtsoffizieren das Olympische Dorf in Döberitz. Werner March, der den Tross zwei Stunden lang führte, teilte noch am selben Tag dem Reichsinnenministerium mit, Hitler „habe sich ihm gegenüber begeistert über dieses schönste Dorf der Welt"[128] geäußert und ihm auch zugesagt, „wenn er es noch irgend ermöglichen könne, in der nächsten Zeit das Reichssportfeld" zu besichtigen.[129] March erwähnte noch, dass der Kriegsminister mit seinen Vorschlägen zur Langemarckhalle grundsätzlich einverstanden sei und die Gedenkhalle am 23. Juni 1936 besuchen wolle.

Sichtlich eifersüchtig und verärgert schrieb Pfundtner einen Tag später seinem Vorgesetzten, Innenminister Frick: „Nachdem der Führer gestern dem Olympischen Dorf einen Besuch abgestattet hat, halte ich es für dringend erwünscht, daß er nunmehr auch das Reichssportfeld mit seinem Besuch beehrt. Ich bitte daher den erneuten Versuch zu unternehmen, ihn hierzu möglichst in nächster Woche zu veranlassen. [...] An der Besichtigung, die auch ‚unerwartet' erfolgen könnte, würden außer mir noch teilzunehmen haben: Herr March, Herr Sponholz und eventuell Herr Breitmeyer in Vertretung des leider immer noch kranken Herrn von Tschammer."[130]

Doch Frick hatte keinen Erfolg. Hitler betrat Reichssportfeld und Stadion erst wieder zur Eröffnung der XI. Olympischen Spiele.

Eine ursprünglich vorgesehene zweitägige Einweihungsfeier am 20./21. Juni 1936 aus Anlass der Fertigstellung des Reichssportfeldes fiel aus. Stattdessen verkündete Staatssekretär Pfundtner in einem Rundfunkvortrag am 27. Juli 1936: „Die organisatorische Vorbereitung der XI. Olympiade ist vollendet. Zur festgesetzten Minute werden am 1. August 1936 die größten Olympischen Spiele beginnen, die die Welt bisher gesehen hat. Was von Menschenhand geleistet werden kann, um den Spielen einen glanzvollen, ja großartigen Verlauf zu sichern, hat das Deutschland Adolf Hitlers in freudiger Großzügigkeit getan. Es gibt kein Teilgebiet der Olympischen Spiele, das wir nicht auf das sorgfältigste vorbereitet haben. Der stolzeste Beitrag aber, den das Reich selbst gezollt hat, ist der Bau des Olympia-Stadions vor den Toren Berlins, das, in seiner Größe vom Führer selbst bestimmt, noch in Jahrhunderten von der starken Verbundenheit des nationalsozialistischen Deutschlands mit dem olympischen Gedanken künden wird."[131]

Proben für die Eröffnungsfeier im noch nicht ganz fertig gestellten Olympiastadion, Aufnahme Juli 1936

Der Architekt Werner March

„Anbei übersende ich Ihnen das gewünschte Gutachten. Ich hoffe, daß es Ihren Wünschen entspricht. Ich habe seinen Inhalt auch mit Exzellenz Lewald durchgesprochen, der selbst von der Gegnerschaft der Partei gegen Sie nichts gemerkt hat, wie ihm auch unbekannt blieb, daß Sie der Partei angehört haben. Er erinnert sich auch nicht mit Ihnen über das Verhalten der Partei gesprochen zu haben. Bei seinen Unterredungen mit dem Führer ist eine Animosität gegen Sie und den Bau nicht zu Tage getreten und auch von Seiten Pfundtners, der seitens des Innenministeriums den Bau organisierte, hat er dergleichen nicht verspürt.“ (Aus einem Schreiben von Carl Diem an Werner March vom 6. August 1946, Diem-Archiv, Mappe 658)

Werner March
(17. Januar 1894 – 11. Januar 1976),
Portraitaufnahme 1936

Werner March, der am 17. Januar 1894 in Berlin-Charlottenburg geboren wurde und in Dresden sowie Berlin das Studium der Architektur absolvierte, kann unbestritten und ohne Einschränkungen als der entwurfliche Schöpfer des Reichssportfeldes betrachtet werden. Als Sohn des renommierten Architekten Otto March, des Erbauers der Grunewald-Rennbahn und des Deutschen Stadions, der Vorgängerbauten der Anlage, war er spätestens seit dem Wettbewerb für das Deutsche Sportforum zur Jahreswende 1925/26 mit dem Sportstättenbau konfrontiert und konnte sich im Besonderen mit dem Standort, seinen Eigenschaften und speziellen Problemebenen vertraut machen. Die Arbeiten des Vaters und dessen solide Schule kamen ihm dabei ohne Zweifel zugute und waren ein wesentlicher Grund dafür, dass er zusammen mit seinem vier Jahre jüngeren Bruder Walter March[132] aufgefordert wurde, am beschränkten Wettbewerb für das Deutsche Sportforum teilzunehmen. Ihr gemeinsamer Entwurf konnte sich schließlich gegen die Konkurrenz der Lösungsvorschläge so erfahrener und bedeutender Kollegen wie Hermann Dernburg, Hans Poelzig, Johannes Seiffert und Max Taut durchsetzen.

Zweierlei erscheint bezogen auf Werner March bei diesem Wettbewerb bemerkenswert. Zum einen saß in der vornehmlich von konservativen Architekten besetzten Jury mit German Bestelmeyer, dessen Meisterschüler March in den Jahren 1921/22 war und an dessen Projekten (die Reichsschuldenverwaltung in Berlin und der Bau der Gothaer Lebensversicherung in Gotha) er in bauleitender Tätigkeit in den folgenden Jahren mitwirkte, sein architektonischer Mentor; zum anderen stand March in unmittelbarer Konkurrenz zu Johannes Seiffert, dem ehemaligen leitenden Mitarbeiter im Büro seines Vaters, der als ein Intimkenner der Rennbahnanlage und des Deutschen Stadions und darüber hinaus als ein Experte für Sportbauten und -anlagen galt. Seiffert war es dann auch, den in seiner Funktion als „Berater für Sportstättenbau“ des Deutschen Reichsausschusses für Leibesübungen schon zuvor Carl Diem damit beauftragt hatte, das Konzept des Deutschen Sportforums zu entwickeln. Seine 1925 vorgelegte Planung für die Freiluftanlagen blieb schließlich auch für das weitere Vorgehen und für den Wettbewerb verbindlich.

Obschon im Wettbewerb mit einem eigenständigen Entwurf siegreich, fällt auf, dass sich Werner March mit seinem Bruder in späteren Überarbeitungen immer mehr der bereits anläßlich der Planungen für die Freiluftanlagen in einer Vorstudie zu den Baukomplexen von Seiffert entwickelten Gebäudekonfiguration annäherte und sie sich damit von ihrem eigenen Wettbewerbsbeitrag deutlich entfernten. Der zur Realisierung verabschiedete Entwurf von 1926 weist schließlich augenfällige formale wie strukturelle Ähnlichkeiten auf.[133] Kritische Betrachtungen zu diesem Abschnitt der Planungsgeschichte haben sich deshalb im Besonderen auf die Rolle Johannes Seifferts und sein Verhältnis zu Werner March richten.

Jugoslawische Gesandtschaft in Berlin-Tiergarten, erbaut zwischen 1938 und 1940 nach Entwurf von Werner March, Aufnahme 1940

Zwischen 1926 und 1929 wurden unter der Leitung von Werner March einige Bauten bzw. Bauteile des Deutschen Sportforums ausgeführt. Die Gesamtanlage blieb jedoch zunächst unvollendet, die Wirtschaftskrise führte zur Unterbrechung der Arbeiten. Unterdessen wurde March vom Deutschen Reichsausschuss aufgefordert, im Hinblick auf eine mögliche Durchführung Olympischer Spiele in Berlin entsprechende Erweiterungspläne für das Deutschen Stadion anzufertigen. Von diesem Zeitpunkt an wuchs er sukzessive in die Rolle des späteren „Olympia-Architekten".

1931, nach dem Beschluß des IOC, Berlin zum Austragungsort der XI. Olympischen Spiele zu machen, erhielt der Architekt vom Deutschen Reichsausschuss dann den den offiziellen Auftrag, das Deutsche Stadion gemäß den olympischen Anforderungen umzubauen. In Anbetracht der wirtschaftlichen Situation stand ein Neubau zu diesem Zeitpunkt nicht zur Diskussion. Anfang Oktober 1933 wurde die Entscheidung des IOC noch einmal bestätigt und der vorliegende Umbauvorschlag Marchs zur Kenntnis genommen. Hitler, der die politischen Möglichkeiten der Olympischen Spiele zur Selbstdarstellung des „neuen Deutschlands" klar erkannte, ordnete jedoch kurz darauf den Neubau eines Olympiastadions und die Erweiterung des Bauprogramms an, was schließlich zur Planung des Reichssportfeldes führte. Werner March entwickelte dafür die Entwürfe. Sie entstanden im engen Zusammenwirken mit dem Organisationskomitee sowie begleitet von einem Bauausschuss, Hitlers persönliche Einflussnahme konzentrierte sich im Wesentlichen auf die Planungsphase bis Dezember 1934. Den Anfang und das Ende dieser Zeitspanne markierten die zwei Besuche, die er während der gesamten Planungs- und Bauzeit überhaupt nur dem künftigen Olympiagelände abstattete. War es beim ersten Besuch, am 5. Oktober 1933, jene von ihm getroffene und von allen unmittelbar Beteiligten einschließlich

Wettbewerb „Elbufergestaltung Hamburg", Volkshalle für 50 000 Zuschauer, perspektivische Zeichnung des Innenraumes, Entwurf: Werner March, 1938

Werner March begrüßte Entscheidung für einen Stadionneubau an Stelle des bis dahin präferierten Umbaues des Deutschen Stadions sowie die Ausweitung des Bauprogramms zu einer komplexen Aufmarsch- und Wettkampfanlage, kennzeichnete den zweiten und letzten Besuch vor der Olympiade am 31. Oktober 1934 die grundsätzliche Billigung des von March entwickelten städtebaulichen und freiraumplanerischen Gesamtkonzeptes.[134] Darüber hinaus stimmte er im Grundsatz auch den hierbei vorgelegten Gebäudeplanungen zu, wobei er zu einigen speziellen Gestaltungsfragen, wie zur Frage des Einsatzes von Naturstein für die Fassaden, eigene Vorstellungen darlegte. In diesem Zusammenhang schaltete er im Nachgang zu seinen Ausführungen den damaligen Parteiarchitekten Albert Speer ein, der – soweit der Vorgang überhaupt noch rekonstruierbar ist – anlässlich eines gesonderten Treffens mit Werner March vor allem die Wünsche Hitlers bezüglich der Fassadengestaltung der so genannten Kampfbahn, dem späteren Olympiastadion, präzisierte. Da in diesem Arbeitsgespräch, das vermutlich im November/Dezember 1934 stattfand, nach Bekunden von Werner March[135] ein schnelles Einvernehmen hergestellt werden konnte, sah Speer seine „Mission" in dieser Angelegenheit im Wesentlichen als erfüllt an. Eine weitere, wie immer geartete Intervention gab es nicht. Insofern war die Gesamtlösung Marchs, in einzelnen Entwurfsschritten und verschiedenen Varianten entwickelt und die Intentionen seiner Bauherren sorgfältig reflektierend und umsetzend, auch zu keinem Zeitpunkt ernsthaft in Frage gestellt.

Alle anderen in der Literatur zu findenden Darstellungen, zumal die des zornigen und außer sich geratenen Hitlers, der wegen der angeblich „zu modern" geratenen Entwurfsvorschläge Marchs für das Stadion gar die Olympischen Spiele abzusagen gedachte, entbehren hingegen jeglicher realen Grundlage und müssen in das Reich der Mythen- und Legendenbildung verwiesen werden.[136] Sie stützen sich in ihren unterschiedlichen „Ausmalungen" allein auf eine Einlassung Albert Speers in seinen „Erinnerungen", ohne auch nur im Geringsten deren wissenschaftlichen Quellenwert in Frage zu stellen bzw. deren Aussagen auf ihre Richtigkeit zu überprüfen. Wie überaus zweifelhaft indes ihr Wahrheitsgehalt ist, wurde inzwischen in etlichen quellenkritischen Untersuchungen nachgewiesen.[137]

Es handelt sich hierbei um folgende Textstelle: „In eine unangenehme Lage geriet das deutsche Olympiakomitee, als Hitler sich vom zuständigen Staatssekretär im Innenministerium, Pfundtner, die ersten Pläne für den Neubau des Stadions zeigen ließ. Otto March (gemeint ist augenscheinlich Werner March; die Verf.), der Architekt, hatte einen Betonbau mit verglasten Zwischenwänden, ähnlich dem Wiener Stadion, vorgesehen. Von der Besichtigung kam Hitler zornig und erregt in seine Wohnung, wohin er mich mit Plänen bestellt hatte. Kurzerhand ließ er dem Staatssekretär mitteilen, daß die Olympischen Spiele abzusagen seien. Ohne seine Anwesenheit könnten sie nicht stattfinden, da das Staatsoberhaupt sie eröffnen müsse. Einen solchen modernen Glaskasten würde er jedoch nie betreten. Ich zeichnete über Nacht eine Skizze, die eine Umkleidung des Konstruktionsgerippes mit Naturstein sowie kräftigere Gesimse vorsah, die Verglasung fiel fort, und Hitler war zufrieden. Er sorgte für die Finanzierung des Mehraufwandes, Professor March stimmte der Änderung zu, und die Spiele waren für Berlin gerettet – wobei mir nicht klar war, ob er seine Drohung tatsächlich verwirklicht hätte oder ob sie nur Ausdruck jener Trotzhaltung war, mit der er seinen Willen durchzusetzen pflegte."[138]

In der Tat läßt sich der von Speer so effektvoll geschilderte Vorgang in seinen tragenden Aussagen durch nichts belegen. Abgesehen von der Tatsache, dass hier Otto March, der bereits 1913 verstorben war, mit Werner March verwechselt wurde, der zu dieser Zeit auch noch nicht den Professorentitel trug – er wurde ihm wegen seiner „Verdienste um den Bau des Reichssportfeldes" von Hitler (!) anläßlich der Olympiade erst am 4. August 1936 verliehen[139] –, ist weder die behauptete Skizze nachweisbar, die auch keiner der Beteiligten je gesehen hatte und an die sich nicht einmal March selbst erinnern konnte[140], noch gibt auch nur eine der nahezu lückenlos den Planungsablauf dokumentierende Primärquellen einen direkten oder indi-

Oberkommando der Kriegsmarine (OKM) am „Großen Becken" der geplanten Nord-Süd-Achse in Berlin, perspektivische Ansicht, Entwurf: Werner March, 1939

Stadionanlage und geplante Stadtkrone von Belgrad, Entwurf: Werner March, Modellaufnahme 1940

rekten Hinweis auf den von Speer in dieser Weise geschilderten Vorfall. Gleichwohl avancierte die unkritisch übernommene Darstellung in Sachen Olympiastadion inzwischen längst zu einem „authentischen Faktum". Albert Speer galt danach als der „Retter" des Olympiastadions und der Olympischen Spiele, während Werner March speziell für die Bau- und Kunstgeschichte zum wackeren „Kämpfer für die Moderne" während der NS-Zeit stilisiert wurde, der allen Schwierigkeiten zum Trotz mit den Bauten des ehemaligen Reichssportfeldes ein aufrichtiges Zeichen wieder das architektonische Selbstverständnis des nazistischen Staates setzte.[141]

Betrachtet man vor diesem Faktenhintergrund die architektonische Position und berufliche Stellung Werner Marchs während des „Dritten Reichs", ergibt sich ein wesentlich anderes Bild, als es sich durch die hartnäckige Legendenbildung bis dato vermittelte. Zunächst entsprach es – wie immer wieder behauptet – nicht den Tatsachen, dass er aufgrund seiner Haltung beim Bau des Reichssportfeldes in irgendeiner Form in nennenswerte, gar seine Existenz gefährdende Schwierigkeiten geriet.[142] Ganz im Gegenteil erfuhr er eine enorme publizistische Anerkennung, diverse Ehrungen sowie Auszeichnungen.[143] Des weiteren stellte sich wegen des großen Beispiel gebenden Erfolges mit dem Reichssportfeld eine beträchtliche Zahl von Folgeaufträgen ein, die ihn bis in die Kriegsjahre hinein in hohem Umfang beschäftigten. Unter den ihm übertragenen Aufgaben waren bedeutende Staatsaufträge, wie u. a. die Betei-

Belgrader Stadion für 53 000 Zuschauer, perspektivische Teilansicht, September 1940

Stadionanlage für die geplante „Südstadt“ an der Nord-Süd-Achse in Berlin, städtebaulicher Modellausschnitt (M 1:4000), Entwurf: Werner March, Planfassung von Januar 1942

ligung am Wettbewerb für die Elbuferbebauung in Hamburg, die Entwurfsstudien zu einem monumentalen Bau für das Oberkommando der Kriegsmarine (OKM) in Berlin sowie die ihm übertragene Neugestaltung der Innenstadt von Breslau mit „Gauforum und Aufmarschplatz“, die man keinem in Ungnade Gefallenen oder architektonisch Renitenten angetragen hätte. Gleichsam als die „Krönung“ seines Werkes stellte sich die 1941 von Speer im Rahmen der „Neugestaltungsplanungen für die Reichshauptstadt“ veranlasste Beauftragung für eine gigantische Kasernenanlage der „SS-Leibstandarte Adolf Hitler“ sowie für einen Sportpark mit einem „Stadion für 200 000 Zuschauer“ dar, die beide im Bereich der geplanten Südachse entstehen sollten und deren Arbeiten March noch bis Februar 1943 beschäftigten.

In der Frage seiner architektonischen Haltung kann man Werner March dementsprechend ganz gewiss nicht der Neuen Sachlichkeit zurechnen. Sowohl seine Arbeiten bis zum Bau des Reichssportfeldes weisen ihn im besten Wortsinne als einen Architekten aus, der den „Kult der Sachlichkeit“[144] als Irrweg ablehnte, als auch jene, die den Olympiaanlagen zeitlich folgten. Dieses Selbstverständnis war nicht zuletzt zum einen in der Erziehung und der vorbildhaften Arbeit seines von ihm verehrten Vaters vorgezeichnet, zum anderen in seiner Schülerschaft German Bestelmeyers angelegt. Keiner seiner Bauten, solide in der Konstruktion, souverän in der Detailausbildung und gediegen in der Gestaltung, legt insofern den Verdacht der Moderne als programmatische Aussage nahe. Sein Gesamtwerk, von der Reichsbanksiedlung in Berlin-Schmargendorf, seinem Erstlingswerk von 1923 bis 1926, über das „Jagdhaus Karinhall“ in der Schorfheide, welches er 1934 für Hermann Göring errichtete, über die im Tiergartenviertel zwischen 1938 und 1940 erbaute Jugoslawische Gesandtschaft, den Entwurf des OKM im Jahre 1939 für Berlin und das im selben Jahr konzipierte „Gauforum“ für Breslau, bis zu den Nachkriegsbauten, wie das Landeshaus in Münster von 1948 bis 1951 sowie den Entwurf für ein Justizgebäude in Essen des Jahres 1957, weisen ihn als einen in traditionalistischer Kontinuität stehenden, durchaus bemerkenswerten Architekten aus.[145] Insofern erscheinen auch Versuche, ihn zu einem Vertreter einer „gedämpften Moderne“ zu stilisieren, vor diesem Hintergrund als abwegig und absurd.

Werner March (Mitte) bei einer Führung im Berliner Olympiastadion am 5. Oktober 1968

Das Reichssportfeld und seine baulichen Anlagen

„Das Reichssportfeld ist der deutsche Ausdruck des olympischen Gedankens und Deutschlands Ehrengabe an die Welt zu den Olympischen Spielen 1936. In diesem Sinne hat der Führer Adolf Hitler die Fülle der Kampfbahnen und Feierstätten zu einem einzigen großen Festraum vereinigen lassen. Er hat damit zugleich der Gestaltung der Anlagen das künstlerische Gesamtziel gegeben. Die Baukunst hatte die hundertfältige Aufgabe zum Einklang zu bringen.“
(Werner March: Bauwerk Reichssportfeld, Berlin 1936)

Trotz des enormen Zeitdrucks konnten bis zum Beginn der Olympischen Spiele alle wesentlichen Bauarbeiten auf dem Reichssportfeld abgeschlossen und der Gesamtkomplex seiner vorgesehenen Bestimmung übergeben werden. Dem Besucher präsentierte sich Anfang August 1936 eine weiträumige, architektonisch vielschichtige Anlage, die jeden bis dahin im Sport- und Versammlungsbau bekannten Maßstab außer Kraft setzte. Die verschiedenen Wettkampfstätten

Lageplan des Reichssportfeldes, Planverfasser: Werner March, 1936

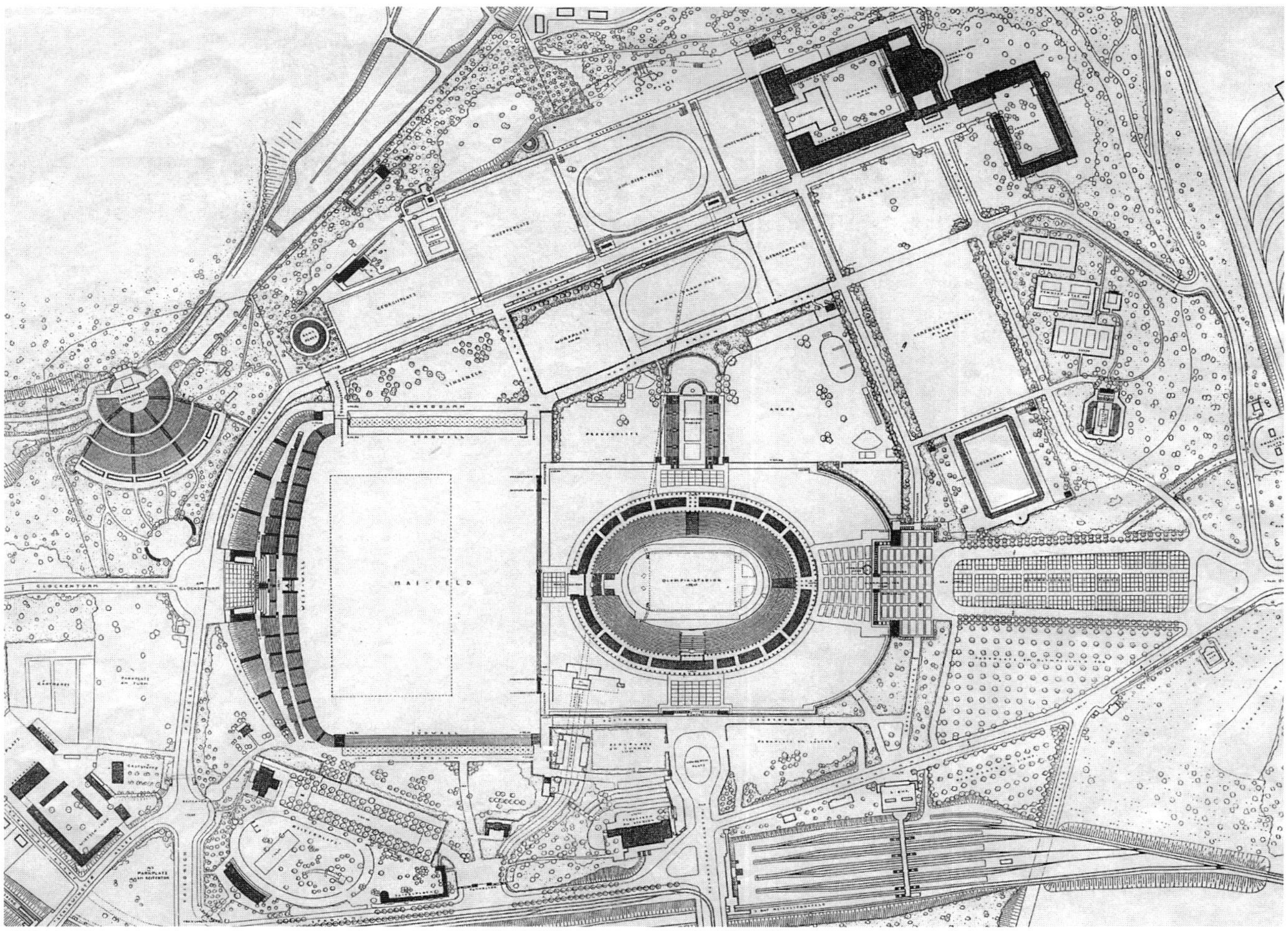

Luftbild vom Reichssportfeld aus östlicher Richtung, Aufnahme Juli 1936

waren hierbei über die reine Funktionalität hinaus in ihrer räumlich-monumentalen Inszenierung auch und vor allem auf suggestive Wirkung sowie emotionale Überwältigung angelegt. Eine – hier imaginär vollzogene – Begehung des Gesamtareals zum Zeitpunkt der Fertigstellung macht dies deutlich:

Olympischer Platz

Der Olympische Platz war Auftakt der von Ost nach West gerichteten, inszenatorischen Hauptachse des großräumigen Sport- und Aufmarschfeldes. Für den Besucher bewirkten der Anstieg des Platzes um über sechs Meter, das Raster des Bodenbelages und das sich zum Olympischen Tor, dem westlichen Platzabschluss, verjüngende Breitenmaß eine extrem lenkende Blickführung, die durch die Stellung der beiden hoch aufragenden, kantigen Türme der Toranlage noch gesteigert wurde.

Lindenalleen auf den Bürgersteigen rahmten die Platzfläche; Pyramideneichen begrenzten den unmittelbaren Vorplatzbereich am Olympischen Tor. Dichte Gehölzpflanzungen bedeckten die ansteigende, zwickelförmige Fläche zwischen Platz und Hockeystadion. Fahnenmasten und Kugelleuchten ergänzten sich zu transparenten

Olympischer Platz mit Olympischem Tor und „neuer" Podbielski-Eiche, Bildpostkarte 1936

Wänden an den Längsseiten der Mittelinsel und unterstützten die perspektivische Wirkung der sich dahinter aufbauenden Torsituation.

Die achsensymmetrische Toranlage bestand aus zwei 33 Meter hohen Beobachtungstürmen („Preußenturm" und „Bayernturm") mit einer mittleren Durchfahrt von 15 Meter Breite sowie je 26 frontal und sechs im rechten Winkel angeordneten Kassendurchgängen, deren seitlichen Abschluss zweigeschossige Torhäuser bildeten. Sowohl die Türme als auch die Kassenanlagen und Torhäuser waren mit Werkstein verblendet. Die Türme wurden als mit Ziegeln hintermauerte Stahlskelettkonstruktionen ausgeführt. Alle drei Meter geht eine Binderschicht der fünf Zentimeter starken Muschelkalksteinplatten in die Hintermauerung ein. In die glatten Turmwände waren zur Erhöhung der plastischen Wirkung einzelne stark rustizierte Steinquader eingefügt. An den Ost- und Westwänden der Türme prangten in etwa 25 Meter Höhe je eine Normaluhr und ein in Kreisform stilisiertes Hakenkreuz. Zwischen den Türmen spannten sich, an Stahlseilen befestigt, die fünf Olympischen Ringe.

Olympiastadion, Blick über das Stadion nach Westen, Aufnahme 1936

Olympiastadion

Hinter der Toranlage lagerte im Schnittpunkt der das Reichssportfeld räumlich determinierenden Ost-West- und Nord-Süd-Achse, auf einer nahezu planebenen Sockelfläche, der gleichförmig gegliederte, mächtige Stadionbau.

Die Stau- und Abstandsflächen rund um den Stadionsockel waren als weite Rasenflächen ausgebildet. Parallel zur Ostkurve wurden sie von geschnittenen Hainbuchenhecken gerahmt, die als Hintergrund für die dort aufgereihten Siegerstelen dienten.

Eine besondere Betonung im Umfeld des Stadions erfuhr in diesem Zusammenhang die an den Förderer des Deutschen Stadions, Viktor von Podbielski, erinnernde so genannte Podbielski-Eiche auf der inneren Platzfläche des Olympischen Tores. Sie war jedoch nicht identisch mit einer im Bereich des Vorgängerstadions bereits nach Podbielski bezeichneten Eiche, die im Zuge der Neubaumaßnahmen geschlagen werden musste. Die noch heute existierende Eiche am Olympischen Tor ist aus dem an dieser Stelle ursprünglich vorhandenen Waldbestand überkommen und schon auf historischen Luftbildern der ehemaligen Grunewaldrennbahn gut zu erkennen.

Die bauliche Anlage des Stadions präsentierte sich als offene Sportarena für ca. 100 000 Zuschauer, geteilt in zwei Ränge, wobei 40 Sitzstufen auf parabolischem Querschnitt 12 Meter tief ins Erdreich abgesenkt (Unterring) und weitere 31 Stufen bis zu einer Höhe von 16,50 Meter über der Erdgleiche angeordnet waren (Oberring). Als Mittelpunkt des Reichssportfeldes architektonisch herausgehoben, prägten zweigeschossig durchlaufende, 14 Meter hohe Pfeiler „großer Ordnung" die äußere Fassadengestaltung. Ein kräftig ausladendes Hauptgesims mit einem dichten Kranz flach gehaltener (nichttragender) Konsolen und die darüber sichtbare massive Brüstung des oberen Umganges fassten die monumentale Pfeilerstellung zusammen und bildeten den oberen Abschluss des massiven Wandaufbaues. Nach Westen öffnet sich die Arena in axialer Beziehung zum Maifeld mit dem 25 Meter breiten Marathontor, das von zwei wuchtigen Treppentürmen gerahmt wurde. In der Mittelachse der Öffnung befand sich auf einem nur leicht über der Ebene des Umganges abgesetzten blockartigen Sockel der bronzene Dreifuß für das Olympische Feuer. Auf der Ostseite bildete eine im Bereich des Oberringes installierte große Anzeigentafel von 6 x 12 Meter mit 60 Zentimeter hohen, manuell zu bedienenden Buchstaben und Ziffern das architektonische Gegengewicht zum Marathontor, wobei die kubische Über-

Maifeld, Blick vom Marathontor über das Aufmarschgelände auf die Haupttribüne mit Glockenturm, an der Geländekante Joseph Wackerles „Rosseführer", Bildpostkarte 1936

Maifeld, Haupttribüne von Süden gesehen, unterhalb des Glockenturms die Ehrentribüne und der „Stand des Führers", Aufnahme 1936

höhung der äußeren Brüstung zusammen mit den drei darüber angeordneten Masten für die Siegerfahnen die Axialität der Anlage deutlich betonte.

Die Südseite des Stadionovals bestimmte die Ehrentribüne mit der optisch herausgestellten „Führerloge", die um ca. drei Meter in den Unterring auskragte. Der obere Abschluss der Südseite wurde durch einen etwa 120 Meter langen überdachten Tribünenbereich für die Presse und Sportleitung gebildet, dessen Front durchgängig verglast war.

Alle nach außen sichtbaren Wandflächen des Stadions waren mit Werkstein aus unterschiedlich scharriertem, grauen Fränkischen Muschelkalk verkleidet, die kolossalen Pfeiler des äußeren Umganges massiv ausgeführt. Das darüber liegende Hauptgesims mit dem Konsolenkranz und die Wandungen des Marathontores waren dagegen in hellerem Gauinger Travertin abgesetzt. Ansonsten stellte sich der Stadionbau – abgesehen von der äußeren Pfeilerstellung – als eine reine Eisenbetonkonstruktion dar. Er offenbarte dies im Besonderen im Bereich der unterirdischen Vorfahrt zur Ehrentribüne und den damit verbundenen Erschließungssystemen, wo sich – nicht zuletzt aus Kostengründen – die Substruktionen in ihrer unverkleideten Gestalt zeigten.

Maifeld

Das Maifeld bildete mit dem die Tribünenaufbauten ausformenden so genannten Westwall und dem Glockenturm den dramaturgischen Höhepunkt und Abschluss der Ost-West-Achse. Die Hufeisenform der Wälle korrespondierte mit dem Oval des Stadions. Die steile Außenböschung des „Westwalles" leitete räumlich in die nach Nordwesten abfallende Murellenschlucht und die hier errichtete Freilichtbühne über. Türme und Skulpturen lenkten die Blickbeziehungen und markierten die Wegeverläufe des weitläufigen Aufmarschfeldes.

Die das Maifeld nach Westen abschließende Tribünenanlage gliederte sich wie beim Olympiastadion zur Teilung der Zuschauerströme in zwei Ränge. Nur in dem 75 Meter breiten, baulich herausgehobenen Mittelteil war die Tribüne als dreigeschossiges Stahlskelettbauwerk mit sich nach Westen über zwei Geschosse öffnender, wuchtiger Pfeilerwand ausgebildet. Der Bau wurde gegen die sich anschließenden Erdwälle durch zwei gewinkelte Stützmauern aus Eisenbeton abgeschlossen. Im Erdgeschoss befanden sich eine acht Meter breite Toröffnung zum Maifeld, zwei Treppenhallen und Räume für Wettkampfleitung, Polizei, Sanitätsdienst und Presse. Das Mittelgeschoss bildete die durch den im Zentrum gelegenen Turmschaft und 12 mächtige Stützpfeiler gegliederte so genannte Langemarckhalle aus, welche man, ganz im Sinne der damaligen Heldenverklärung, den Toten der sinnlosen Feldschlacht des Ersten Weltkriegs widmete. In ihrem Innern waren an den Pfeilern insgesamt 76 Fahnen der an der Schlacht beteiligten deutschen Regimenter sowie an den Wänden des durchstoßenden Glockenturms zehn Stahlschilde mit den Namen der Divisionen angebracht. Vor einem aus dem Boden optisch herausgehobenen Block wurde mit einer Stahlplatte bedeckte Erde vom Friedhof von Langemarck aufbewahrt. Die Schmalseiten der Wände trugen zwei in Stein gemeißelte Sinnsprüche :

„Ihr heiligen grauen Reihen / Geht unter Wolken des Ruhms / Und tragt die blutigen Weihen / Des heimlichen Königstums!" (Walter Flex) und

„Lebe droben, o Vaterland, / Und zähle nicht die Toten, / Dir ist, Liebes, / Nicht einer zuviel gefallen!" (Friedrich Hölderlin).

Maifeld, Langemarckhalle im Bereich der Haupttribüne, an den Stützen die Fahnen der an der Schlacht beteiligten Regimenter, Aufnahme 1936

Über einem weiteren Geschoss, das sich in der Westfassade durch hochrechteckige, schießschartenartige Öffnungen abbildete, war auf einem sich stufenden Podest ein Fahnenwall mit zehn hohen, adlergeschmückten Fahnenmasten angeordnet. Darüber erhob sich der 76 Meter hohe Glockenturm, der mit seinem kompakten Querschnitt von 6 x 10 Metern einmal mehr die Ost-West-Orientierung der gesamten Anlage optisch unterstrich. Der bis auf kleine Geschossfenster geschlossen wirkende Turmkörper öffnete sich unter der massiven Plattformbrüstung nach allen Seiten für die dort aufgehängte Olympische Glocke. Ein Aufzug führte zur so genannten Glockenstube, von der unmittelbar die Aussichtsplattform erreicht werden konnte.

Der Mittelbau mit der Langemarckhalle und die seitlichen Haupttreppen waren in kräftig aufgespitztem Nagelfluh ausgeführt, die vorgelagerte Haupttribüne mit dem „Führerstand" in Crailsheimer Muschelkalk . Das Stahlskelett des Glockenturms war 12 bzw. 25 Zentimeter hintermauert und mit 25 bzw. 35 Zentimeter starken bossierten Werksteinplatten ebenfalls aus Crailsheimer Muschelkalk verkleidet. Die Ausmauerung und Verkleidung wurden alle acht Meter durch Konsolträger abgefangen. Die Steinsprossen der Öffnungen der Glockenturmstube waren aus glattem Werkstein. In der 12 Meter hohen Turmstube befand sich die 13 Tonnen schwere Stahlguss-Glocke von 2,60 Meter Höhe bei einem maximalen Durchmesser von 2,80 Meter.

Die an der westlichen Platzseite des Maifeldes errichteten Beobachtungstürme entsprachen in Form und Aufbau denen am Olympischen Tor. Sie zeigten jedoch im Unterschied zu diesen ein leicht verändertes Fassadenbild. Die rustizierten Steinquader bildeten hier die Brüstungen der Fensteröffnungen und die Rahmungen der Eingänge aus. Zu Zweiergruppen an den Flanken der Sportfeldbegrenzung zusammengefasst – im Norden der „Friesen- und der Sachsenturm", im Süden der „Franken- und Schwabenturm" – waren sie ansonsten, wie jene am Olympischen Tor, in ihren Kronenbereichen mit jeweils einer Normaluhr und dem stilisierten Hakenkreuz dekoriert.

„Dietrich-Eckart-Freilichtbühne“

Die gleichsam in die Landschaft „einmodellierte“ Freilichtbühne war der Ort für Theateraufführungen und „nationale Weihespiele“, der die intendierte Naturverbundenheit sowohl der Anlage als auch der Veranstaltungsinhalte manifestierte. Das Zuschauerrund nahm die Form der Murellenschlucht auf; der sich über der Bühne erhebende Murellenberg gab die gewünschte Naturkulisse ab. Die Zugangswege führten durch Waldgelände. Erst am oberen Umgang öffnete sich der Blick auf die fast 30 Meter tiefer gelegene Bühne und die seitlichen Taleinschnitte. Blickbeziehungen zum Glockenturm am Maifeld stellten den baulich-räumlichen Verbindung zum Reichssportfeld her.

Die Freilichtbühne zeigte sich als eine an griechische Vorbilder angelehnte Anlage mit 20 540 amphitheatrisch angeordneten Sitzplätzen.[146] Die 88 Sitzreihen im Talkessel der Murellenschlucht untergliederten sich durch zwei breite Umgänge in drei Ränge. Ähnlich dem Olympiastadion waren die Sitzstufen, am inneren Rand flach ansetzend, zum oberen Umgang hin jedoch zunehmend steiler ausgebildet. Vier breite Treppenanlagen führten vom oberen Arenarand strahlenförmig auf die Umgänge und an den Rand der „Orchestra“ heran. Im Bereich des mittleren Ranges befanden sich die Ehrenloge für den „Führer“ sowie, unter der Loge, Regiestände für die Spielleitung, Ton und Licht. Die Bühne war in mehrere Spielebenen gegliedert. Ein 130 Meter langer Tunnel führte vom Bühnenhaus zu den nordöstlich am Murellenweg gelegenen drei Umkleidehäusern. Die Toilettenanlagen waren, nicht sichtbar, auf der Höhe der mittleren Umgänge zu beiden Seiten im Erdreich versenkt.

Die Sitzbänke der Zuschauerbereiche bestanden aus Eisenbetonkonsolen mit Holzbohlenauflage. Das Bühnenhaus, die beiden seitlich angeordneten blockhaft gestalteten Bühnenzugänge, die Lautsprecheranlagen und der Tunnel zu den Schauspielergarderoben waren ebenfalls in Eisenbeton ausgeführt, wobei die Aufbauten der Bühnenanlagen eine Verkleidung aus Tengener Muschelkalktuffstein aufwiesen.

Die „Dietrich-Eckart-Freilichtbühne“ nach Fertigstellung, Aufnahme 1936

Platzfolge westlich des Deutschen Sportforums

Der westlich des so genannten Deutschen Sportforums gelegene Freiraum umfasst sechs unterschiedlich zugeschnittene Sportflächen, einen manegeartigen „offenen Hörsaal", den kreisrunden arenaartigen Tanzplatz und die Gartenanlagen am Annaheim. Die das Areal nach Südosten begrenzende Friedrich-Friesen-Allee überwand eine leichte Anhöhe und wurde zu den angrenzenden Spielfeldern streckenweise mittels einer Stützmauer abgefangen. Die Sportflächen, die bereits 1926/27 in Benutzung genommen werden konnten, staffelten sich entsprechend des Höhenverlaufs terrassenförmig. Nach Nordwesten stieß das Sportgelände hart an die Kante des steil zur Murellenschlucht abfallenden Hanges, der natürlichen Waldbestand aufwies; am Fuß des Hanges befand sich ein Schießstand.

Deutsches Sportforum, die Gebäude der Reichsakademie für Leibesübungen mit dem Haus des Deutschen Sports, Aufnahme 1936

Das Annaheim lag im westlichen Bereich der Platzfolge. Es zeigte sich als ein zweigeschossiges Gebäude mit verschieden hohen Gebäudeflügeln, wobei das Sockelgeschoss gegen den steil abfallenden Nordwesthang als Vollgeschoss ausgebildet war. Im Südwesten, unmittelbar dem Eingang zugeordnet, hatte es eine gedeckte Veranda, deren Dachfläche als balkonartiger Austritt genutzt werden konnte. Die Fassade und die massive Balkonbrüstung bestanden aus gesandeten kleinformatigen Ziegeln. Der flache Sockel, die Fensterpfeiler am Speisesaal, die Pfeiler der Veranda und die Abdeckung der Balkonbrüstung waren mit fränkischem Muschelkalk verkleidet. Den oberen Abschluss bildete ein sehr flach geneigtes, kaum sichtbares Satteldach.

Ein weiterer Bau im Bereich der Sportflächen war das Tennishaus an den Tennisplätzen, welches aus einer eingeschossigen Halle und einem zweigeschossigen Unterbau bestand. Die Außenwände der Halle waren in Sichtmauerwerk ausgeführt, das weit überstehende Dach hingegen in Eisenbeton. Die Untergeschosse, als wuchtiger Sockel ausgebildet und mit Bruchstein verkleidet, vermittelten dabei zwischen den verschiedenen Höhen des Forumgeländes.

Zwei Pavillons am August-Bier-Platz waren als leichte, flach gedeckte Pfeilerhallen an die Ecken des Platzes zur Friedrich-Friesen-Allee gestellt. Vergleichbar dem Tennishaus wiesen die Außenwände aus Sichtmauerwerk kleinformatige Ziegel auf und die umlaufenden Pfeiler und Sockel Muschelkalkverkleidung, während das weit überstehende, auf Pfeilern gelagerte Dach in Eisenbeton ausgeführt war. Im nördlichen Pavillon der äußerlich baugleich scheinenden Bauten befand sich der Eingang zum Tunnelgang, der in die Substruktionen des Olympiastadions führte.

Deutsches Sportforum

Der den räumlichen Abschluss der Platzfolge ausbildende Gebäudekomplex des Deutschen Sportforums umfasste die Bauten der ehemaligen Hochschule für Leibesübungen, (ab 1936 Reichsakademie für Leibesübungen), das frühere Haus der Deutschen Turnerschaft, das Friesenhaus als Unterkunftsgebäude der Studierenden und das Arzthaus. Gerade die Platzierung am Nordostende des Geländes unter Erhaltung vorhandenen Baumbestandes und der freie Ausblick von den westlich anschließenden Sportflächen in die umgebende Landschaft hatten beim Wettbewerb von 1926 dazu geführt, den Entwurf von Werner und Walter March zur Ausführung zu empfehlen. Nach teilweiser Überarbeitung erfolgte dann die Errichtung der Gebäude in mehreren Bauabschnitten von 1926 bis 1936.

Den Jahnplatz umschloss eine Dreiflügelanlage bestehend aus dem Turnhaus im Süden, dem Schwimmhaus im Norden sowie dem zentralen Haus des Deutschen Sports an der Ostseite. Um den Friesenhof und -garten gruppierten sich das Haus der Deutschen Turnerschaft und das Friesenhaus mit den Flügeln für Kursisten und Studenten sowie ein Speisesaaltrakt. Der so genannte Adlerplatz fungierte als Vorplatz des Haupteinganges der Reichsakademie für Leibesübungen.

Eine hohe, schmiedeeiserne Toranlage am Eingang zwischen Speisesaalflügel und Uhrturm separierte den Friesenhof vom Adlerplatz. Die Westterrasse vor dem Speisesaal wurde durch eine Sitzmauer aus Muschelkalk zur angrenzenden Rasenfläche abgegrenzt.

Haus des Deutschen Sports, Pfeilerhalle am Jahnplatz vor Aufstellung der beiden Plastiken „Zehnkämpfer“ und „Siegerin“ von Arno Breker, Aufnahme 1936

Eine als Liegehalle genutzte Pergola an der Westseite des Arzthauses bildete den baulichen Abschluss des Gutsmuthsweges; Treppen führten zur erhöht liegenden Terrassenfläche.

Alle Gebäude der umfänglichen Anlage waren einheitlich als Ziegelrohbauten errichtet, die Sockel und Pfeiler mit Kirchheimer Muschelkalkstein verkleidet. Als Ziegel wurden wie für die Verwaltungsbauten der alten Rennbahn gesandete Handstrichsteine im holländischen Format gewählt.

Betrachtete man die Gebäudeteile im einzelnen, so stellte sich das Turnhaus der symmetrisch aufgebauten Dreiflügelanlage als ein dreigeschossiger, gleichförmiger Langbau mit abschließender Turnhalle als quergestelltem Kopfbau dar. In der Gebäudemitte befand sich eine zweigeschossige, in der Südfassade vollständig verglaste Eingangshalle. An der Nordfassade zum Jahnplatz hin war das zweite Obergeschoß zurückgesetzt und dem Erdgeschoss eine offene Pfeilerhalle vorgelagert. Die so entstandenen Balkone dienten „nach Art eines mittelalterlichen Turnierhofes“[147] den Zuschauern bei Festveranstaltungen.

Dem Turnhaus gegenüber lag das Schwimmhaus. Acht Jahre später entstanden, zeigte es eine mit dem Turnhaus exakt übereinstimmende Gestaltung. Im westlichen Kopfbau war eine Schwimmhalle mit einem 25-Meter-Becken und einem kleineren Nichtschwimmerbecken eingebaut. An den Längsseiten des Hallenraumes befanden sich jeweils fünf marmorgedeckte Sitzstufen, an der Ostwand in Höhe des ersten Stockwerks eine dreireihige Tribünenanlage für Zuschauer. Wie schon an der gegenüberliegenden Turnhalle hatte man die Ziegel zur Gliederung der Fassade im Friesbereich in klassischem Zahnschnitt gesetzt.

Haus des Deutschen Sports, Haupteingang mit den „Adlerstelen" von Waldemar Raemisch, Aufnahme um 1936

Dem Haus des Deutschen Sports fiel für die Gesamtanlage des Sportforums schließlich zentrale Bedeutung zu. Es fasste die einzelnen Bauteile zusammen und gab dem Gebäudekomplex seine klare axiale Orientierung. Dem äußeren Aufbau des Gebäudes entsprach seine innere Organisation. Beherrschender Mittelpunkt war eine in der Längsachse situierte 17 Meter hohe Kuppelhalle. Sie erhob sich auf ellip-

Haus des Deutschen Sports, Lichthof am Haupteingang, vor der Stützenreihe der „Zehnkämpfer" von Georg Kolbe, Aufnahme 1936

Haus des Deutschen Sports, Kuppelhalle, Aufnahme um 1936

tischem Grundriss mit den Durchmessern von 37 bzw. 43 Meter und bot Platz für 1200 Zuschauer. Ihre Sitzstufen gruppierten sich wie in der Freilichtbühne um eine „Orchestra". Nach Osten schloss sich eine breit gelagerte, flache Bühne an, die zum Außenraum mit hohen Glasfenstern begrenzt war, welche – gleich einem „natürlichen Bühnenbild" – den Blick auf die dahinterliegende Kiefernlandschaft freigaben.

Die Tragkonstruktion der Kuppel bestand aus massiven Eisenbetonrippen, zwischen denen sechs Zentimeter dünne Eisenbetonschalen eingespannt waren. Im Scheitel der Kuppel befand sich eine glasüberwölbte Lichtöffnung. Da die Kuppel wie der Grundriss exzentrisch ausgebildet waren, ergaben sich über den Sitzreihen sehr tiefe Rippen, die im Bereich des oberen Umganges Durchgangsöffnungen aufwiesen. Alle Betonflächen der Kuppel blieben unverkleidet und zeigten die rohe Textur der Schalbretter. Eine aus akustischen Gründen ursprünglich vorgesehene Holzverkleidung kam aus Zeit- und Kostengründen nicht mehr zur Ausführung. Ohnehin hatte sich herausgestellt, dass die Raumakustik auch ohne Verkleidung ausreichend war.[148]

Räumlich war der Kuppelsaal auf zwei Ebenen von großzügigen Foyerbereichen umfangen. Nach Norden schloss sich der „Große Hörsaal" an, nach Westen der „Große Lichthof". Eine offene Pfeilerhalle auf hohem Stufenbau stellte die architektonische Vermittlung des Hauses des Deutschen Sports zum Jahnplatz her, währenddessen der Lichthof und die vorgeschaltete Eingangssituation mit ausladender Treppe auf den Adlerplatz ausgerichtet war, auf den die Sportforumstraße zulief.

Östlich des Adlerplatzes schloss der ursprünglich als Haus der Deutschen Turnerschaft errichtete Gebäudeflügel an das Haus des Deutschen Sports an. Der in den

Jahren 1926/27 fertig gestellte, nicht zum Bauprogramm des Sportforums gehörende Bauteil mit drei Turnhallen, Wohn- und Schlafräumen, Hörsaal und Kantine zeigte sich in seiner Fassadengestaltung auf die Architektur des Sportforums eingestimmt und in die Gebäudeabfolge integriert. Ein aus der Fassade in die Friedrich-Friesen-Allee vorgeschobener Uhrturm mit aufgesetztem Glockenspiel markierte die Eingangssituation zum östlich davon gelegenen Friesenhof.

Das sich anschließende dreigeschossige Friesenhaus umschloss nach Norden, Osten und Süden den Hof. Den Charakter eines Unterkunfts- und Wohnhauses sollten ein sichtbares schiefergedecktes Dach und die hier verwendeten Holzfenster betonen. Ein eingeschossiger, flachgedeckter Gebäudetrakt mit verglaster Westfront und vorgelagerter Terrasse vervollständigte die Gebäudeanlage.

Platzfolge zwischen Friedrich-Friesen-Allee und Hanns-Braun-Straße

Parallel zur Platzabfolge, die sich auf die Achse des Deutschen Sportforums bezog, war eine zweite Platzfolge angelegt. Es handelte sich um vier Sportflächen, die in ihrer Aufteilung den nördlich der Friedrich-Friesen-Allee gelegenen Plätzen entsprachen. Entlang der Friedrich-Friesen-Allee, die bis über zwei Meter höher als die Sportplätze lag, führte ein besonderer, von Staudenbeeten und lockeren Baumpflanzungen gesäumter Promenadenweg. Von diesem aus konnte das Geschehen auf den Spielflächen beobachtet werden und es bot sich ein weitgehend freier Blick auf die Bauten des Reichssportfeldes. Als eigens gestalteter Spazierweg fand er seine Fortsetzung im gleichfalls mit Stauden und Sträuchern bepflanzten Gutsmuthsweg, der am Schenckendorffplatzes entlang zum Olympischen Tor führte.

Schwimmstadion

Der Bereich des Schwimmstadions mit den dazugehörigen Freiflächen nahm ein trapezförmiges Gelände ein, das sich zwischen dem Plateau des Olympiastadions und der Platzfolge an der Hanns-Braun-Straße erstreckte. Das Schwimmstadion selbst setzte hierbei die durch die Reichssportfeldstraße und den Coubertinplatz mit dem Südtor der Anlage entwickelte, im Gelände jedoch nicht durchgängig wahrnehmbare Nord-Süd-Achse fort. Durch den vorhandenen Höhenversatz von 3,5 Metern waren die das Schwimm- und Springbecken rahmenden Tribünenbauten dem beherrschenden Oval des Stadions architektonisch klar untergeordnet. Westlich des Schwimmstadions befand sich der so genannte Frauenplatz, östlich der den Familien und Kindern zugedachte Anger mit dem Nichtschwimmerbecken.

Das Schwimmstadion vom oberen Umgang des Olympiastadions gesehen, im Bildhintergrund die Reichsakademie für Leibesübungen, Aufnahme 1936

Der Bau des Schwimmstadions war als offenes Stadion mit zwei 86 Meter langen Tribünenbauten an den west- und östlichen

Langseiten des Schwimm- und Sprungbeckens konzipiert und für 6500 Zuschauer (5000 Sitz- und 1500 Stehplätze) ausgelegt, deren Sitzplätze sich auf 18 Stufenreihen verteilten. Die Tribünen schlossen nach oben jeweils mit einer Sonnenterrasse ab. Zwei Treppentürme mit laubenartigen Bekrönungen bildeten die verbindenden Bauteile zu dem benachbarten höher gelegenen Stadionplateau. Die Tribünen waren, ähnlich dem Olympiastadion, nach außen durch zweigeschossige Pfeilerhallen gegliedert. Auch das Motiv des inneren Umgangs tauchte mit dem gedeckten Wandelgang an den Schwimmbecken wieder auf. Der Zuschauer erreichte vom Stadionplateau ebenerdig durch den oberen äußeren Umgang über vier Zugänge die Sitzstufenanlage.

Die geschlossenen Stirnwände der Tribünen und die beiden Treppentürme zeigten das gleiche Bossenwerk aus Rüdersdorfer Kalkstein wie die 325 Meter lange Stützmauer des Stadionplateaus. Großflächige Fenster mit Stahlrahmen gliederten die Wände der äußeren Umgänge, die in scharriertem Steinputz gehalten waren. Die äußeren Pfeiler wiesen eine Werksteinverkleidung aus Muschelkalk auf, die Schwimmbecken und die umlaufenden Pfeilerhallen waren mit blaugrün schimmernden Keramikplatten ausgestattet. Der Sprungturm am Südrand des Sprungbeckens, eine Eisenbetonkonstruktion mit Zuschlägen von Weißzement und Glimmer, kennzeichnete eine steinmetzgemäße Oberflächenbearbeitung. Hinter dem Sprungturm „lagert laubenartig eine Gaststätte für die Schwimmer, in der sich das Motiv der seitlichen Pfeilerhallen fortsetzt. (...) Gegen Norden öffnen sich die Tribünen mit freiem Ausblick in die Landschaft. Ein halbrundes Fußbecken schafft lediglich im Boden einen klaren räumlichen Abschluß.“[149]

Platzfolge zwischen Gutsmuthsweg und Sportforumstraße

Gutsmuthsweg und Sportforumstraße, die beide vom Olympischen Platz nach Norden abzweigten, stellten die Hauptzugänge vom U- bzw. S-Bahnhof zum Deutschen Sportforum dar. Ihnen kamen demgemäß repräsentative Funktionen zu. Die Fläche zwischen den Straßen wurde von einer weiteren Platzfolge vereinnahmt, die sich vom Olympischen Platz bis zur Südfassade des Deutschen Sportforums aufbaute. Zwischen Hanns-Braun-Straße und Friedrich-Friesen-Allee addierten sich von Süden nach Norden das Hockeystadion, der Schenckendorff- und der Körnerplatzes.

Hockeystadion, eingesenkt in das Umfeld ist die Spielfläche von einer niedrigen Sitzmauer eingefasst, Aufnahme 1936

Hockeystadion

Das Hockeystadion war die unmittelbar an den Olympischen Platz anschließende Sportstätte. Das Spielfeld des Stadions wurde in das Erdreich eingesenkt, um den Blick auf die Gebäude des Sportforums und auf das Olympiastadion freizuhalten. An den Längsseiten des Spielfeldes befanden sich je acht Tribünenstufen, an den Schmalseiten je 16 Tribünenstufen aus Dolomitbordsteinen; eine niedrige Trennmauer aus Dolomitquadern mit Abdeckstein trennte das Spielfeld von den Zuschauerreihen. Insgesamt waren die Steh-Tribünen für 8 500 Zuschauer ausgelegt.

Am nördlichen Umgangsweg stand eine Anzeigentafel mit manuell zu setzenden Buchstaben und Ziffern. An der Südostecke der Platzanlage befand sich ein kleines Umkleidehaus, an den Ecken zum Schenckendorffplatz je ein Toilettenhäuschen auf quadratischem Grundriss. Alle Häuser waren strohgedeckte Holzblockbauten.

Tennisstadion, Nordseite mit Umkleidegebäude, auf dem Platz Markierungen für die Basketballspiele (Tennis war wegen Statusproblemen aus dem Programm der Olympischen Spiele gestrichen), Aufnahme 1936

Tennisanlagen

Die aus Gründen der Sonneneinwirkung geforderte Nord-Süd-Ausrichtung der Tennisplätze verhinderte deren Anordnung innerhalb des Achsensystems auf dem Reichssportfeld. Sie wurden deshalb im Waldbereich an der östlichen Hangkante des Gesamtareals platziert. Insgesamt setzte sich die Anlage aus drei Übungsplätzen mit je vier Spielfeldern, einem Platz mit Anspielwand und einer Stadionanlage zusammen, die durch einen an der Hangkante entlangführenden Weg erschlossen wurden.

Das Herzstück des Tennisbereiches stellte der in die Erde eingetiefte „Center Court“ dar. Seine Schmalseiten wurden von hohen Stützmauern aus Dolomitquadermauerwerk gebildet, die durch niedrige Mauern entlang des Spielfeldes miteinander verbunden waren. Die niedrigen Mauern trennten zugleich das Rasenspielfeld von den acht Zuschauerstufen aus Dolomitbordsteinen an den Längsseiten, die in den Eckbereichen Treppenzugänge hatten. Oberhalb der nördlichen Stützmauer befanden sich zwei hintereinander gestaffelte Stützmauern mit seitlicher Einfassung in der Linie der Trennmauern des „Center Courts“, an die sich das Umkleidehaus anschloss. Es wurde als Holzblockhaus mit vorgelagerter offener Halle und tief herabgezogenem steilen Strohdach errichtet.

Südtor, Coubertinplatz und das von Werner March umgebaute Restaurant „Stadion-Terrassen“ (vormals Restaurant „Waldhaus“), Aufnahme 1936

Coubertinplatz mit Stadionterrassen

Der in Verlängerung der Reichssportfeldstraße und in nächster Nähe zum S-Bahnhof gelegene Coubertinplatz diente als Vorfahrt am Südtor des Reichssportfeldes. Straße, Platz, Olympia- und Schwimmstadion bildeten die Bauabfolge im Rahmen des Ordnungssystems der Nord-Süd-Achse.

Für die Olympischen Spiele 1936 baute man das westlich des Platzes gelegene Terrassenrestaurant des ehemaligen Deutschen Stadions von Otto March vollständig um. Das schwere Walmdach und das Obergeschoss des alten Hauptgebäudes, welches auf das Jahr 1908 zurückging, wurden abgetragen, der gesamte Ostflügel für die Anlage des Coubertinplatzes beseitigt. Das neue, in seinem Gestus horizontal orientierte Stadionrestaurant bot Platz für insgesamt 5 000 Gäste.

In unmittelbarem räumlichen Zusammenhang mit dem neuen Restaurantgebäude befand sich westlich davon, den Coubertinplatz gegen das Reichssportfeld abgrenzend, das Südtor. Es handelte sich dabei, wie beim Olympischen Tor, um eine achsensymmetrisch aufgebaute, eingeschossige Gebäudeanlage mit sieben Kassendurchgängen zu beiden Seiten der Mitteldurchfahrt und abschließenden, kubisch gefassten Torhäusern. Die Kassen- und Torhäuser hatten flach geneigte Dächer und waren in ihren Ansichtsflächen mit Werksteinplatten aus Muschelkalk verkleidet.

Der große Marchhof mit dem Tunneleingang, die alte Anlage diente auch dem neuen Stadion als Zugang für Sportler, Ehrengäste und Presse sowie als Zufahrt für die 100 Parkplätze unter den Tribünen, Aufnahme 1936

Kleiner und Großer Marchhof

Bei der bereits mit Errichtung der Grunewaldrennbahn angelegten Tunnel- und Hofanlage gelangte man zuerst unter einer Betonbrücke hindurch in einen 23 x 46 Meter großen Ehrenhof. Von dort führte ein 60 Meter langer, 20 Meter breiter und 7 Meter hoher Tunnel zu zwei 12 Meter breiten Treppenanlagen, die ursprünglich nach beiden Seiten hin das vorgelagerte Deutsche Stadion erschlossen. Bis auf die Treppenanlagen wurden die Baulichkeiten in das Bauprogramm für das Reichssportfeld übernommen. An ihrer Stelle öffnete sich ein kleiner Hof, der den Übergang zu den neuen unterirdischen Anlagen des Olympiastadions markierte und zu dem neben der Zufahrt zwei ca. zwei Meter breite abgedeckelte Treppen vom Stadionplateau und vom Maifeld hinabführten. Im Ehrenhof befanden sich an den Seiten zwei eingeschossige Steinputzbauten in strengen klassizierenden Formen mit massiver Attika und flachem Dach. Die Brücke und die Wandflächen der Höfe waren in bossierten Kalksteinquadern ausgeführt.

Gelände des Reiterstadions

Das Gelände des Reiterstadions vereinnahmte den südwestlichen Bereich des Reichssportfeldes, begrenzt von der Friedrich-Friesen-Allee (ab 1937 Passenheimer Straße), der Stadionallee (seit 1984 Jesse-Owens-Allee) und dem Maifeld. Es handelte sich im Wesentlichen um den südlich der Tribünenbauten gelegenen ehemaligen Eingang der Rennbahn. Teilweise wurden die vorhandenen Bauten mit in die neue Anlage einbezogen und weiterhin genutzt. Südlich der von vierreihigen Baumalleen bestandenen Promenade wurden das Reiterstadion mit Tribüne, der Sattelplatz und die Stallungen in die Natur betonende Geländegestaltung eingefügt, wobei die vorhandenen Alleen und der reiche Baumbestand weitgehend erhalten blieben.

Der Bereich des Reiterstadions umfasste eine Anzahl unterschiedlicher Gebäude bzw. Gebäudegruppen, die über das Terrain verteilt waren und sich in ihrer Platzierung in räumlicher Balance zu der parkartigen Ausgestaltung der Freiflächen befanden. Drei Eingangsbauten, jeweils zu den begrenzenden Straßen ausgerichtet, dienten der Erschließung des Geländes.

Die größte der drei Toranlagen bildete das so genannte Tunneltor an der Stadionallee, das bereits mit der Grunewaldrennbahn erbaut wurde. Es war ein längs gerichteter Torbau mit 12 Kassendurchgängen und einer mittleren Durchfahrt, die festen Bauteile mit kleinformatigen holländischen Ziegeln verblendet und die Öffnungen mit hellem Werkstein eingefasst. Die großzügige Durchfahrt wurde von massiven Torpfeilern markiert. Zwei stattliche Torbauten mit gebrochenen Walmdächern bildeten die architektonischen Flanken aus.

An der Ecke Stadionallee / Friedrich-Friesen-Allee war das „Freiherr-von-Langen-Tor" gelegen, eine vergleichsweise kleine, von geschwungenen Mauersegmenten gerahmte Toranlage mit drei schiefergedeckten Kassendurchgängen und einer außermittig angelegten Durchfahrt.

Das ebenfalls 1907/08 errichtete Reitertor befand sich an der Friedrich-Friesen-Allee und lag dem Wirtschaftshof des Reichssportfeldes gegenüber. Seine breite Durchfahrt wurde von zwei wuchtigen, mit schweren Werksteinkugeln bekrönten Torpfeilern gerahmt. Daran schloss sich je ein massiver Sandsteinbogen als Durchgang für die Fußgänger an.

Reiterstadion, Blick über den Wassergraben und den Reitplatz auf das Tribünengebäude, Aufnahme 1936

Das Kernstück der Anlage stellte der Zuschauerbau dar. Er zeigte sich als eine überdachte, zum Parcours hin offene Tribüne auf leicht geschwungenem Grundriss, die sich harmonisch in die landschaftlich gestaltete Freifläche einzufügen suchte. Seine zur Straße gerichtete Fassade war geputzt, die Brüstungen und Pfeilerstellungen in Verblendmauerwerk abgesetzt. Ein durchlaufendes Fensterband markierte die Dachkante. Für das Dach, das auf eleganter Stahlkonstruktion lastete, fanden in geringer Abänderung die filigranen eisernen Dachbinder der großen Rennbahntribüne ihre Wiederverwendung.

Die in der Südostecke der Stadionanlage gelegenen Stallungen mit vorgelagertem Sattelplatz waren hingegen als offene schilfrohrgedeckte Holzbauten – so genannte Paddocks – ausgeführt. Das Reiterhaus befand sich nördlich des Reitplatzes. Es war ein kompakter Baukörper mit stark gegliederten Ansichten und einer signifikanten Dachlandschaft. Sein zweigeschossiger Gebäudeteil wies an den Ecken eine Bruchsteinverkleidung auf. Ansonsten kennzeichneten Verblendziegel seine Fassaden. Das so genannte Abrechnungshaus nördlich des Tunneltores und ein Gärtnerhaus nordwestlich vom Reiterhaus, beide ebenfalls im ländlichen Habitus errichtet, ergänzten als weitere Sichtpunkte die behutsam in die Landschaft eingefügten Baulichkeiten.

Wirtschaftshof mit Reitplatz

In räumlicher Korrespondenz zur Anlage des Reiterstadions befand sich westlich der Friedrich-Friesen-Allee der Wirtschaftshof mit Reitplatz. Auf nahezu dreieckigem Gelände wurden seine Flächen im Südwesten von der S-Bahntrasse und im Norden von der Glockenturm-Straße begrenzt, wobei sich die Gebäudeanlagen in lockerer Anordnung vornehmlich auf den südöstlichen Bereich des waldartigen Terrains an der Schirwindter Allee konzentrierten. Die auf die Naturgegebenheiten des Teilareals sorgsam abgestimmte „ländliche Stimmung“ des gegenüberliegenden Reiterplatzes setzte sich hier „jenseits der Straße in den Wirtschaftshof mit seinen ausgedehnten Stallungen, Unterkünften, Werkstätten und Remisen fort. Zusammen mit dem Unterrichtsgebäude, einer Reithalle und eigenen Stallungen einer Reit- und Fahrschule (des ‚Reichsverbandes für Zucht und Prüfung deutschen Warmbluts‘) entstand hier eine ringsum geschlossene Bauanlage in märkischem Fachwerkstil.“ [150]

Weitere Orte olympischer Wettkämpfe

Olympische Kunstausstellung, Werbeplakat und Titelbild des Programmheftes, Entwurf: Willy Petzold, 1936

Das sich bei Fertigstellung dergestalt darbietende Reichssportfeld war mit seinen unterschiedlichen Wettkampfstätten der zentrale Austragungsort der Olympischen Spiele. Das Olympiastadion bildete als größte Arena das Herzstück der Anlage aus, in der neben der Eröffnungs- und Schlußveranstaltung unter anderem sämtliche Leichtathletikwettbewerbe stattfanden. Nach dem „Amtlichen Bericht“ von 1936 verfügte es zum Zeitpunkt der Fertigstellung über insgesamt 100 000 Plätze, aufgegliedert in 65 000 Sitz- und 35 000 Stehplätze. Inwieweit diese Angaben jedoch den tatsächlichen Gegebenheiten entsprachen und nicht allein propagandistischen Erwägungen folgten, muss dahingestellt bleiben, da zu Größe und Zuschauerkapazität neben denen des „Amtlichen Berichts“ in diversen zeitgenössischen Publikationen die unterschiedlichsten Zahlen kursierten.

In einigen Disziplinen wurden die Wettkämpfe außerhalb des Reichssportfeldes abgehalten. So fanden die Box- und Ringkämpfe und das Gewichtheben in der nahe gelegenen, bereits 1934/35 errichteten Deutschlandhalle statt. Für das Radrennen stand ein provisorisches Stadion an der Avus zur Verfügung. Die Schießwettkämpfe wurden hauptsächlich in Berlin-Wannsee ausgetragen. Das Military-Reiten fand auf dem Truppenübungsplatz Döberitz bei Berlin, unweit des Olympischen Dorfes, statt, die Ruderwettbewerbe in Berlin-Grünau. Die Segelwettbewerbe wurden, obwohl Berlin und sein Umland über hervorragende Segelreviere verfügte, auf der Ostsee vor Kiel durchgeführt.

Für die Olympischen Kunstwettbewerbe stand die Ausstellungshalle VI auf dem Messegelände am Funkturm zur Verfügung. Die Raumfolge für die nach Teilnehmerländern geordneten Konkurrenzen gestaltete der Architekt Heinrich Tessenow, der auch der Jury im „Wettbewerb Baukunst“ angehörte. In dieser Kategorie erhielten im Übrigen Werner und Walter March für den städtebaulichen Entwurf des Reichssportfeldes die Goldmedaille und für den architektonischen Entwurf des Olympiastadions die Silbermedaille. Als beste architektonische Einzelarbeit zeichnete das Preisgericht den Entwurf für ein Skistadion des Österreichers Heinz Kutschera aus.

„Wieviel gesünder und künstlerisch stärker erweist sich das, was draußen im Reichssportfeld an Bildwerken geschaffen wurde: aus zwingender Notwendigkeit geboren, an eine festumgrenzte Aufgabe gebunden, für alle Zeiten eingebaut in den Rahmen einer großen Architektur, hat diese Plastik nicht nur rein praktisch ihren zugehörigen Platz gefunden. Sie ist vielmehr auch ideell einbezogen in den Bezirk jenes neuen Geistes, von dem die Olypischen Spiele 1936 ein Beweis waren, die […] den Stempel unserer Zeit und unseres Lebens tragen.“
(Alfred Abel: Von der Plastik des Reichssportfeldes, in: Baugilde 1936)

Das bildhauerische Programm

„Siegesgöttin“ von Willy Meller aus Gauinger Travertin, Höhe inklusive Postament 8,60 Meter, Aufnahme 1936

„Siegerstele“ mit Ringergruppe und Nike von Herbert Garbe für die Olympiasieger von Athen 1896, Aufnahme 1936

Beim „Gesamtkunstwerk Reichssportfeld“ bildeten Plastik und Skulptur integrale Bestandteile des Bauprogramms. Während sich die expandierende Wirtschaftskraft durch das gigantische Gesamtbauvorhaben demonstrieren ließ und die Volksmassen auf dem Maifeld sowie im Olympiastadion wirkungsvoll in Szene gesetzt werden konnten, kamen der künstlerischen Ausstattung spezifisch ideologische Aufgaben zu. Die an der Antike orientierten plastischen Bildwerke und die Bauplastik machten das Reichssportfeld gleichsam zu einer Kultstätte. Sie sollten im Besonderen die militärischen Seiten des Sports wie Kampf, Zucht, Disziplin, Mut, Opferbereitschaft und Heroik verbildlichen.

Als „tektonische“ Plastik eingesetzt, die von der „Größe des Reichsgedankens“ zu zeugen hatte, war sie auf das Achsensystem der komplexen Anlage ausgerichtet und auf Fernwirkung konzipiert: „Die Einförmigkeit der Architekturen und kahlen Spiel-

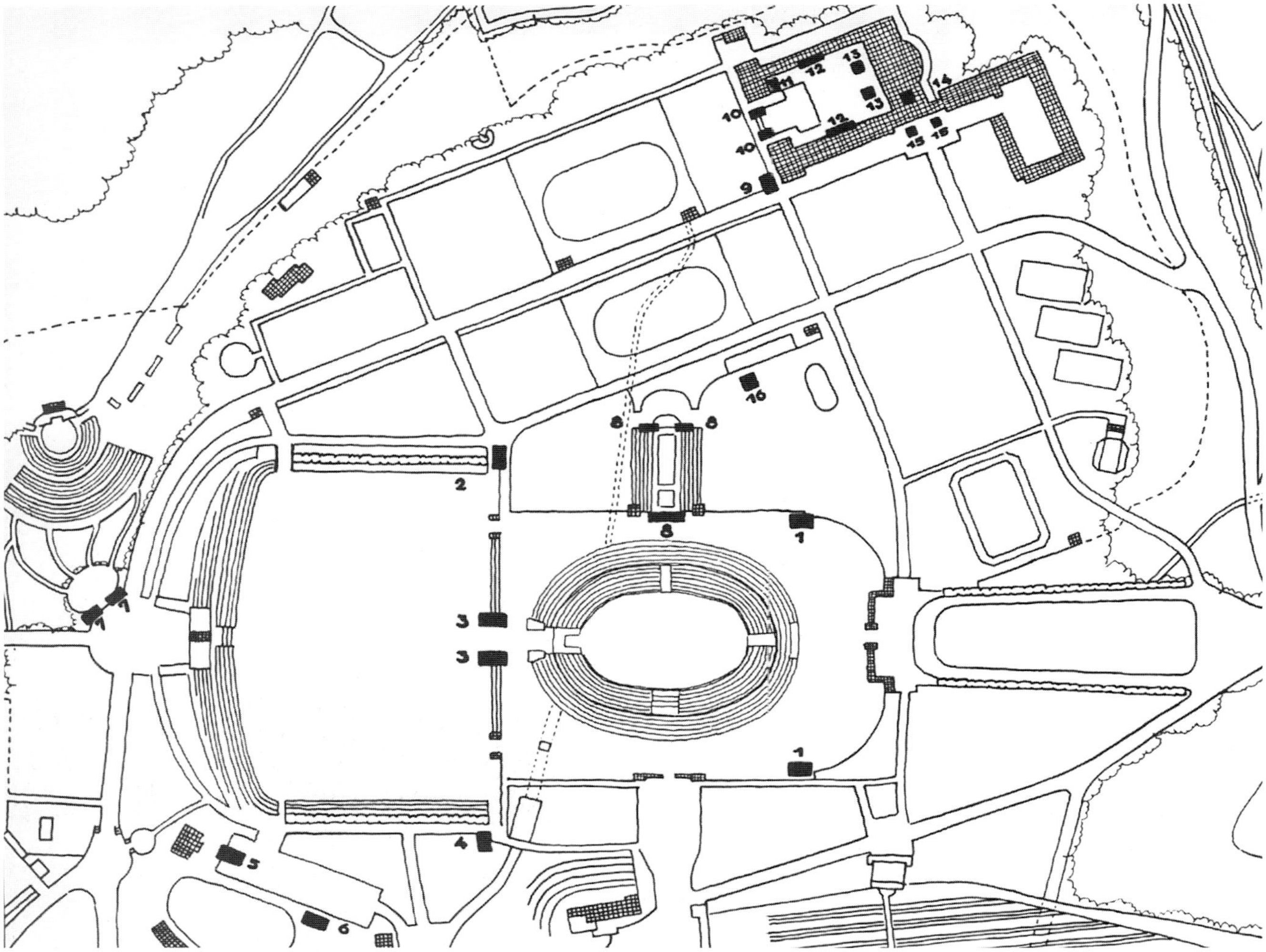

Plastik im Reichssportfeld – Standorte im Lageplan: 1: Karl Albiker, Dikuswerfer und Stafettenläufer, 2: Willy Meller, Siegesgöttin, 3: Joseph Wackerle, Rosseführer, 4: Sepp Mages, Sportkameraden, 5: Willy Scheibe, Reiterehrung, 6: Reinhold Kübart Turnierpferd, 7. Adolf Wamper, Hochreliefs, 8: Max Laeuger, Keramische Reliefs, 9: Willy Meller, Eingangspfeiler, 10: Adolf Strübe: Stiere, 11: Georg Kolbe, Ruhender Athlet, 12: Arno Lehmann, Keramischer Fries, 13: Arno Breker, Bronze, 14: Georg Kolbe, Zehnkämpfer, 15: Waldemar Raemisch, Adlerpfeiler, 16: Josef Thorak, Faustkämpfer

Im Lageplan wird Richard Scheibe (Nr. 5) irrtümlich als Willy Scheibe ausgewiesen; die „Siegerstelen“ sind in der Übersicht noch nicht enthalten, Darstellung: Werner March, 1936

felder, die Straffheit der Straßen- und Wegeführung verlangen nach rhythmisch verteilten Akzenten, nach Gliederung, nach Blickpunkten, vor allem aber nach einer Beseelung des Ganzen, die nur die freie Kunst zu schaffen vermag.“ [151]

Thematisch und formal waren die Plastiken und Skulpturen auf ihren jeweiligen Standort bezogen. Während im Stadionbereich städtebauliche Aspekte und Achsenbeziehungen dominierten, bot die geschlossene, intime Hofsituation am Jahnplatz den Plastiken mehr Autonomie, so für die beiden das Schwimmbecken flankierenden Bronzeplastiken „Stier“ und „Kuh mit Kalb“ (zumeist irrtümlich „Wasserstiere“ genannt) von Adolf Strübe oder dem „Ruhenden Athleten“ von Georg Kolbe, dessen Figur als Schwimmer, der auf einem Handtuch neben dem Becken liegt, verstanden werden sollte. Im Stadionbereich ließ sich eine materielle Einheit mit der Architektur herstellen (Bauwerke wie Skulpturen waren aus Travertin bzw. Muschelkalkstein). In der Pfeilerhalle des Hauses des Deutschen Sports hingegen hoben sich Arno Brekers Bronzen, die „Siegerin“ und der „Zehnkämpfer“, vom Stein ab, wurden aber aufgrund ihrer Frontalität und Vertikalität dennoch zum Bestandteil der Pfeilerordnung. Eine der Architektur noch stärker untergeordnete Position nahmen künstlerische Arbeiten wie Eingangspfeiler und -pylone, Friese und Wandmalereien ein, die direkt mit den Bauten verbunden waren.

„Diskuswerfer“ von Karl Albiker aus Gauinger Travertin, Höhe inklusive Postament 7,60 Meter, Aufnahme 1936

Auch die Zufahrtsstraßen zum Olympiastadion wurden 1936 mit Sportplastiken versehen. Vor dem Roten Rathaus zierte beispielsweise der „Sieger“ den „Olympiabrunnen“ von Hanna Cauer und die als „Triumphstrasse“ aufgefasste Ost-West-Achse schmückten am Brandenburger Tor von Eberhard Enckes entworfene Gipsmodelle. Eine „Läufergruppe“ wurde 1936 von Hugo Lederer für die Heerstraße entworfen (1942 für Kriegszwecke eingeschmolzen). Hugo Lederers 1908 fertig gestellter „Ringer“, der seit 1926 auf einem hohen Muschelkalkpostament am S-Bahnhof Heerstraße steht, wurde 1936 ebenfalls in das Ausstattungsprogramm übernommen.

Die Skulpturen im Stadionbereich thematisierten eine heroische, teilweise bewaffnete Männerelite. Die betonte „Kameradschaft“ hatte zudem eine deutliche homoerotische Komponente, obwohl auf sinnliche Reize bewusst verzichtet wurde.

Den Auftakt auf der Ostseite des Olympiastadions bildeten die beiden Männergruppen „Diskuswerfer“ und „Staffelläufer“, von Karl Albiker aus Gauinger Travertin. Sie nahmen sowohl Bezug auf die Pfeilergliederung des Stadions als auch auf die beiden Türme („Preußenturm“ und „Bayernturm“) am Olympischen Tor. Darüber hinaus zeichneten die Skulpturen in raumbildender Funktion zusammen mit den dort aufgestellten Stelen der Olympiasieger und einer hohen, geschnittenen Hainbuchenhecke das Oval des Stadions nach.

Auf der Westseite des Stadions hatten die beiden Skulpturen der „Rosseführer“ von Joseph

„Boxer“ mit der Physiognomie Max Schmelings von Josef Thorak, Bronze auf Muschelkalkpostament, Höhe 3,75 Meter (Postament 1,50 Meter), Aufnahme 1936

Wackerle die Aufgabe, am Marathontor, der räumlich-baulichen Verbindung von Maifeld und Stadion, einen repräsentativen Empfang zu inszenieren. Beide „Rosseführer“ befanden sich auf einer optischen Linie mit den vier Türmen des Maifeldes und wirkten in ihrer perfekten Symmetrie und Blockhaftigkeit als Teil der Architektur, was durch das Material Travertin, das auch für die Verkleidung des Marathontores und des Kranzgesimses am Stadion Verwendung fand, zusätzlich verdeutlicht wurde.

Mit dem Motiv der „Rosseführer“ sollte die Bezwingbarkeit der Natur durch den Menschen demonstriert werden. Deshalb wurde die männlichen Figuren im Verhältnis zu den Tieren überdimensioniert. Sie halten das Pferd als Zeichen des Sieges so kurz wie möglich an der Trense. Das Pferd war zudem ein häufig eingesetztes militärisches Symbol. Als Allegorie des „Staatslenkers“ nahmen die Skulpturen auf die Funktion des Aufmarschfeldes Bezug. Der Glockenturm, 1936 auch „Führerturm“ genannt, und die Langemarckhalle befanden sich in Blick- und Marschrichtung der Figuren.

Von allen Skulpturen des Reichssportfeldes erzielten die „Rosseführer“ den größten propagandistischen Effekt. Sie waren sowohl in den Wochenschauen als auch in Leni Riefenstahls Olympiafilm zu sehen und wurden durch Weichzeichner und besondere Lichtführung in Szene gesetzt. Um ihre einschüchternde Wirkung zu steigern, wurden sie zumeist in Untersicht dargestellt.

Die aus Muschelkalkstein gefertigte Skulptur „Kameraden“ von Sepp Mages markierte den Übergang des Stadionbereichs zum Maifeld bzw. zum Reitergelände. Obwohl die Einbindung in die Stadionanlage hier das Sujet der „Sportsfreunde“ nahelegte, verwies das geschulterte Schwert auf eine kriegerische Bedeutung. Die Materialwahl und die säulenartige Gestaltung des Doppelstandbildes zielten auf eine architektonische Wirkung ab. Gemeinsamkeit, Standhaftigkeit und Einigkeit sollten verbildlicht werden. Das nahezu identische Äußere der beiden Männerakte, ihr tumber Blick und die eingefrorenen Bewegungen sprechen allerdings eher für künstlerisches Unvermögen. Die unmotivierte Handhaltung des Athleten, der lediglich zwecks Beibehaltung der Symmetrie den Schwertträger nachahmt, die geringe Standfläche auf dem Postament und die fehlenden Körpergelenke erzeugten darüber hinaus eine ungewollte Komik. Eventuell führte schon eine 1936 einsetzende Kritik an ihrem Erscheinungsbild dazu, dass die „Kameraden“ lediglich nur einmal als Modell publiziert worden sind.

Der einzige weibliche Skulptur im Stadionbereich, die „Siegesgöttin“ von Willy Meller, war ebenfalls eine vornehmlich baulich-räumliche Funktion zugedacht. In Verbindung mit den Skulpturen von Mages und Wackerle sowie den erwähnten Türmen vermittelte sie den Übergang vom Stadion zum Maifeld an seiner nördlichen Flanke. Durch die gen Norden gerichtete Blick- und Laufrichtung wurde das Sportforum ebenfalls mit einbezogen.

Relief im Eingangsbereich zur Freilichtbühne, männliche Figuren mit Schwert und Fackel (rechts vom Eingang: weibliche Figuren mit Leier und Lorbeer) von Adolf Wamper in Muschelkalk, Höhe 2,80 Meter, Breite 3,50 Meter, Aufnahme 1938

Um die architektonische Wirkung zu steigern, war die Statue mit einer Steinwand verbunden und wie die „Rosseführer" aus Gauinger Travertin gefertigt. Als spezifisch „deutsche Siegerin" zeichneten sie Eichenblätter in der rechten Hand sowie weiteres Eichenlaub am Steinblock aus. Da den Olympiasiegern 1936 kleine Eichenbäume überreicht wurden, lag hier zunächst eine rein sportliche Deutung nahe, zumal Meller seine Skulptur im Kunstausschuss auch „Siegerehrung" nannte. Das griechische Vorbild der „Nike" wurde jedoch um das biblische Motiv der Schlange ergänzt. Die „Siegesgöttin" zertrat mit dem linken Fuß das Symbol des Bösen. Die Skulptur läßt sich daher auch als aggressives Sinnbild für das „Dritte Reich" interpretieren, das alle Widerstände mit Gewalt beseitigt.

Josef Thoraks Bronzeplastik „Boxer" auf dem Anger nordöstlich vom Schwimmstadion stand hingegen in keiner direkten Beziehung zur Architektur, da sie erst nachträglich Aufnahme in das Ausstattungsprogramm fand. Mit der Aufstellung wollte man Hitler, der das Boxen von allen Sportarten am meisten schätzte, eine besondere Freude bereiten. Die 1936 bevorzugte Bezeichnung „Faustkämpfer" knüpfte an antike Bronzen an. Dargestellt ist der zeitweilige Weltmeister im Schwergewicht Max Schmeling, der in den Künstlerkreisen der zwanziger und dreißiger Jahre ein beliebtes Modell war. Thorak verbildlichte Kraft und Stärke durch Monumentalität. Die Gesichtszüge zeugten von Brutalität und Härte. Der überlange rechte Arm verlieh der Figur dabei den Anschein von Bewegung.

Insgesamt betrachtet, entsprachen die Skulpturen auf dem Reichssportfeld – eingedenk ihrer handwerklichen Unterschiede – keiner völlig neuen Stilauffassung. Als offizielle Richtschnur galt die traditionelle, figurative Kunst, die Allgemeinverständlichkeit gewährleistete. Erst nach der Ausschmückung des Reichssportfeldes entwickelten die zu „Staatskünstlern" avancierten Bildhauer Josef Thorak und Arno Breker eine spezifische Form der heroisierenden Aktplastik.

Eröffnungsfeier im Olympiastadion, Rudolf Ismayr spricht stellvertretend für alle Teilnehmer den Olympischen Eid, 1. August 1936

Die XI. Olympischen Sommerspiele und das Reichssportfeld bis zum Ende des Nationalsozialismus (1936-1945)

Olympische Höhepunkte und politische Instrumentalisierung

„Meine Lebenshaltung wird allen mir bekannten Anforderungen an einen deutschen Olympiakämpfer gerecht werden. Für die Zeit des Trainings entsage ich allen Lebensgenüssen – nur das eine Ziel im Auge, meinen Willen und meinen Körper zu schulen und zu härten, mich ganz hinzugeben für das eine große Ziel, würdig zu sein, für mein Vaterland kämpfen zu können. Ich unterstelle mich dem Reichssportführer und den von ihm eingesetzten Lehr- und Schulungskräften, die mir Helfer sind auf dem Wege zu dem mir gegebenen Ziel. Ausschließlich ihre Lehren und Trainingsanweisungen sind mir richtung- und maßgebend.“
(Aus der Verpflichtungserklärung für deutsche Olympiakandidaten vom 16. Dezember 1934)

In welcher Form die Olympischen Spiele von den „Gastgebern“ vereinnahmt werden sollten, offenbarte sich schon vor Beginn der Wettkämpfe in aller Deutlichkeit. Ungeachtet der Beteuerungen, die Spiele als „Weltfriedensfest“ zu gestalten, zeigte sich schon am Eröffnungstag, dem 1. August 1936, die von den nationalsozialistischen Machthabern intendierte politische Instrumentalisierung des Sports und seine bewusste Verknüpfung mit militärischen Aspekten. Den morgendlichen evangelischen und katholischen Festgottesdiensten im Berliner Dom und in der Hedwigskirche folgte eine Kranzniederlegung der „Offiziellen“ in der Neuen Wache und das Abschreiten einer dort aufmarschierten Ehrenformation. Anschließend empfing Hermann Göring als Preußischer Ministerpräsident das IOC und die Ehrengäste in der Rotunde des Alten Museums von Karl Friedrich Schinkel, während draußen im

IOC-Präsident Henri Comte de Baillet-Latour und OK-Präsident Theodor Lewald schreiten vor der Neuen Wache und der Universität die Front der Ehrenkompanie ab, 1. August 1936

Lustgarten die NS-Jugendorganisationen aufmarschierten und auf das Eintreffen des Olympischen Feuers warteten. Nach einem weiteren Empfang durch den „Führer und Reichskanzler" im Reichspräsidentenpalais in der Wilhelmstraße ging es im Autokorso über die mit Hakenkreuzfahnen und Festschmuck zu einer „Via triumphalis" herausgeputzten Straße Unter den Linden und dem sich anschließenden Ost-West-Straßenzug von Charlottenburger Chaussee, Bismarckstraße, Kaiserdamm und Heerstraße zum Reichssportfeld, wo Hitler am Glockenturm die Front der Ehrenformationen von Heer, Marine und Luftwaffe abschritt. Anschließend gedachte er, nur begleitet von Kriegsminister Generaloberst Werner von Blomberg, in der Langemarckhalle der Gefallenen des Ersten Weltkrieges, ehe er an der Spitze der Mitglieder von IOC, NOK und OK über das Maifeld durch das Marathontor das Olympiastadion betrat. Die bedeutungsvolle Szene schilderte der „Stadtchronist der Reichshauptstadt", Werner Siebarth, entsprechend euphorisch und mit soldatischem Unterton: „Der Führer naht mit dem Komitee durch die Gasse der teilnehmenden 4500 Kämpfer (gemeint waren die Sportler der teilnehmenden Nationen; d. Verf.). Mit dem Glockenschlag 4 Uhr betritt der Führer die Treppe am Marathontor, begleitet von den beiden Präsidenten des internationalen und des deutschen Komitees, gefolgt von allen Mitgliedern. Die Hunderttausend haben sich von ihren Plätzen erhoben. Adolf Hitler, von dem eine Welt weiß und die ihn nun sieht, schreitet unter tosenden Heilrufen die breite Freitreppe hinab, über die Aschenbahn zur Führerloge, wo ihn Rudolf Heß mit der Reichsregierung erwartet. Der Himmel hellt sich auf! Mit letzter Steigerung ordnet sich der Jubel in die Weise des Deutschlandliedes und des Horst-Wessel-Liedes. Der olympische Stander geht hoch. Eine Stimme hallt über den Platz: Heißt Flaggen!"[152] Was der Chronist nicht erwähnte: Auf dem Weg zur Ehrenloge überreichte Carl Diems fünfjährige Tochter Gudrun auf der Aschenbahn Hitler einen Blumenstrauß, eine Geste, die der militärisch strengen Abfolge der Eröffnungsfeier für einen kurzen Moment etwas Anrührendes zu verlei-

„Amtlicher Führer zur Feier der XI. Olympischen Spiele Berlin 1936", Titelbild des Programmhefts mit über 170 Seiten und einer Planbeilage

Eröffnungsfeier im Olympiastadion, Einmarsch Hitlers an der Spitze der Mitglieder von IOC und OK (unten rechts), 1. August 1936

hen vermochte. Dann erfolgte der Einmarsch der Nationen. Nach Lewalds anschließender Begrüßungsrede erklärte Hitler, etwas verspätet mit den vorgeschriebenen, jedoch leicht veränderten Worten „die Spiele in Berlin zur Feier der XI. Olympiade neuer Zeitrechnung als eröffnet" und die eigentliche Zeremonie begann: „Fanfaren schmettern. Salutschüsse dröhnen vom Maifeld herüber."[153] Brieftauben flogen auf. Am Osttor erschien der letzte Fackelläufer, lief über die südliche Aschenbahn zum Marathontor und entzündete in der Schale des Dreifusses die Olympische Flamme. Anschließend wurden auf das Kommando „Fahnen marsch" die Fahnen der teilnehmenden Nationen um das Rednerpult zusammengezogen, wo der deutsche Olympiasieger im Gewichtheben von Los Angeles, Rudolf Ismayr, die linke Hand auf die Hakenkreuzflagge gestützt, den Olympischen Eid sprach: „Wir schwören, bei den Olympischen Spielen ehrenhafte Kämpfer zu sein und die Regeln der Spiele zu achten. Wir nehmen teil in ritterlichem Geiste zur Ehre unserer Länder und zum Ruhme des Sports."[154] Unter den Klängen von Hän-

Olympiastadion, die Siegerin im Speerwerfen Tilly Fleischer (Deutschland), hinter ihr die Zweite der Konkurrenz, Luise Krüger (Deutschland), links die Dritte, Marja Kwasnieska (Polen), 2. August 1936

dels „Halleluja" erfolgte schließlich der Abmarsch der Nationalmannschaften aus dem Stadion.

Das Eröffnungszeremoniell beendete am späten Abend – der Beginn war auf 21.00 Uhr festgelegt – das Festspiel „Olympische Jugend" von Carl Diem, das im vierten Bild „Heldenkampf und Totenklage" in der Aufforderung zum „Opfertod" mit den Worten „Allen Spiels heil'ger Sinn: / Vaterlandes Hochgewinn. / Vaterlandes höchst Gebot / in der Not: Opfertod!" seinen dramaturgischen Höhepunkt fand. Zum letzten Bild erklang, einem Wunsch Coubertins folgend, Beethovens Schlusssatz aus der IX. Symphonie „Ode an die Freude", zu dem ein „Feuermeer" längs des oberen Stadionrandes aufflammte. Danach ertönte noch einmal vom Maifeld her die Olympiaglocke, wobei „die Zuschauer aufgefordert waren, erst nach dem Verklingen des Glockengeläuts ihre Plätze zu verlassen.[155]

An den folgenden Wettkämpfen nahmen 49 Nationen[156] mit insgesamt 3 956 Sportlern (davon 328 Frauen) teil. Die männlichen Aktiven und ihre Betreuer waren, bis auf die Kanuten und Ruderer, im Olympischen Dorf und der angrenzenden Flak-Kaserne bei Döberitz untergebracht, die Frauen im Friesenhaus auf dem Reichssportfeld.

Am Sonntag, den 2. August 1936, begannen im Olympiastadion die Leichtathletikwettkämpfe gleich mit einem Höhepunkt, als im Vorlauf über 100 Meter der US-Amerikaner James Cleveland („Jesse") Owens erst den bestehenden Weltrekord einstellte und dann im wenige Stunden später folgenden Zwischenlauf die Bestmarke noch einmal unterbieten konnte. Wie die täglich erscheinende „Olympia-Zeitung"

Olympiastadion, Endlauf über 100 Meter, Jesse Owens im Ziel, Zweiter Ralph Metcalf (USA) vor Martinus Osendarp (Niederlande), 3. August 1936

Haus des Deutschen Sports, Fechtwettbewerbe (Florett) im Kuppelsaal, 2.- 6. August 1936

anderntags berichtete, gebärdeten sich schon nach dem Vorlauf die Zuschauer im Stadion „außer Rand und Band". Als Owens dann seinen Zwischenlauf beendet hatte, „rast der Beifall, der zum Orkan anschwillt, als der Lautsprecher den neuen phantastischen Weltrekord von 10,2 Sekunden verkündet"[157]. Und staunend stellte die Zeitung fest: „Er lief ihn in einem Zwischenlauf ohne irgendwie bedrängt zu sein."[158]

Wie die auf der Ehrentribüne versammelte Naziprominenz auf Owens Läufe bekanntermaßen reagiert hatte, erwähnte das Blatt nicht. Aber auch sie bekam Anlass zu „ungetrübter Freude", als mit Othilie („Tilly") Fleischer im Speerwerfen und Hans Woellke im Kugelstoßen an diesem Tag zwei deutsche Sportler Goldmedaillen errangen. Propagandaminister Joseph Goebbels notierte dementsprechend zufrieden in sein Tagebuch: „Diese Olympiade ist ein ganz großer Durchbruch. Phantastische Presse im In- und Ausland. Am Sonntag allein macht Deutschland 3 Goldmedaillen. Ergebnis des wiedererwachten nationalen Ehrgeizes. Ich freue mich so darüber. Man kann wieder stolz auf Deutschland sein."[159]

Siegerehrung im Olympiastadion über 100 Meter Rückenschwimmen der Frauen, Siegerin Dina Seuff (Niederlande), hinter ihr die Zweite der Konkurrenz, Hendrika Mastenbroek (Niederlande), vorn die Dritte Alice Bridges (USA), 13. August 1936

Am Sonntagabend besuchte der Reichspropagandaminister dann in der „Dietrich-Eckart-Freilichtbühne" die Uraufführung des „Frankenburger Würfelspiels", welches einer literarischen Vorlage von Eberhard Wolfgang Möller folgte. Zu dem in der Zeit des 30-jährigen Krieges angesiedelten Historienspektakel vermerkte Goebbels schließlich: „Abgesehen von einigen Sprechchören wirkt es monumental [...] Herrliche Bilder, wunderbare Farben. Ich bin ganz hingerissen."[160]

Die meiste Aufmerksamkeit und den größten Zuschauerzuspruch hatten jedoch die in der gesamten ersten Woche durchgeführten Leichtathletikwettbewerbe. Erfolgreichste Nation wurden hier einmal mehr die USA, die in Berlin allein 14 Sieger stellten. Der gefeierte und umjubelte „Star" der Mannschaft war ohne Zweifel der schon seit dem ersten Tag seines Auftretens das Publikum begeisternde Jesse Owens. Mit dem Gewinn von vier Goldmedaillen (im 100 Meter- und 200 Meter-Lauf, in der 4 x 100 Meter-Staffel und im Weitsprung) war er der erfolgreichste Athlet der XI. Olympischen Spiele.

„Dietrich-Eckart-Freilichtbühne", die britische Frauenturnriege bei ihrer Vorführung, 12. August 1936

Gehörte die erste Woche den Leichtathleten, war die Hauptattraktion der zweiten Woche die im temporär erweiterten Schwimmstadion durchgeführten Schwimm- und Sprungwettbewerbe. Erfolgreichste Teilnehmerin wurde hier die niederländische Schwimmerin Hendrika Mastenbroek, die drei Goldmedaillen sowie eine Silbermedaille gewann. Publikumsliebling war jedoch die Siegerin im Kunstspringen, das erst 13-jährige „US-Girl" Marjorie Gesting, die noch immer in den Annalen Olympischer Rekorde als die jüngste Olympiasiegerin geführt wird.

Besonders stolz zeigte sich die deutsche Sport- und Militärführung über den Olympiasieg der dreiköpfigen Military-Mannschaft, den der Oberleutnant der Wehrmacht, Konrad Freiherr von Wangenheim, sicherstellte, indem er mit „Durchhaltewillen und Opferbereitschaft" trotz eines beim Geländeritt erlittenen Schlüsselbeinbruchs beim Sturz am vierten Hindernis weiterritt, zur abschließenden Prüfung, dem Springreiten am anderen Tag antrat, dort erneut stürzte, aber ohne fremde Hilfe wieder auf sein Pferd „Kurfürst" aufsaß und schließlich den Ritt noch erfolgreich beenden konnte.

Die enge Verflechtung von Sportlichem und Militärischem belegt auch das in das Fest- und Kulturprogramm der Spiele eingefügte „Grosse Militärkonzert mit Zapfenstreich" der deutschen Wehrmacht im Olympiastadion. Am Abend des 13. August 1936 marschierten dazu mehr als 2000 Militärmusiker der verschiedenen Waffengattungen in das Stadion ein und nahmen auf dem Rasen Aufstellung. „Da stand nach 10 Minuten in einem kompakten Block um das Dirigentenpult herum eine Militärkapelle, wie sie Deutschland noch nicht gesehen hat. 200 Trommeln wirbeln dumpf."[161] Anschließend „erklangen" diverse Märsche, das Vorspiel zur Oper „Der

Olympiastadion, Programmheft zum „Großkonzert" der Deutschen Wehrmacht am 13. August 1936

XI. Olympische Spiele
Berlin 1936
Programm
zum
Großkonzert und großen Zapfenstreich
der deutschen Wehrmacht
am 13. August 1936 von 20 bis 22 Uhr
im Olympiastadion Reichssportfeld
Militärische Leitung: Major Hofmeister, Wachtruppe Berlin
Musikalische Leitung: 1. Heeresmusikinspizient Professor Schmidt
Luftwaffenmusikinspizient Professor Husadel
Leitung der Spielleute: Feldwebel Winter, Wachtruppe Berlin
Preis 20 Pfg.

Olympiastadion, Marathontor, „Reichssportführer" Hans von Tschammer und Osten im Gespräch mit Konrad Freiherr von Wangenheim, 16. August 1936

Freischütz" und die Ouvertüre zu Hitlers Lieblingsoper „Rienzi" von Richard Wagner. Im zweiten Teil des Programms erschienen weit über 1000 Fackelträger aus dem Tunnel am Marathontor und verteilten sich im Stadionoval. Weitere Fackelträger bildeten „Feuerblocks" auf dem Sportfeld. Der dritte Teil, der große Zapfenstreich, begann mit dem „Parademarsch der Langen Kerls" und endet mit dem Kommando: „Helm ab zum Gebet!", zu dem sich die Zuschauer „feierlich" erhoben. Danach ertönten das Deutschland- und das „Horst-Wessel-Lied", der Abmarsch erfolgte unter Abspielen des „Badenweiler Marsches".[162] Begeistert von dem Spektakel hielt der Stadtchronist fest: „Eine machtvolle Feier unserer stolzen jungen Wehr vor den über 50 Völkern."[163]

Auch die Abschlussveranstaltung am 16. August 1936 im Anschluss an das die Wettkämpfe beendende Springreiten ließ den von den Nazis intendierten Sinnzusammenhang und damit letztlich die kommende Bedrohung erahnen. Nach Beethovens Opferlied „Die Flamme lodert" bestrahlte Scheinwerferlicht die niedersinkende Olympische Fahne und „aus der Ferne donnern die Kanonen ihre Abschiedsgrüße, schwer und getragen hallen die Glockenschläge der olympischen Glocke vom Turm."[164] Unter dem „Lichtdom der Flakscheinwerfer" erschienen auf der Anzeigetafel Coubertins Worte: „Möge die Olympische Flamme leuchten durch alle Geschlechter zum Wohle einer immer höher strebenden mutigeren und reineren Menschheit."

Propagandaminister Goebbels vermerkte dennoch enttäuscht in seinem Tagebuch: „Eine etwas trockene Schlußfeier. Streng nach Protokoll. Das muß straffer und wirkungsvoller werden. Das Feuer erlischt, Glocken läuten. Fahnen herunter. Die Spiele sind aus. Wir sind alle tief ergriffen und etwas wehmütig."[165] Den von Albert Speer konzipierten Lichtdom, inszenatorischer Höhepunkt der Veranstaltung, erwähnte er eigenartigerweise nicht.

Olympiastadion, „Lichtdom" zum Ende der Abschlussfeier am 16. August 1936, Modellsimulation für den Olympiafilm von Leni Riefenstahl

Sport und Propaganda

„Zuerst wartete ich langsam, dann immer schneller und schneller, kein Anfang der Olympischen Spiele ließ sich erblicken, da endlich von mir ein schriller Blick, und meine Augen starrten hinunter zu dem Eingang bei der Kampffläche. Ich sahte einen kleinen Jemand, der Jemand scheinte mich zu suchen, was diesem auf den ersten Blick gelang. [...] Ich saß, sie kam – nur sie allein, die kleine Liesl Karlstadt, klärte mich darüber auf, daß gestern der letzte olympische Tag gewesen ist.“
(Karl Valentin: Karl Valentins Olympia-Besuch 1936)

Das Stadion wurde nach dem Ende der Olympischen Spiele zum offiziellen Austragungsort der Deutschen Fußball- und Leichtathletikmeisterschaften erklärt und war Veranstaltungsplatz unterschiedlichster Sportereignisse. Über seine Funktionen als Sportarena hinaus bildete es fortan aber auch in zunehmendem Maße den Schauplatz politischer Großkundgebungen von Staat und Partei.

„Das Fest ist vorbei ...“: Karl Valentin im Olympiastadion, 20. August 1936

Zu den sportlich bedeutsamen Ereignissen zählten das erstmals im August 1937 veranstaltete Internationale Stadion-Fest (ISTAF) der Leichtathleten und die erste Weltmeisterschaft im Feldhandball (1938). Daneben fanden sowohl im Olympiastadion als auch in den anderen Kampfstätten des Reichssportfeldes zahlreiche Länderspiele bzw. Länderkämpfe im Fußball, Hockey und Schwimmen statt.

Vor allem aber die Jugend war nach der Olympiade die bevorzugte Zielgruppe der dort inszenierten Kundgebungen. So versammelte sich die „Hitlerjugend“ zu den alljährlichen Maifeiern und erwartete mit „Trommeln und Trompeten und einem Wald von Fahnen“ die politischen Spitzen der NSDAP. Anlässlich der „Sonnenwendfeiern“ hielt Goebbels im Stadion seine „Feuerreden“.

Welchen Weg der politischen Auseinandersetzung mit seinem Nachbarn die Führung Nazi-Deutschlands nach der innenpolitischen Konsolidierung, dessen Schlusspunkt die Olympiade setzte, einzuschlagen gedachte, zeigte im besonderen eine Veranstaltung auf dem Reichssportfeld nur elf Monate nach dem Ende der Spiele. Am

700-Jahr-Feier Berlins, Hitler trifft zu einer „Kundgebung der Jugend" im Olympiastadion ein, 1937

5. Juni 1937 versammelten sich mehr als 20 000 Mitglieder des „Reichsluftschutzbundes" der „Landesgruppe Groß-Berlin" in der „Dietrich-Eckart-Freilichtbühne", wo Hermann Göring in seiner Eigenschaft als Reichsminister der Luftfahrt und Oberbefehlshaber der Luftwaffe zu den Anwesenden sprach. In seiner Rede, die der Rundfunk übertrug, verwies er auf die „Schlagkraft des Luftschutzes" und die „Größe seiner Organisation", der 12 Millionen Mitglieder angehörten, und kündigte an: „Die Volksgasmaske ist jetzt da und in Millionen Exemplaren vorhanden. Sie wird demnächst zur Ausgabe gelangen."[166]

Zum beklemmenden Höhepunkt propagandistischer Massenveranstaltungen geriet die nächtliche Kundgebung zum Abschluß der fünftägigen Deutschlandreise Benito Mussolinis am 28. September 1937, als Hunderttausende von Fackelträgern auf dem Maifeld aufmarschierten, während Hitler und sein Gast durch ein Spalier jubelnder Menschen zur Tribüne fuhren. Goebbels eröffnete die Kundgebung. Anschließend sprach Hitler vom „Stand des Führers" zu den „115 Millionen Angehörigen zweier Völker". Das nächtliche Spektakel auf dem Maifeld endete mit einer in deutscher Sprache gehaltenen Rede des „Duce". Hitler und Mussolini begaben sich anschließend durch „tobende Hunderttausende" ins Stadion, das in „magisches Licht" getaucht war[167] und wo die Wehrmacht vor voll besetzten Rängen den Großen Zapfenstreich zelebrierte. Goebbels, der sich zwei Tage später den Film der Kundgebung vorführen ließ, vermerkte in seinem Tagebuch: „Da sieht man erst, welch ein kapitaler Redner er (Hitler) ist. Seine Persönlichkeit wirkt stark und magisch."[168] Zwar kam während des Besuchs des „Duce" das erhoffte Militärbündnis mit Italien nicht zustande, gleichwohl zeigte sich der Propagandaminister zufrieden, da beide Nationen nun „auf Gedeih und Verderb" aufeinander angewiesen seien. Auch Mussolini war beeindruckt. Zurück in Italien telegrafierte er: „Unabänderliche Freundschaft". Und Goebbels jubelte: „Dieses Telegramm ist mehr wert als jedes Communiqué!"[169] Das Ziel des Besuchs und der inszenierten Kundgebung, ein „Pakt" zwischen den beiden Mächten, war erreicht und die Welt damit dem Krieg einen weiteren Schritt näher gekommen.

Die „Tänzerin, Schauspielerin und Regisseurin" Leni Riefenstahl, der wegen ihrer Filme „Sieg des Glaubens" und „Triumph des Willens" über die mit propagandistischem Aufwand inszenierten Parteitage der NSDAP 1933 und 1934 von den Parteiführern große Anerkennung und Bewunderung entgegengebracht wurde, hatte bereits im November 1935 von Goebbels („Eine Frau, die weiß, was sie will!") den Auftrag erhalten, einen Film über die Olympischen Spiele herzustellen. Für das Vorhaben wurde eigens eine „Olympia-Film GmbH" gegründet. Während der Spiele in

Die deutsche Mannschaft während des Abspielens der Nationalhymne anlässlich des Fußballänderspiels Deutschland – England (Endstand 3:6) im Olympiastadion, 14. Mai 1938

„Sonnenwendfeier des Gaus Groß-Berlin“ der NSDAP im Olympiastadion, Generalprobe der Fackelträger am Vorabend der Feier, 20. Juni 1938

Berlin standen der Regisseurin mehr als 200 Mitarbeiter allein für die Dreharbeiten zur Verfügung. Insgesamt 45 Kameraleute zählte das Begleitheft[170] zum Film auf. Einige Szenen des Olympiafilms mussten nachgestellt werden, u.a. die Entscheidung im Stabhochsprung. Für den bei der Abschlussfeier durch Flakscheinwerfer gebildeten „Lichtdom“ über dem Stadion diente im Film eine Modellsimulation als Vorlage.

Zu Hitlers Geburtstag, am 20. April 1938, fand im „Ufa-Palast am Zoo“ die Uraufführung des zweiteiligen Olympiafilms „Fest der Völker“ und „Fest der Schönheit“ in Anwesenheit der versammelten Nazi-Führung statt. Die mit ungeheurem Aufwand hergestellten Werke – allein für die Schneidearbeit an den 400 000 belichteten Filmmetern und für die Tonmischung benötigte Leni Riefenstahl mehr als ein Jahr Arbeitszeit – verfehlten ihre Wirkung nicht und beeinflussen bis heute nachhaltig das „geschönte“ Bild von den Olympi-

Kundgebung der Hitlerjugend („Wir gehören Dir“) im Olympiastadion zum 1. Mai 1939

Olympiastadion, 3 000-Meter-Hindernislauf während der „1. Kriegsmeisterschaften", 10. August 1940

schen Spielen 1936. Goebbels äußerte sich begeistert und verlieh den dokumentarischen Filmwerken Leni Riefenstahls die Anerkennung als „staatspolitisch wertvoll, künstlerisch wertvoll, kulturell wertvoll und volksbildend". Für das Regime wie für die olympische Sportbewegung und das IOC brachten die Filme einen enormen Prestigegewinn. Den hatte die Regisseurin in jeder Hinsicht – eben auch und gerade in der politischen Wirkung – gewollt, nicht nur auf künstlerischer Ebene, wie später von ihr immer wieder behauptet.

Mit dem Überfall der deutschen Wehrmacht auf Polen am 1. September 1939 begann eine „neue Zeitrechnung" für Sportveranstaltungen in Deutschland. So firmierten die Deutschen Leichtathletikmeisterschaften im August 1940 als „1. Kriegsmeisterschaft", der 1941 die „2. Kriegsmeisterschaft" folgte. Auch „neue Sportarten" stellten den Bezug zu Fronteinsätzen her. So standen bei den alljährlich ausgetra-

Beisetzung des „Reichssportführers" Hans von Tschammer und Osten, Ehrenwache in der Langemarckhalle am Steinblock mit der dort eingelassenen Urne, 2. Mai 1943

Olympischer Platz, Vereidigung der „Volkssturmmänner“ am 12. November 1944

genen Reichswettkämpfen der SA zum Beispiel „Granatenweitwurf und Hindernisrennen über Eskaladierwände“ mit auf dem Programm.

Ein sich mit dem Reichssportfeld verbindendes „Großereignis“ stellte die Totenfeier für Hans von Tschammer und Osten dar. Zu Ehren des am 25. März 1943 verstorbenen „Reichssportführers“ ordnete Hitler ein Staatsbegräbnis an. Ort der Trauerfeier war die Neue Reichskanzlei in der Voßstraße, wo Joseph Goebbels im Mosaiksaal die Trauerrede hielt. Die Beisetzung fand dann einen Monat später, am Sonntag, den 2. Mai 1943, in der Langemarckhalle auf dem Reichssportfeld statt. Die Urne mit den sterblichen Überresten wurde hier vor der Wand mit dem auf Vaterland und Heldentod anspielenden Sinnspruch von Friedrich Hölderlin in einen Steinblock eingelassen.[171]

Noch im März 1945 versammelten sich die verbliebenen deutschen Sportfunktionäre am Todestag des verstorbenen „Reichssportführers“ an dessen Urne in der Langemarckhalle, „um durch Ritter von Halt zur „Fortführung des Erbes“ verpflichtet zu werden“[172]. So eingestimmt trat Carl Diem, „der große Mann der olympischen Idee“, vor die im Kuppelsaal des Hauses des Deutschen Sports einquartierten Jungen der HJ-Division „Großdeutschland“, um in „einer flammenden Rede, in der viel von Sparta und Opferbereitschaft vorkam“ noch zum „siegreichen Endkampf“ aufzufordern.[173]

„Die Akademie ist der Sitz der amtlichen Organisationsspitze, deren Gliederung alle Spitzenverbände mit ihren 6 Millionen Mitgliedern umfaßt. Es lag also nahe, für die Zukunft ein Haus zu schaffen, das der Würde dieser großen Aufgabe entspricht."
(Die Reichs-Akademie für Leibesübungen. Eine Zuchtstätte des Wehrwillens in Berlin, in: Deutsche Bauhütte, 43. Jg., 1939)

Nacholympische Nutzungen

Die Deutsche Hochschule für Leibesübungen, die Ende des Wintersemesters 1935/36 ihren Lehrbetrieb hatte einstellen müssen, wurde noch im April 1936 unter dem Namen „Reichsakademie für Leibesübungen" neu konstituiert und das Reichssportfeld zu ihrem Sitz bestimmt, „das auf Entscheidung des Führers nicht nur als Rahmen für die Olympischen Spiele, sondern als ständige Hauptstätte der deutschen Leibesübung dienen soll."[174] Bereits im ersten Jahr des Bestehens der neuen Einrichtung besuchten, neben den Sportstudenten, weitere 4 500 Teilnehmer die angebotenen, zumeist drei Monate dauernden Lehrgänge. Erklärte inhaltliche Zielsetzung der Kurse war die Ausbildung eines „Führertyps", „den die deutsche Schule, die Partei und der Reichsbund für Leibesübungen für eine deutsche Leibesübung brauchen"[175]. Im April 1937 erhielt die Akademie die Stellung einer Reichsbehörde unter der gemeinsamen Aufsicht des Reichsinnenministers und des Reichskulturministers. Zu ihrem Präsidenten wurde „Reichssportführer" von Tschammer und Osten ernannt, der die Einrichtung nach außen vertrat, zum Direktor Carl Krümmel, verantwortlich für die Bereiche Lehre, Forschung und Verwaltung.

Hörsaal der Reichsakademie für Leibesübungen im Haus des Deutschen Sports, Heinrich Himmler spricht zu „BDM-Untergauführerinnen" anläßlich eines Reichsschulungslagers, 1937

Carl Diem erhielt nach Abwicklung seiner Tätigkeit als Generalsekretär der XI. Olympischen Spiele den Posten des Direktors am 1938 mit Zustimmung Hitlers in Berlin neu gegründeten „Internationalen Olympischen Instituts" (IOI). Das Institut sollte als „Sammelstelle der sportlichen Organisation"[176] dienen, die olympische Geschichte des Altertums und der Neuzeit erforschen, wobei „die Erfahrungen in der olympischen Organisation [...] den kommenden Veranstaltern zur Verfügung gestellt werden (wie) auch die Grundsätze für den Bau olympischer Kampfstätten.[177] Die in die-

Reichssportfeld, Deutsches Sportforum, Dienstvilla des „Reichssportführers“ Hans von Tschammer und Osten, Entwurf: Werner March, Aufnahme 1992

sem Zusammenhang vom IOI als Vierteljahresschrift herausgegebene „Olympische Rundschau“ fungierte zugleich auch als amtliches Organ für Bekanntmachungen des IOC in Lausanne.

Ein weiterer staatlicher Erlass regelte die Schaffung eines besonderen „Reichssportamtes“, welches ebenfalls auf dem Reichssportfeld eingerichtet wurde. Auch seine Leitung übertrug man von Tschammer und Osten. So mit Ämtern geradezu überhäuft, erschien es dem „Reichssportführer“ mit Blick auf andere Nazigrößen nun als angemessen, für sich auf dem Reichssportfeld eine eigene Dienstvilla errichten zu lassen. Den Auftrag hierzu erhielt einmal mehr Werner March. Hermann Göring hatte sich bereits 1934 vom Architekten der Olympiabauten das Jagdhaus Karinhall in der Schorfheide bei Berlin erbauen lassen, Joseph Goebbels 1936 ein großes Anwesen nach gründlichem Umbau auf der Havelinsel Schwanenwerder bezogen.

Geplante Hochschulstadt an der Ost-West-Achse in Zuordnung zum Reichssportfeld, Vorentwurf des „Generalbauinspektors für die Reichshauptstadt Berlin“ für den Wettbewerb im Jahre 1937

So kam es bereits ein Jahr nach den Olympischen Spielen zur ersten baulichen Veränderung an der Gesamtanlage. Der so genannte „offene Tanzring“ im Frauenbezirk am westlichen Ende des Forumgeländes wurde beseitigt und an dessen Stelle ein zweigeschossiges Gebäude errichtet, das March in seiner äußeren Gestaltung in Form- und Materialwahl den bestehenden Bauten anglich und dem er, dem starken Bedürfnis des Hausherrn nach Repräsentation nachkommend, auf der Eingangsseite eine über fünf Achsen reichende Pfeilerhalle vorsetzte. Den Entwurf zu dem Hausgarten fertigte der schon von March in die Planungen des Reichssportfeldes und des Olympischen Dorfes einbezogene Heinrich Friedrich Wiepking-Jürgensmann. Die Gartenanlage erhielt als Besonderheit eine Bastion, die den freien Ausblick in die Murellenschlucht ermöglichte. Hier am Steilhang erfolgte dann auch in räumlicher Zuordnung zur Dienstvilla und zum Annaheim im Jahre 1938 der Bau eines Luftschutzbunkers.

Zeitgleich wurden der Marathon- bzw. der Sportlertunnel und die unterirdische Zufahrt zur Ehrentribüne des Olympiastadions mit Zwischendecken ausgestattet sowie mit Betonwänden verstärkt und damit zu luftschutzsicheren

Bunkeranlagen umgerüstet. Hier richtete der Blaupunkt-Konzern während des Zweiten Weltkriegs dann eine Fabrikationsstätte ein und produzierte Zünder für Flugzeugabwehrwaffen.

Ab Mai 1937 war das Reichssportfeld – mit Ausnahme der Bereiche der „Reichsakademie für Leibesübungen“ – für die Allgemeinheit zugänglich. Der Eintrittspreis für die Einzelkarte betrug 50 Pfennig. Dafür standen dem Besucher kostenlos Sportgeräte zur Verfügung und Sportlehrer gaben in verschiedenen Sportarten gebührenfreie Unterweisungen. Des Weiteren wurden täglich Führungen angeboten, die am Olympischen Tor begannen und nach einem Besuch der Langemarckhalle auf dem Platz Am Glockenturm endeten.

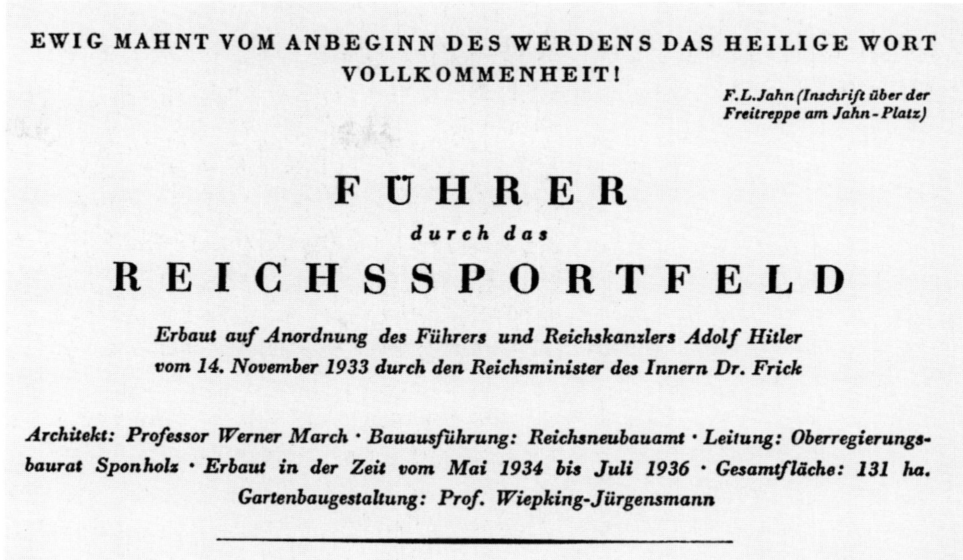

EWIG MAHNT VOM ANBEGINN DES WERDENS DAS HEILIGE WORT VOLLKOMMENHEIT!

F. L. Jahn (Inschrift über der Freitreppe am Jahn-Platz)

FÜHRER

durch das

REICHSSPORTFELD

Erbaut auf Anordnung des Führers und Reichskanzlers Adolf Hitler vom 14. November 1933 durch den Reichsminister des Innern Dr. Frick

Architekt: Professor Werner March · Bauausführung: Reichsneubauamt · Leitung: Oberregierungsbaurat Sponholz · Erbaut in der Zeit vom Mai 1934 bis Juli 1936 · Gesamtfläche: 131 ha. Gartenbaugestaltung: Prof. Wiepking-Jürgensmann

Titelblatt „Führer durch das Reichssportfeld“, herausgegeben von der Reichssportfeld-Verwaltung, 1937

Im gleichen Jahr befassten sich die Planungsstäbe der von Albert Speer geleiteten, so genannten Neugestaltungsmaßnahmen für die Reichshauptstadt mit dem Bau einer gigantischen Hochschulstadt an der Heerstraße zwischen Reichssportfeld und Havel. Die monumentale Anlage mit breiten Achsen und monströsen Baublöcken sollte mit der Wehrtechnischen Fakultät der Technischen Hochschule Berlin-Charlottenburg, zu der bereits im November 1937 der Grundstein gelegt wurde, über eine Ringstraße verbunden werden. Das Reichssportfeld wäre in den neuen städtebaulichen Kontext eingebunden und zur zentralen Aufmarsch- und Sportanlage der späteren „Adolf-Hitler-Universität“ bzw. „Reichsuniversität Adolf Hitler“ umfunktioniert worden. Im Herbst schrieb der am 30. Januar 1937 ernannte „Generalbauinspektor für die Reichshauptstadt Berlin“ (G.B.I.) Albert Speer dazu im Nachgang zu seinen Planungsfestlegungen einen offenen Ideenwettbewerb aus. Zu einer Prämierung der in großer Zahl eingereichten Entwürfe kann es jedoch nicht, da der Wettbewerb von Speer vor allem dazu genutzt wurde, geeignete Architekten für die weitreichenden Aufgaben und Projekte des G.B.I. im Zuge der „Germania-Planungen“ zu ermitteln.

1939 wurde in diesem Zusammenhang die vom G.B.I. zwischenzeitlich ausgebaute Ost-West-Achse als Teil des zentralen Achsenkreuzes der vorgesehenen „Welthauptstadt Germania“ eingeweiht, was die städtebauliche Bedeutung des Reichssportfeldes noch steigerte, da es an die Heerstraße und damit an die unmittelbare westliche Verlängerung der Achse angebunden war.

Mit Beginn des Krieges erhielt das Reichssportfeld eine zusätzliche Funktion, als Wehrmachtsdienststellen – deren Zahl bis Kriegsende auf etwa dreißig anwuchs –

dort Quartier nahmen und die sportliche Nutzung zunehmend einschränkten. Anzunehmen ist, dass die zahlreichen während der Kriegsjahre auf dem Areal verstreut errichteten temporären Gebäude für diese Einrichtungen und damit für militärische Zwecke erstellt worden waren. Die Mehrzahl dieser Barackenbauten befand sich im nördlichen und nordöstlichen Bereich des Reichssportfeldes, so z.B. auf dem Lindeneck, in der Nordostecke des Schenckendorffplatzes, und hinter den Gebäuden der ehemaligen Hochschule für Leibesübungen. Auch der Jaegerplatz und die drei Übungsplätze der Tennisanlagen waren zu diesem Zeitpunkt vollständig mit Provisorien überbaut.

Ab Januar 1945 machte man das Olympiastadion schließlich noch zur Verpflegungsstelle für die Männer des Volkssturmkreises I (Charlottenburg/Spandau), die am 12. November 1944 auf dem Olympischen Platz ihren Fahneneid geschworen hatten, und richtete dort eine Unterkunft für ein Volkssturmbataillon unter dem Befehl des zuvor zum „Kommissarischen Reichssportführer" ernannten Karl Ritter von Halt ein.

Von Halt, bis dahin Personalchef der Deutschen Bank und IOC-Mitglied seit 1937, des weiteren SA-Gruppenführer und Mitglied im „Freundeskreis Reichsführer SS"[178], übernahm diese Funktion 1944 von Arno Breitmeyer, der als Stellvertreter Hans von Tschammer und Ostens nach dessen überraschendem Tod am 25. März 1943 das Amt übertragen bekommen hatte, ehe er sich zum Fronteinsatz meldete. Zu seinem Adjutanten machte von Halt bezeichnenderweise den zu diesem Zeitpunkt bereits 62-jährigen Carl Diem, der so in den letzten Kriegsmonaten gleichsam zum „Herrn über das Reichssportfeld" avancierte.

Haupttribüne („Westwall") mit dem „Stand des Führers", Schüler und Ausbilder der Kriegsschule Potsdam besuchen das Reichssportfeld, 1937

Mit dem Näherrücken der Front auf Berlin im Frühjahr 1945 wurden die zwischenzeitlich eingerichteten Stellungen rund um das Reichssportfeld weiter ausgebaut. Die Volkssturmbataillone, die hier eigentlich die nahe „Havelfront" verteidigen sollten, erhielten jedoch in der Nacht vom 20. zum 21. April 1945 den Befehl, die Wehrmacht in ihrem „Abwehrkampf" im Osten von Berlin zu unterstützen. Unter der Führung von Halts und mit Diem als „Ordonnanzoffizier zur besonderen Verwendung" kamen die 400 Volkssturmmänner mit Bussen und Lastwagen bis Grünheide, wo Diem, als „erfahrener WK I-Teilnehmer im Schützengrabenkampf", persönlich die Lage ausspähte und aufgrund seiner Beobachtungen die Sinnlosigkeit des Unternehmens erkannt haben will und deshalb den Rückzug empfahl.[179]

Reichssportfeld, Luftbild der Royal Air Force, Überfliegung vom 21. Januar 1944

Zurück auf dem Reichssportfeld, sollten die noch verbliebenen etwa 100 Volkssturmmänner erneut an die Front geschickt werden, was dann im allgemeinen Chaos und wegen der sich rasch ändernden Frontlinien unterblieb. Da an der Havelbrücke zu beiden Seiten der Heerstraße massiert „Hitlerjugend" in Verteidigungsstellung gegangen war, wurde die Volkssturmkompanie aufgelöst und „unsere alten Leute" entlassen. Auch Carl Diem „wanderte vom Reichssportfeld nach Hause" [180].

Als einer der letzten Befehle aus dem Führerbunker erging am 28. April 1945 an den Reichsjugendführer Artur Axmann der Auftrag, mit seiner HJ-Division den Havelübergang und das Reichssportfeld zu verteidigen. Für diese „strategische Operation" mussten vier Tage vor der Kapitulation Berlins noch unzählige Hitlerjungen ihr Leben lassen.

Die Angaben bezüglich der damit verbundenen Ereignisse der letzten Kriegstage differieren in den zitierfähigen Quellen erheblich. So wurde das Stadion einer Darstellung zufolge im so genannten Endkampf mehrfach eingenommen und zurückerobert. Am 28. April 1945 sollen 2000 Hitlerjungen bei dem Versuch, sowjetische Truppen aus dem Stadion zu vertreiben, gefallen sein. Die Sowjets zogen ab, eroberten das Stadion jedoch zwei Tage später zurück. Andere Quellen machen dagegen die Kämpfe nicht im Stadion und auf dem Reichssportfeld, sondern in dessen unmittelbarer Nähe aus.[181]

Olympiastadion, Aufmarsch während der „Großen Polizeischau“ am 5. September 1954

Das Reichssportfeld nach dem Ende des Zweiten Weltkrieges (1945-1994)

Der Zustand der Anlagen nach Beendigung der Kampfhandlungen

„Dieses Reichssportfeld war in meinem Geist entstanden. Es gab keinen Teil darin, den ich nicht vorgeschlagen, für den ich nicht den Namen gegeben hatte, dessen Verwendung nicht von mir vorbestimmt war. Es war mit mein Werk. Dort sollte eine Hochburg des Sports für alle Zeiten errichtet sein, und dafür waren alle Möglichkeiten gegeben [...]. Da lag es nun als ein riesiger, unbelebter Trümmerhaufen mitten in einer anscheinend gestorbenen Stadt.“
(Carl Diem: Ein Leben für den Sport. Erinnerungen aus dem Nachlaß, hrsgg. vom Carl-Diem-Institut an der Deutschen Sporthochschule Köln, Ratingen/Kastellaun/Düsseldorf o. J. [1974])

Carl Diem, der die letzten Kriegstage mit seiner Familie unversehrt im Keller seines Hauses Falterweg 31 in der Siedlung Eichkamp in Berlin-Charlottenburg bzw. im Keller einer befreundeten Familie überstanden hatte, besichtigte nach Beendigung der Kampfhandlungen das Reichssportfeld noch vor der vorübergehenden Besetzung durch die Rote Armee. Er sah, umgeben von Einschlägen, Trümmern und Leichen, das Olympiastadion als „an sich verhältnismäßig wenig beschädigte(n) herrliche(n) Bau [...], die große Turnhalle ausgebrannt und ohne Dach, das Friesenhaus in seiner Mitte zusammengeschlagen, [...]“[182] Wie das Olympiastadion war auch das Schwimmstadion vom „Endkampf“ weitgehend verschont geblieben und auch die auf dem Reichssportfeld aufgestellten großen Plastiken wiesen nur kleinere Beschädigungen auf. Ein Hinweis darauf, dass die Kämpfe um das Reichssportfeld Ende April 1945 eher im näheren Umfeld bzw. in den Randbereichen entlang der Verteidigungsstellungen stattgefunden haben müssen.

Britischer Soldat mit der „Hitlerbüste“ von Josef Thorak aus dem Haus des Deutschen Sports im Olympiastadion, Aufnahme 1945

Noch im Mai 1945 begann Diem mit verbliebenen Mitarbeitern der Stadionverwaltung, ehemaligen Hochschulangehörigen, Gärtnern und Handwerkern erste Aufräumungsarbeiten auf dem Reichssportfeld durchzuführen. „Wir suchten uns Hacken und Schaufeln, Handwerkszeug und Geräte und fingen an, Trichter zuzuschaufeln, Trümmer wegzuräumen, Türen zuzunageln, Fenster zurechtzurücken und Wachen zu stellen. Es kam auch bald ein russisches Regiment, das im Haus des Deutschen Sports Quartier nahm, aber uns sonst völlig ungeschoren ließ. Wenn wir aus dem Haus des Deutschen Sports etwas brauchten, mußte ich dem Kommandanten meinen Besuch machen.“[183] Eine zweite russische Abteilung besetzte das Olympiastadion und demontierte Teile der dort in den Substruktionen aufgestellten und durch eine zusätzliche Betondecke geschützten Werkzeugmaschinen der Firma Blaupunkt. Als selbst ernannter „kommissarischer Leiter“ der Stadionverwaltung suchte Diem alsbald die

Charlottenburger Stadtverwaltung auf, wo „das Reichssportfeld als erhaltenswerter Besitz anerkannt, meine Reichssportfeld-Verwaltung bestätigt und der uns zustehende Stundenlohn von 70 Pfennig ausgezahlt (wurde)“ [184].

Diem, der offensichtlich nicht an eine längere dauerhafte Beschlagnahmung durch die Besatzungstruppen glaubte, verfasste am 26. Juni 1945 den Entwurf zu einer „Denkschrift für die zukünftige Verwendung des Reichssportfeldes“. Darin schlug er vor, „diesen wertvollen Besitz in der Zukunft bestmöglichst zu nutzen“ [185] und, insbesondere den Komplex des Deutschen Sportforums, nicht irgendeiner Wohn- oder Büronutzung zuzuführen, sondern hier den Sitz der Friedrich-Wilhelms-Universität (Vorläuferin der heutigen Humboldt-Universität zu Berlin), deren Gebäude in der Innenstadt zu 70 Prozent zerstört waren, neu zu begründen. Zum Zustand des Gesamtkomplexes bemerkte Diem: „Das Reichssportfeld hat im Laufe des Krieges zahlreiche Bombenschäden erlitten. Ferner spielten sich auf dem Reichssportfeld, das als Stützpunkt ausgebaut war, harte Kämpfe ab, die weitere Schäden mit sich brachten. Schließlich sind nachträglich eine Reihe beträchtlicher Schäden durch Sprengung von Munition usw. entstanden.“ [186] Diem nannte hier den durch Explosion schwer beschädigten Glockenturm, das abgebrannte nördliche Torgebäude am Olympischen Platz sowie den gesprengten Bühnenbereich und die Regiezentrale der Freilichtbühne.

Bereits Anfang Juni 1945 waren das Schwimmstadion und die umliegenden Freiflächen wieder hergerichtet [187] und standen der Bevölkerung zur Verfügung, bis nur etwa einen Monat später erste Verbände der britischen Streitkräfte Berlin erreichten und das in ihrem Sektor [188] liegende Reichssportfeld für eigene Zwecke beschlagnahmten. Die vorangegangene militärische Nutzung des Sportareals fand – freilich unter anderen politischen Prämissen – damit fast bruchlos seine Fortsetzung.

Maifeld, Blick von Westen auf den schwer beschädigten Glockenturm vor der Sprengung durch britische Pioniere am 15. Februar 1947

Die Tätigkeit als „Reichssportfelddirektor“ konnte den rastlosen Diem hingegen allein nicht zufriedenstellen. So hatte er zwischenzeitlich, „ohne zu fragen, schon längst auf dem Reichssportfeld die Turnlehrerausbildung aufgenommen und den durch den Zusammenbruch unvollendeten Lehrgang zu Ende geführt“ [189], wobei er die Vorlesungen auf den Zuschauerbänken des Oberrings und die Übungen im Innenraum des Stadions abhielt. Als sich dann in der Folgezeit abzeichnete, dass die Briten das Gelände nicht so schnell wieder freigeben würden und seine Funktion als Hochschullehrer auch nach der feierlichen Wiedereröffnung der Universität am 29. Januar 1946 im Admiralspalast in Berlin-Mitte nur wenig Perspektive bot, suchte Diem nach anderen Möglichkeiten. Da nur drei Monate später, ebenfalls im Admiralspalast, der Vereinigungsparteitag der ostzonalen Kommunistischen Partei Deutschlands (KPD) mit Teilen der Sozialdemokratischen Partei Deutschlands (SPD) stattfand und auch die Zeichen für eine Spaltung der Stadtverwaltung in zwei politische Lager immer sichtbarer wurden, zog es Carl Diem, der der im Nachkriegs-Berlin eher unbedeutenden Christlichen Demokratischen Union (CDU) beigetreten war, vor, die Stadt 1947 zu verlassen. Als Gründer und erster Rektor der Sporthochschule Köln sowie als Mitglied zahlreicher Sportorganisationen fand er ein neues

Luftbild vom Reichssportfeld, auf dem Platz vor der Langemarckhalle (am linken Bildrand unterhalb der Mitte) sind die Reste des gesprengten Olympiaturmes vor dem Eingang erkennbar, Aufnahme 1947

Betätigungsfeld in der 1949 gegründeten Bundesrepublik Deutschland. Somit – erstaunlich genug – agierte Diem in seiner Karriere als einflussreicher Funktionär und Sportorganisator nacheinander in vier höchst unterschiedlichen politischen Systemen. Immer nur „zum Wohle des Sports und der olympischen Idee", wie er nicht müde wurde zu behaupten.

„Lieber Herr Diem! Mit aufrichtigem Dank darf ich Ihnen zugleich meine Bewunderung ausdrücken für die mutige Klarheit, mit der Sie für unsere Olympische Anlage eingetreten sind. Das Erstaunliche bleibt, daß allgemein bis zu Herrn Heuss jedes Gefühl für Würde und für den Einklang mit der Natur verloren ist, und alle den Kotau vor der Sensation um jeden Preis mitmachen. Inzwischen streichen die Engländer den Kuppelsaal rosagelb."
(Schreiben von Werner March vom 2. Juni 1956, Diem-Archiv, Mappe 664)

Umbauten und Veränderungen in der Zeit der Britischen Besatzungsmacht

Zu einem ersten gravierenden Eingriff in den baulichen Bestand des Reichssportfeldes kam es am 15. Februar 1947, als britische Pioniere den schwer beschädigten, einsturzgefährdeten Glockenturm aus Sicherheitsgründen sprengten. Anschließend wurden die Trümmer des Turmes beseitigt und die bei der Aktion herabgestürzte, beschädigte Olympiaglocke auf dem Vorplatz – angeblich zum Schutz vor Metalldieben – vergraben.[190]

Die offizielle Rückgabe eines Teils des Geländes, d. h. des Olympiastadions, des Schwimmstadions mit Frauenplatz, der Freilichtbühne, des Reitergeländes und des Hockeyplatzes, durch die britische Militärbehörde an die West-Berliner Verwaltung erfolgte sukzessive, offiziell jedoch zum 22. Juni 1949. Ein Jahr später beschloss der Berliner Magistrat die Umbenennung des gesamten Reichssportfeldes, etwas verwirrend, in „Olympiastadion"[191]. Durch diese Teilung wurde eine voneinander unabhängige Entwicklung der beiden getrennten Bereiche eingeleitet, die sich durch die Einrichtung des besetzten Geländes zum „British Army Headquarter" auf dem besetzten Teilbereich im Jahre 1952 noch verstärkte.

Auf dem Gelände des ehemaligen Britischen Hauptquartiers kam es anfangs zu teils erheblichen Eingriffen in den Freiraumbestand. Die Umnutzung verschiedener Plätze, zum Beispiel zur Lagerung von Munitionsbeständen oder als Fahrzeugstellplatz, erhielt zwar deren Grundriss, veränderte aber deren Erscheinungsbild erheblich. Zu nennen sind hier der August-Bier-Platz, der Georgiiplatz und das Lindeneck, wobei die beiden letzt genannten Plätze in Teilflächen später auch als Reitplätze dienten. Andere Gelände-

Blick in die in „Waldbühne" umbenannte „Dietrich-Eckart-Freilichtbüne" mit der neu erstellten Filmleinwand, Aufnahme 1951

Blick vom Vorplatz des S-Bahnhofs auf das in veränderter Form wieder aufgebaute Restaurantgebäude „Stadion-Terrassen", Aufnahme um 1960

„Siegerstele" mit Diskuswerfer von Herbert Garbe für die Olympiasieger von Berlin 1936, Aufnahme Februar 1992

teile wurden weiterhin als Sportplätze bzw. für verschiedenste Veranstaltungen genutzt und deshalb von den Briten bis zu deren Abzug auch vorbildlich gepflegt, wie das Maifeld, der Hanns-Braun-Platz oder der Schenckendorffplatz. Frühste bauliche Veränderung mit Auswirkungen auf den umliegenden Freiraum stellte die Errichtung massiver Garagenblöcke für schwere Militärfahrzeuge dar. Bauten dieser Art entstanden 1951 auf dem Friesenhof, der in diesem Zusammenhang vollständig asphaltiert wurde.[192]

Auf dem von den Briten freigegebenen Terrain des Reichssportfeldes begannen 1949 erste Instandsetzungsarbeiten. Die Maßnahmen umfassten Sicherungsarbeiten an der Konstruktion und der Werksteinfassade des Stadions, die Reparatur beschädigter Bestuhlung sowie den Neubau eines Umkleidehauses als Ersatz für das zerstörte Gebäude am Murellenweg zur Nutzung der nun „Waldbühne" genannten ehemaligen „Dietrich-Eckart-Freilichtbühne". Mit der 1950 erfolgten Aufstellung einer großen Lichtspielwand vor dem zerstörten Bühnenhaus und dem Neubau eines stationären Bildwerferraumes im darauf folgenden Jahr konnte die Waldbühne auch als Freilichtkino genutzt werden.

Derweil wurden die Instandsetzungsarbeiten am Stadion fortgesetzt und 1952 zur Durchführung der Ausscheidungswettkämpfe für die Olympischen Spiele in Helsinki eine neue Laufbahn angelegt. Die Kosten für die in den ersten vier Jahren ausgeführten Bauarbeiten betrugen insgesamt 2,7 Millionen DM, wovon etwa die Hälfte des Betrages für die unmittelbare Beseitigung von Kriegsschäden aufgewendet wurde. Dazu zählte auch der Einbau neuer Fenster am Ober- und Unterring des Olympiastadions.

Nach der Verlegung des Britischen Hauptquartiers vom ersten Standort am Fehrbelliner Platz in Berlin-Wilmersdorf auf das Sportforumsgelände begann dann 1953 auch der Wiederaufbau kriegszerstörter Gebäudeteile. Wiedererrichtet wurde der Ostflügel des Friesenhauses, der Südflügel instandgesetzt und umgebaut. Bei der Fassadengestaltung orientierte man sich am Vorkriegszustand und wählte in Anlehnung an den erhaltenen Baubestand Klinker als Verblendmaterial. Beide Hausteile erhielten, abweichend vom bauzeitlichen Zustand, flach geneigte Dächer. Ein Jahr später folgte der äußere Wiederaufbau der großen Turnhalle des Turnhallengebäudes am Jahnplatz. Die Halle diente fortan allerdings als (Auto-)Reparaturwerkstatt und nicht mehr sportlicher Betätigung.

Auch auf den freigegebenen Teilflächen des ehemaligen Reichssportfeldes begannen nun Wiederaufbauarbeiten. Zunächst wurde das ausgebrannte nördliche Torhaus am Olympischen Platz nach Plänen des Bauamtes Nord in seiner ursprünglichen äußeren Gestalt wiedererrichtet. 1955-56 folgte der Wiederaufbau des im Krieg erheblich beschädigten Restaurationsgebäudes „Stadion-Terrassen“ nach Entwurf von Carl Mertz. An dem Zustand von 1936 orientiert, erhielt die Hauptfassade, als sichtbarer Ausdruck des „Zeitgeschmacks“, ein schräg gestelltes Verandafenster. Allerdings wurde auf die Wiedereröffnung der großzügig bemessenen Dachterrasse, von der sich ein schöner Blick auf das Stadion und das Maifeld bot, verzichtet.

Die Aufstellung von „Siegerstelen“ für die deutschen Olympiasieger, die nachweisbar auf eine Anregung Adolf Hitlers vom Oktober 1934 zurückgeht, fand 1957 eine unkommentierte und aus der öffentlichen Diskussion ausgeblendete Fortsetzung. Auf der Nordseite vom Olympischen Tor wurde in Spiegelung des Standortes der „Siegerstele“ 1936 die Stele für die Olympiasieger von 1952 und in weiterer Fortsetzung des Programms die für die Olympiasieger von 1956 aufgestellt (Bildhauerin: Magdalena Müller-Martin).[193] Etwa zur selben Zeit wurden offensichtlich auch die neun 1936 aufgestellten Siegerstelen für die Olympiasieger 1896-1936 durch zum Teil wenig qualitätvolle Kopien ersetzt. Über den Anlass und die Umstände, die zu dieser Maßnahme führten, auch über den Verbleib der Originale, ist bis heute nichts bekannt.[194]

Wiederum für die Zwecke der britischen Streitkräfte entstanden auf den nicht zurückgegebenen Flächen des Angers östlich des Schwimmstadions neben einer Sendeanlage Werkstätten, Lagerhallen und Panzergaragen (1957-58), nördlich und östlich vom ehemaligen Haus des Deutschen Sports zwei weitere Garagenblöcke (1959) und schließlich entlang der Hanns-Braun-Straße östlich vom Schwimmstadion eine

Die Munitionsdepots auf dem Lindeneck (unten im Bild) und dem anschließenden ehemaligen Wurfplatz belegen anschaulich die militärische Nutzung des ehemaligen Sportforumgeländes, Aufnahme um 1965

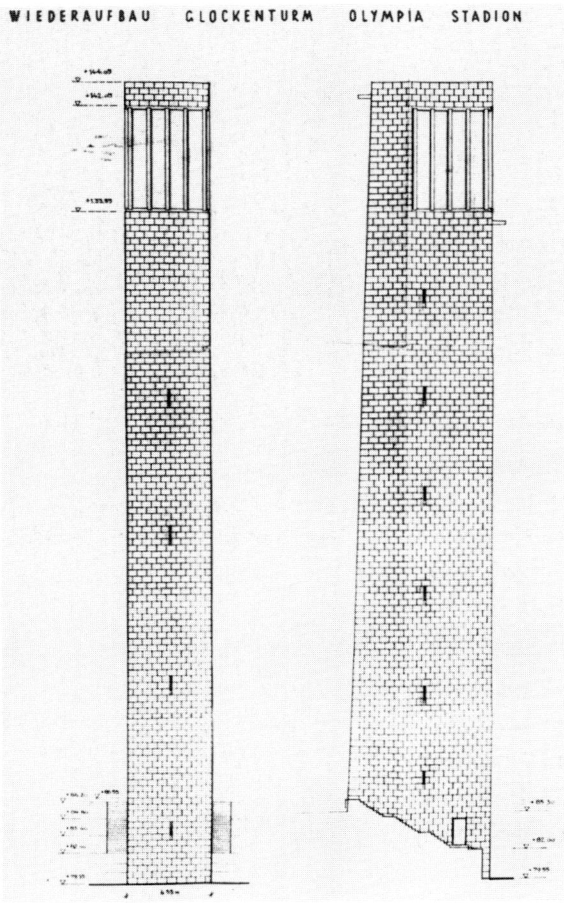

Maifeld, Wiederaufbau des Glockenturmes, Ansichtszeichnung der Ost- und Südfassade, Entwurf: Werner March, datiert 2. August 1960

massive Halle, gleichzeitig Bäckerei und Sandsacklager, sowie eine Fahrzeughalle mit Tankstelle (1961). Im Jahre 1961 fand der Ausbau des „British Army Headquarters" mit dem Bau eines weiteren (letzten) Garagenblocks nördlich vom Schwimmhallengebäude seinen vorläufigen Abschluss. Die Neubauten wurden mit roten Klinkersteinen verblendet, um wenigstens bei der Wahl des Materials eine Anpassung zu dem von Werner March gestalteten Gebäudekomplex herzustellen.

Am Olympiastadion wurden 1957 Steinmetzarbeiten an den Fassaden, im Tribünenbereich und an den Pfeilern der Umgänge durchgeführt und im Zusammenhang mit diesen Arbeiten auch die weit auskragende „Führerloge" an der Ehrentribüne bis zur Unkenntlichkeit zurückgenommen. In den Substruktionen begann der Abbruch des „Blaupunkt-Bunkers" und die Beseitigung weiterer kriegsbedingter Einbauten. Schließlich entstand auf dem Gelände des Reiterstadions 1959 anstelle der vermutlich durch Kriegseinwirkungen zerstörten Paddocks ein massiver Pferdestall.

1960 erhielt der 1953 aus Minden in Westfalen nach Berlin zurückgekehrte und seitdem an der Technischen Universität Berlin Städtebau und Siedlungswesen lehrende Architekt des Reichssportfeldes, Werner March, den offiziellen Auftrag zum Wiederaufbau des gesprengten Glockenturmes und der damit verbundenen Instandsetzung der Langemarckhalle. Offensichtlich war der Auftrag als eine Art „Ausgleich" gedacht für die anlässlich der Internationalen Bauausstellung „Interbau" 1957-58 südlich vom ehemaligen Reichssportfeld nach Plänen von Le Corbusier entstandenen 17-geschossigen und 557 Einheiten umfassenden Wohnmaschine „Unité d'habitation/Typ Berlin", welche von March wegen seiner Höhe und der dominanten Wirkung auf das nähere Umfeld vehement abgelehnt wurde und deren Bau er deshalb im Vorfeld auch zu verhindern suchte.[195]

In der vom Bauamt Nord verfassten Baubeschreibung zum Wiederaufbau des Glockenturms vom 11. September 1961 heißt es zum Entwurfskonzept: „An der Anordnung der vorhandenen und zu ergänzenden Räumlichkeiten werden

Blick vom Vorplatz auf den wieder aufgebauten Glockenturm, Aufnahme Februar 1992

grundlegende Änderungen nicht vorgenommen. Beim Wiederaufbau der Ehrentribüne in Ordinate +73,10 kommt lediglich die dort ehemals vorhandene Führerkanzel in Wegfall."[196] Das als „Bauvorhaben Langemarckhalle" bezeichnete Bauprojekt war dann 1963 fertiggestellt. Die tragende Konstruktion des neuen Glockenturms wurde nicht wieder in Stahl, sondern als 20 Zentimeter dicke Stahlbetonschale ausgeführt und mit sechs Zentimeter dicken Muschelkalkplatten verkleidet. Anders als beim Vorgängerbau blieb die so genannte Glockenstube nach Westen geschlossen. Der Turmschaft in der ansonsten kaum veränderten Langemarckhalle wurde mit Spezialglas ummantelt und Glastüren schließen die Halle nunmehr zur Ehrentribüne ab. Seit der Instandsetzung „zieren" wieder die Stahlschilde mit den Namen der an der Schlacht bei Langemarck beteiligten Divisionen die Wände der Halle. Auf die Anbringung der 76 Regimentsfahnen musste verzichtet werden, ihr Verbleib war und ist ungeklärt. Auch die mit einer Stahlplatte bedeckte Erde vom Friedhof von Langemarck fehlt bei der neu eingerichteten Ausstattung. Eher verschleiernd und von der inhaltlichen Verknüpfung der Sinnsprüche mit der Intention der Erbauer der Langemarckhalle ablenkend wirken die im Rahmen der Instandsetzung vorgenommenen Ergänzungen, die darin bestanden, den beiden Namen der Verfasser Friedrich Hölderlin und Walter Flex die Lebensdaten (1770-1843 bzw. 1887-1917) hinzuzufügen. Eine ausführliche Kommentierungstafel zur Bedeutung der Langemarckhalle fehlt dagegen bis heute.

Den „Sinnsprüchen" in der Langemarckhalle wurden bei der Instandsetzung nachträglich die Lebensdaten von Walter Flex und Friedrich Hölderlin hinzugefügt, Aufnahme Juni 2000

Ebenfalls im Jahre 1961 waren auch das gesprengte Bühnenhaus der Waldbühne, die drei Umkleidehäuser sowie die verbindende Tunnelanlage neu entstanden. Mit dem Neubau des im Krieg zerstörten Wirtschaftshofes an der Schirwindter Allee 1963-64 konnte schließlich die Phase des Wiederaufbaus beendet werden.

Zu dieser Zeit setzten erste Bemühungen ein, den Kernbereich des ehemaligen Reichssportfeldes als Baudenkmal in die West-Berliner Denkmalliste aufzunehmen. Schließlich kam es 1966 zur Eintragung in das Verzeichnis der Baudenkmale, welches als Anhang zur Berliner Bauordnung von 1958 fungierte und seinerzeit insgesamt 182 Eintragungen umfasste, wobei der Komplex „Olympiastadion" zu den jüngsten und neben dem Bürogebäude der „Nordstern-Versicherungs Bank AG" am Fehrbelliner Platz nach Entwurf von Otto Firle zu den ersten Baulichkeiten aus der NS-Zeit gehörte, das als Baudenkmal ausgewiesen wurde.

Die Unterschutzstellung hinderte die Bau- und Sportverwaltung jedoch nicht daran, sogleich eine neue, wenig denkmalverträgliche Flutlichtanlage zu errichten. Die leistungsstärkeren Scheinwerfer, montiert an vier 88,30 Meter hohen Masten, die auf den Grünflächen um das Stadion aufgestellt wurden, sind noch heute in Funktion. Das Fernsehen hatte in den sechziger Jahren die Wohnstuben zunächst in „schwarz/weiß" erobert, nun bereitete man die Einführung des Farbfernsehens vor.

Das Olympiastadion von Norden gesehen, hinter dem Schwimmstadion sind die vormontierten Teile der Stadionüberdachung erkennbar, Aufnahme Juni 1972

Wer auf die Vergabe großer Sportveranstaltungen hoffte, musste die vorgegebenen, hohen internationalen Normen der Sportverbände für eine mediengerechte Vermarktung erfüllen.

In den folgenden Jahren kam es zu weiteren vornehmlich sport- bzw. veranstaltungsfunktional begründeten strukturellen Eingriffen in die Bausubstanz des Olympiastadions. Als die Bemühungen Anfang der siebziger Jahre Erfolg hatten, den gegen die Teilstadt gerichteten Boykott der Ostblockstaaten bei internationalen Sportveranstaltungen zu durchbrechen und West-Berlin bei der Vergabe der Fußball-Weltmeisterschaften 1974 als Austragungsort von drei WM-Gruppenspielen sowie der Schwimmweltmeisterschaften 1978 Berücksichtigung fand, waren erneut die geforderten Standards der jeweiligen internationalen Sportorganisationen Auslöser umfangreicher Baumaßnahmen. Nachdem Werner March seine noch 1972 geäußerten erheblichen Bedenken gegen eine Teilüberdachung wegen der „Notwendigkeit" zurückgestellt hatte, erhob auch der damalige Landeskonservator Walter Briesenick keine Einwände. Ausgeführt wurde der in einem Auswahlverfahren vom Bauamt Nord favorisierte Entwurf von Friedrich Wilhelm Krahe auf der Basis eines Systems der Firma Mero, der dann auch die Bauausführung oblag. Das „provisorische Dach", erst kurz vor Beginn der Fußballweltmeisterschaften fertiggestellt, soll 12 Millionen DM (anderen Quellen zufolge sogar 15 Millionen DM) gekostet haben.

Weitere Baumaßnahmen betrafen die Toilettenanlagen für die Zuschauer, die Sanitär- und Umkleideeinrichtungen für die Sportler, ferner die Pressetribüne und den Einbau von Fernsehstudios. Außerdem wurden eine elektronische Anzeigentafel anstelle der manuell zu bedienenden Tafel und Blockabgrenzungen aus Plexiglas zwischen den Zuschauerblöcken sowie zum Spielfeld hin in das Stadion eingebaut, was weitere Baukosten in Höhe von 13,8 Millionen DM verursachte.

Zwei Jahre später war dann Baubeginn für die umfangreichen Instandsetzungsarbeiten am Schwimmstadion. Bis zum Beginn der Schwimmweltmeisterschaften 1978 wurden das Schwimm- und Sprungbecken erneuert, ein neuer Sprungturm mit Aufzug erbaut und die Toilettenanlagen sowie die Sanitär- und Umkleideeinrichtungen modernisiert. Wie schon zu den Olympischen Spielen 1936 errichtete man zur Erhöhung der Zuschauerkapazität auf der offenen Nordseite des Schwimmstadions eine temporäre Zusatztribüne. Nach Beendigung der Weltmeisterschaften und dem Abbau dieser Tribüne wurde auch das halbrunde Brunnenbecken instandgesetzt und durch zwei neu geschaffene Nichtschwimmerbecken ergänzt. Zeitgleich entstand eine weitere große Planschbeckenanlage mit Sandspielbereich in der Nordostecke des Frauenplatzes nach Entwurf von Günter Anlauf.

Blick auf die montierte Teilüberdachung der Nordtribüne des Olympiastadions, Aufnahme 1973

In den achtziger Jahren veränderte eine Anzahl weiterer Ergänzungsbauten das ursprüngliche Erscheinungsbild des ehemaligen Reichssportfelds nicht unerheblich. Der erste Neubau von beträchtlicher Größe entstand allerdings bereits 1972 im Randbereich auf dem ehemaligen Parkplatz am Turm an der Passenheimer Straße, als dort für das Landesleistungszentrum Berlin die Rudolf-Harbig-Halle nach Plänen des Architekten Bernd Rüdiger Trabert errichtet wurde.

1982 entstanden am ehemaligen Tennisstadion zu beiden Seiten der Sportforumstraße – sieht man einmal von dem nicht mehr in dieser Funktion genutzten Wohngebäude für den „Reichssportführer" und dem aus der Zeit der Rennbahn überkommenen Gärtnerhaus auf dem Gelände des Reiterstadions ab – die ersten für dauerhaftes Wohnen eingerichteten Bauten auf dem Gesamtareal des ehemaligen Reichssportfeldes. Neben den sechs zweigeschossigen Wohnbauten für britische Militärangehörige wurden zugleich auf den Flächen der nördlich anschließenden, nicht mehr vorhandenen Tennisplätze ein Heizwerk mit Wohnhaus und eine eingeschossige Sergeanten-Messe erstellt. Die Sportforumsstraße verlor im Zusammenhang mit den Baumaßnahmen ihre Anbindung an den namensgebenden Gebäudekomplex und endet seitdem in einer Wendeschleife im Bereich der Wohnbauten. Der „Centre Court" des ehemaligen Tennisstadions, zum Kinderspielplatz umfunktioniert, erhielt die übliche Ausstattung an Spielgeräten. Schließlich wurde noch im Bereich des britischen Hauptquartiers im selben Jahr das Nichtschwimmer- und Sprungbecken am Jahnplatz verfüllt und mit Betonsteinen und Rasen belegt.

Schwimmstadion, Instandsetzung und Modernisierung sowie Bau einer temporären Tribüne für die III. Schwimmweltmeisterschaft, Aufnahme Juni 1978

Als ästhetisch gelungen, zweckdienlich und darüber hinaus als wenig störend für das Gesamtbild der Waldbühne erwies sich die ebenfalls 1982 errichtete zeltartige Überdachung des Bühnenbereichs und der kleinen Regie-Loge für die Steuerungstechnik nach Entwurf von Wolfgang Noack.

Erheblich sind dagegen die Veränderungen, die das Erscheinungsbild des Reitergeländes durch Baumaßnahmen

Rudolf-Harbig-Halle auf dem ehemaligen „Parkplatz am Turm“ nach Entwurf von Bernd Rüdiger Trabert, Ansicht der Ostfassade an der Passenheimer Straße, Aufnahme März 1992

und die damit verbundenen Eingriffe in die Freiflächen erfuhr. Auch hier erfolgte die erste große bauliche Ergänzung bereits 1972, als unweit vom noch von Otto March entworfenen Tunneltor eine im Grundriss 62 x 21 Meter messende Reithalle entstand (Entwurf: Architekturbüro Moratz und Vogel). 1983 kam dann eine weitere Reithalle (Entwurf: Friedrich Karl Blank) hinzu, welche unmittelbar an die Südseite der bestehenden Halle anschließt. Zugleich wurde nördlich der Promenade ein lang gestreckter massiver Pferdestall erbaut. Auf einem von den Briten weiter beanspruchten Teilareal des Reitergeländes am Südwall des Maifeldes entstand in den achtziger Jahren eine Anzahl von Gebäuden, die als Tanklager dienten.

Zu Baumaßnahmen kam es auch im Bereich des Restaurationsgebäudes „Stadion-Terrassen“, wo zu dieser Zeit nur noch die Räume im Sockelgeschoss gastronomisch genutzt wurden. Hier entstand 1984 nach Plänen der Architekten Jürgen Böcker und Horst Milkowsky als Anbau an der Westseite ein zweigeschossiges Bürogebäude. Der Baukomplex dient seitdem dem Landessportbund Berlin e.V. als Hauptsitz und als Jugendbildungsstätte.

Weitere bauliche Veränderungen betrafen das Hockeystadion, das 1984 eine an sechs Masten angebrachte Flutlichtanlage erhielt, die an den beiden Längsseiten auf den obersten Tribünenstufen angeordnet sind. Ein Kunstrasenbelag bedeckt seitdem das Spielfeld und die Tribünen wurden durch Gitterzäune in Abschnitte unterteilt. 1987 erfolgte der Neubau eines Umkleidegebäudes (Entwurf: Hasso Windeck) unmittelbar hinter dem Eingangsbereich am Olympischen Platz.

Schließlich entstand als letzte große Baumaßnahme in Ergänzung zu der noch um einen Anbau erweiterten Rudolf-Harbig-Halle an der Glockenturmstraße in den Jahren 1987-90 das Horst-Korber-Sportzentrum nach Entwürfen der Architekten Christoph Langhof, Thomas M. Hänni und Herbert Meerstern. Das Sportzentrum besteht aus zwei Bauteilen, einer großen, weitgehend ins Erdreich versenkten Mehrzweckhalle mit Umkleidekabinen und einem davon oberirdisch getrennten Gebäude, in dessen flachen Bauteil Räume für Verwaltung und Schulung, die Sauna, eine Caféteria sowie in einem schmal und hoch gehaltenen Kopfbau ein Sporthotel untergebracht sind. Acht 30 Meter hohe Pylone, über deren „Finger“ Drahtseile laufen und das mit Lichtkuppeln besetzte Stahldach der Sporthalle mittragen, bilden das markante Zeichen der Anlage.

Das Gebäude der Sergeanten-Messe des Britischen Hauptquartiers auf dem Gelände der ehemaligen Tennisanlage an der Sportforumsstraße, Aufnahme März 1992

Derweil verkam das Olympiastadion zum Sanierungsfall, weil sich der Bund und das Land Berlin nicht einigen konnten, wer die Kosten der dringend notwendigen Instandsetzung zu tragen hätte.[197] Durchgreifende, Substanz sichernde Eingriffe in die bauliche Primärstruktur waren seit 1936 nicht mehr erfolgt. Allein die Kosten für die Sanierung des Stadions bezifferte die Firma Barg Betontechnik nach einer Untersuchung im Jahre 1989 bereits auf ca. 150 Millionen DM. Fortschreitenden Verfall wegen unterlassener Instandhaltung wies auch die Werksteinfassade auf.

Nachdem sich 1981 vom Gesims des Stadions eine der applizierten Travertinkonsolen gelöst hatte und herabgestürzt war, wurde bis 1988 nach und nach der gesamte Konsolenkranz mit der tragenden Konstruktion verschraubt. Da auch zahlreiche Wand- und Deckenplatten der Muschelkalkverkleidung am äußeren und inneren Umgang zu fallen drohten, mussten immer weitere Fassadenteile durch Stahlstützen und -träger gesichert werden.

Die Waldbühne mit der 1982 errichteten Bühnenüberdachung nach Entwurf von Wolfgang Noack, Aufnahme März 1992

Noch vor dem Fall der Mauer im November 1989 hatte sich der Senat West- Berlins, angeregt durch die berühmt gewordene Rede des damaligen amerikanischen Präsidenten Ronald Reagan („Mr. Gorbatschow, open this gate!“) vor dem Brandenburger Tor am 12. Juni 1987, um eine Bewerbung für die Olympischen Spiele 2004 bemüht. Gedacht als Signal für die weitere Entspannung zwischen Ost und West, sollten die Spiele in den getrennten Stadthälften ausgetragen werden. Auch die DDR-Regierung sondierte zu der Zeit die Möglichkeit einer Bewerbung durch die „Hauptstadt der DDR“. Als dann nach der Wende die Stadt mit dem Inkrafttreten der Wirtschafts-, Währungs- und Sozialunion am 1. Juli 1990 gesamtstädtische Handlungsfreiheiten wiedererlangte, wurde noch im selben Monat ein gemeinsames Olympia-Büro gegründet. Und da im August 1990 IOC-Präsident Juan Antonio Samaranch bei einem Besuch Berlin als „exzellenten Olympiakandidaten“ bezeichnete, sah man große Chancen für eine erfolgreiche Kandidatur. Mit der in der Nacht vom 2. auf den 3. Oktober 1990 vollzogenen Vereinigung Deutschlands verlor Berlin seinen internationalen Sonderstatus und nur sechs Tage später beschloss die gemeinsam aus Senat und Magistrat gebildete neue Landesregierung, sich schon um die Austragung der XXVII. Olympiade und der XI. Paralympics im Jahr 2000 zu bewerben. Dem vorgelegten Olympia-Konzept stimmten schließlich das Abgeordnetenhaus und die Stadtverordnetenversammlung am 24. Oktober 1990 zu.

Der „Diskuswerfer“ von Wolfgang Schaper, aufgestellt im Garten des Landessportbundes Berlin (ursprünglicher Standort August-Bier-Platz), Aufnahme Januar 1992

Das Konzept versprach ein „Olympia der kurzen Wege“. Ein „Olympia-Express“ sollte die einzelnen Sportstätten und Standorte miteinander verbinden Als Hauptwettkampfstätte war das Olympiastadion auf dem ehemaligen Reichssportfeld vorgesehen; hier sollten die Sportarten Leichtathletik, Springreiten (Einzelwettkämpfe) und die Finalspiele im Fußball, im Bereich um das Stadion die Sportarten Wasserball, Hockey und Bogenschießen auf zum Teil vorhandenen und zum Teil erweiterten Anlagen stattfinden. An Baumaßnahmen am Olympiastadion waren beabsichtigt „die umfassende Modernisierung der Wettkampfanlagen, die Schaffung der benötigten Funktionsräume insbesondere für Sportler- und Medienvertreter, die attraktive und komfortable Gestaltung der Zuschauerbereiche sowie eine Neugestaltung der Stadionüberdachung“ [198] . Mit den bis dahin erarbeiteten Konzepten zur Umgestaltung

Blick über das 1982 verfüllte und mit Rasen bzw. Betonplatten belegte Nichtschwimmer- und Sprungbecken auf den Jahnplatz und die Pfeilerhalle des ehemaligen Hauses des Deutschen Sports, Aufnahme März 1992

Horst-Korber-Sportzentrum an der Glockenturmstraße nach Entwurf von Christoph Langhof mit Thomas M. Hänni und Herbert Meerstern, Blick auf die Sporthalle (links) und den Gebäudeteil für die Verwaltung (rechts), Aufnahme März 1992

verband der damalige Senator für Stadtentwicklung und Umweltschutz, Volker Hassemer, die Hoffnung, „daß die Olympischen Spiele 2000 ein eigenes Gesicht zeigen und eine bleibende Spur auf dem Olympiagelände hinterlassen, ohne die denkmalgeschützte Anlage von 1936 zu zerstören“[199].

Es kam dann – wie bekannt – anders. Die mit so vielen Hoffnungen gestartete und von kleinen und großen Skandalen begleitete Bewerbung um die Olympischen Spiele 2000 scheiterte kläglich. Auf der Sitzung des IOC in Monaco am 23. September 1993 erhielt Berlin lediglich neun Stimmen und schied bereits vor der Schlussabstimmung aus, die dann Sydney vor Peking gewann.

In dem Jahr der verpatzten Olympiabewerbung erhielt Roy Bakonyi, der 25 Jahre verantwortlich war für die Pflege der Rasenflächen, stellvertretend für die Britischen Militärdienststellen in Anerkennung der Verdienste um die langjährige denkmalgerechte Erhaltung der in ihrer Obhut befindlichen Freiflächen des ehemaligen Reichssportfeldes die vom Landesdenkmalamt vergebene Ferdinand-von-Quast-Medaille. Im September 1994 räumten die britischen Streitkräfte vereinbarungsgemäß das bis dahin von ihnen genutzte Teilareal des ehemaligen Reichssportfeldes und verließen, wie die Amerikaner, Franzosen und Sowjets, Berlin.

„Wenn wir weise handeln, steht Europa jetzt an der Schwelle eines neuen Zeitalters der Vernunft [...] Daß wir diese Chance haben, ist vielen Menschen zu verdanken; an erster Stelle den Männern und Frauen der Streitkräfte selber – unseren Streitkräften, den amerikanischen Streitkräften und den französischen Streitkräften mit der Rückenstärkung durch die gesamte Nato einschließlich der Bundeswehr. Wir kamen als Besatzungsmächte nach Berlin, wir sind als Schutzmächte hier geblieben und wir gehen als Freunde.“
(John Major, britischer Premierminister, bei der Verabschiedung der Alliierten in Berlin am 8. September 1994)

Kulturelle, sportliche und politische Ereignisse

Nach der Kapitulation trugen erstmals 1946 die Alliierten im Olympiastadion Militärmeisterschaften aus, zu denen Deutsche nur als Zuschauer zugelassen waren. Veranstalter war das am 7. Februar 1946 von zwölf Staaten gegründete „Allied Forces Sports Council“.[200] Das zweite, vom 13. bis 14. September 1947 erneut im Berliner Olympiastadion ausgetragene „European Track and Field Championship“ unterstützten die USA. In einem im Programmheft veröffentlichten Begrüßungswort erhoffte sich der zu der Zeit kommandierende US-General für Europa, Lucius D. Clay, von der Veranstaltung eine „Atmosphäre guter Partnerschaft“. Doch bereits zu der ersten Militärmeisterschaft hatte die Sowjetunion seine Teilnahme kurzfristig abgesagt und blieb dann auch der zweiten fern. Die Spaltung in zwei politische Weltlager als Beginn des „Kalten Krieges“ zeigte auch im Sport schon früh seine Wirkung.

Ehe das Stadion 1949 offiziell an den Berliner Magistrat zurückgegeben wurde, fanden bereits 1948 mit besonderer Genehmigung der britischen Militärbehörden Städtefußballspiele statt. In den fünfziger Jahren war das Stadion dann u. a. insgesamt fünf Mal Austragungsort der Endspiele um die Deutsche Fußballmeisterschaft. Das erste Länderspiel im Olympiastadion nach dem Krieg am 17. Juni 1951 sahen fast 100000 Zuschauer. Die deutsche Nationalmannschaft verlor gegen die Türkei trotz drückender Überlegenheit durch ein Tor in den Schlußminuten mit 1:2.

Großes Interesse fanden die vom 26. Juni bis 6. Juli 1952 im Olympia- und im Schwimmstadion veranstalteten „Vorolympischen Festtage 1952“. Auf dem Programm standen zugleich auch Ausscheidungskämpfe für die in dem Jahr stattfindenden Olympischen Spiele in Helsinki, zu der erstmals wieder eine deutsche Mannschaft zugelassen war.[201]

Die Waldbühne war in den ersten Nachkriegsjahren, da der traditionelle Austragungsort „Sportpalast“ noch in Trümmern lag, Schauplatz großer Boxveranstaltungen der Profis. Hier bestritt am 31. Oktober 1948 vor 20 000 Zuschauern das inzwischen 43 Jahre alte Boxidol Max Schmeling seinen letzten Kampf, indem er nach Punkten unterlag. Victor

Titelblatt des Programmheftes zu den am 13. und 14. September 1947 im Berliner Olympiastadion ausgetragenen und von den USA unterstützten 2. Leichtathletik-Europameisterschaften der Alliierten

Hackenberger, der Schmelings noch immer „vorbildlichen Stil" lobte, schrieb im „Tagesspiegel": „Nach seinem verlorenen Kampf gegen Richard Vogt in der Berliner ‚Waldbühne' erklärte Max Schmeling, daß die Begegnung mit dem deutschen Halbschwergewichtsmeister sein letzter Kampf gewesen sei. Der frühere Weltmeister hatte nunmehr erkannt, daß ein come back, wie er es sich vorstellte, in seinem Alter nicht möglich ist. Nach der Erklärung des bedeutendsten deutschen Boxers früherer Jahre verstummten auch die Unzufriedensten, und Beifall begleitete Schmeling auf seinem letzten Gang vom Ring zur Kabine."[202]

Die sonstigen Veranstaltungen der Nachkriegszeit im Olympiastadion und in der Waldbühne waren eine illustre Mischung von evangelischen und katholischen Kirchentagen (1951 und 1958 bzw. 1952 und 1958), Heimatvertriebenentreffen, politischen Kundgebungen und so genannten Bunten Nachmittagen („Tag der Sensationen" 1952-1953, „Der große Tag" 1953-1960). Eine feste Größe im jährlichen Veranstaltungsreigen bildete auch die von 1951 bis 1970 durchgeführte „Große Polizeischau". So unterschiedlich die Anlässe und Programminhalte dieser Großereignisse sich auch darstellten, eines war allen gemein: das demonstrative Bekenntnis zur „Wiedervereinigung in Freiheit und Selbstbestimmung".

Der gesellschaftliche Wandel, der die sechziger Jahre bestimmte, spiegelte sich sowohl im sportlichen als auch im kulturellen Veranstaltungskalender für das Olympiastadion und die Waldbühne wider. Mit der Einführung der Bundesliga 1963/64 waren endgültig die Voraussetzungen für eine Professionalisierung des populären Breitensports Fußball geschaffen, wobei sich Berliner Vereine allerdings lange schwer taten. „Hertha BSC", nur Fußballvizemeister der Vertragsliga Berlin, aber wegen der besseren wirtschaftlichen Voraussetzungen zum „Gründungsmitglied" der neuen Liga erkoren, verlegte seine Heimspiele von seinem nicht bundesligatauglichen Sportplatz an der „Millionenbrücke" im Wedding in das Olympiastadion, musste aber bereits nach der zweiten Saison wegen Verstoßes gegen die Bundesligastatuten zwangsweise absteigen. Der Neuköllner Verein „Tasmania 1900", kurzfristig für „Hertha BSC" nachgerückt, gewann zwar sein erstes Bundesligaspiel der Saison 1965/66 im fast ausverkauften Olympiastadion vor über 80 000 Zuschauern gegen den „Karlsruher SC" mit 2:0. Doch das sollte bis zum Schlusstag der einzige Sieg bleiben, so dass im weiteren Verlauf der Saison immer weniger Fans kamen und zum Ende hin nur noch einige Unentwegte ins Olympiastadion fanden. „Hertha BSC" gelang dann 1968 der Wiederaufstieg in die Bundesliga und ein

Feuerwerk im Schwimmstadion zum Abschluss der „Vorolympischen Festtage" in Berlin vom 20. Juni bis 6. Juli 1952

erster sportlicher Höhenflug. Zweimal in Folge – in der Saison 1969/70 und 1970/71 – konnte der Tabellenplatz drei erreicht werden.

Boxveranstaltung in der voll besetzten Waldbühne, Aufnahme um 1955

Geradezu fundamental war der Programmwechsel, der sich in diesem Zeitraum in der Waldbühne vollzog. Noch zum Beginn des Jahrzehnts, am 21. August 1960, veranstaltete die sozialdemokratisch ausgerichtete Zeitung „Telegraf" unter dem Motto „Das wird ja prima!" eine große Jugendveranstaltung, deren „Stars" die Banjo-Boys „Jan und Kjeld" aus Kopenhagen und die deutschen „Schallplattenmillionäre" der fünfziger Jahre „Friedel Hensch und die Cyprys" mit ihren Hits „Egon, ich hab ja nur aus Liebe zu dir" und „Der Mond von Wanne-Eickel" waren. Im bunten Rahmenprogramm trat u. a. die Kunstturnriege der Berliner Polizei auf und beim „11-Meter-Torschießen der Prominenz" hütete der bekannte Quizmaster Hans Rosenthal das Tor.

Als dann ab 1962/63 Rock- und Popmusik britischer Bands die Jugend begeisterte und die Spitzenplätze der internationalen Charts erstürmte, schickten Manager und Schallplattenfirmen die namhaftesten Bands auf Welttourneen. Die mit der Organisation betrauten Konzertveranstalter wagten allerdings nur für die seinerzeit populärsten Rockbands die ganz großen Arenen zu buchen. Bands wie „The Spencer Davis Group" oder „The Jimi Hendrix Experience" mussten sich in Berlin mit dem „Sportpalast" oder der „Neuen Welt" an der Hasenheide begnügen. In der Waldbühne trat als erste die britische Rockband „The Kinks" auf. Zum Höhepunkt sollten die Konzerte der „Rolling Stones" am 15. September 1965 in der Waldbühne und ein geplanter Auftritt der „Beatles" im Frühjahr 1966 im Olympiastadion werden. Doch verlief es anders als geplant. Angefacht durch eine Pressekampagne der Boulevard-Zeitungen „Bild" und „BZ" kam es beim ausverkauften Konzert der „Rolling Stones" zu schweren Tumulten und erheblichen Sachbeschädigungen.[203] Als Konsequenz verzichteten in den folgenden Jahren einige Konzertagenturen auf Berlin als Tourneestation. Für das „Beatles"-Konzert stand das Olympiastadion seitens der öffentlichen Verwaltung nicht mehr zur Verfügung; die Band trat während ihres Deutschlandbesuches 1966 nur in Hamburg, München und Münster auf, nicht aber in Berlin.

Platz am Glockenturm, Hebung der 1947 vergrabenen Olympia-Glocke am 16. Dezember 1956

Da man sich nicht über die Übernahme der Kosten für die Schadensbeseitigung nach dem „Rolling Stones"-Konzert einigen konnte – erste Schätzungen bezifferten sie auf 300 000 bis 400 000 DM – fiel die Wald-

Eintrittskarte des legendären ersten „Rolling-Stones"-Auftritts in Berlin, 15. September 1965

bühne in einen „Dornröschenschlaf" und wurde erst vier Jahre später wieder instandgesetzt.

Auch in den siebziger Jahren bestimmte der Fußball das sportliche Geschehen im Olympiastadion. Allerdings mussten „Hertha BSC" und auch die anderen Bundesligavereine herbe Zuschauereinbußen hinnehmen, als 1971 am Ende der Saison der Präsident des abgestiegenen Fußballvereins „Offenbacher Kickers", Horst Canellas, sich zu Schmiergeldzahlungen zum Zweck der Manipulation von Spielen bekannte. Die weiteren Ermittlungen förderten schließlich das ganze Ausmaß der Verstrickungen von Spielern und Vereinen zu Tage und erschütterten die Bundesliga in ihren Grundfesten. Erst die im eigenen Land ausgetragene Fußballweltmeisterschaft 1974 glättete die Wogen wieder, zumal die Bundesrepublik Deutschland nach 1954 zum zweiten Mal den Titel erringen konnte.

Bei dieser Weltmeisterschaft trug die Mannschaft Chiles ihre Vorrundenspiele im Olympiastadion aus. Gegner waren hier Australien, die Bundesrepublik Deutschland und die DDR. Beim Spiel gegen die Bundesrepublik am 14. Juni 1974, das mit einem mühsamen 1:0-Sieg der deutschen Mannschaft endete, kam es im Stadion zu massiven Protesten gegen die chilenische Militärdiktatur („Chile si, Junta no!"). Ein großes Polizeiaufgebot beschlagnahmte die gezeigten Transparente und nahm zahlreiche protestierende Zuschauer fest.

Zum größten sportlichen Ereignis seit den Olympischen Spielen von 1936 wurden die vom 18. bis 28. August 1978 ausgetragenen „III. Weltmeisterschaften im Schwimmen, Springen, Wasserball und Kunstschwimmen", die über 75 000 Zuschauer besuchten. Mit Rücksicht auf die DDR und die übrigen Ostblockstaaten war das Eröffnungszeremoniell eingebettet in die Programmabfolge des gleichzeitig beginnenden Internationalen Stadionfestes der Leichtathleten (ISTAF). Auch durfte die Berliner Fahne nicht wie üblich am oberen Stadionrand neben der Fahne der Bundesrepublik gehisst werden, sondern wehte unten im Stadion separat neben der des Weltschwimmverbandes FINA. Mit Abstand erfolgreichste Nation bei den Titelkämpfen im Schwimmen waren die USA, die sich noch bei beiden vorangegangenen Weltmeisterschaften ein Kopf-an-Kopf-Rennen mit der DDR um den ersten Platz geliefert hatten. Die Aktiven aus den USA konnten von den insgesamt 36 Disziplinen allein 23 für sich entscheiden.

Die Waldbühne blieb auch nach der zwischenzeitlich erfolgten Instandsetzung noch lange Zeit verwaist. Als die „Rolling Stones" zu ihrem zweiten „einmaligen" Gastspiel am 16. September 1970 in Berlin eintrafen, spielten sie – frei von Krawallen – in der „Deutschlandhalle". Doch allmählich, nicht zuletzt durch Peter Schwenkows „Concert Concept Veranstaltungs GmbH", entwickelte sich die Waldbühne zu der Open-Air-Location Berlins, in der alle Pop-und Rockgrößen, angefangen von Wolfgang Niedeckens „BAP" über Bob Dylan, Eric Clapton, Joe Cocker bis hin zu Rod

Stewart ihren zumeist umjubelten Auftritt hatten. Auch Mick Jagger mit seinen „Stones“ durfte fast 17 Jahre nach seinem ersten Auftritt wieder in der Waldbühne spielen. Daneben fanden dort Klassik-Konzerte mit den Berliner Philharmonikern statt und das „Kino in der Waldbühne“ zeigte die Filmhits vorangegangener Spielzeiten vor Tausenden von Zuschauern.

Eine Veranstaltung besonderer Art erlebten die Zuschauer im Dezember 1977 im Olympiastadion, als die Schaubühne am Halleschen Ufer in der Bearbeitung und Inszenierung von Klaus Michael Grüber die „Winterreise“ von Friedrich Hölderlin zur Aufführung brachte. Die Spielszenen bezogen das gesamte Stadionoval mit ein. Plätze für die Zuschauer, die sich zu dem Schauspiel notwendigerweise warm anziehen mussten, waren nur auf der Südseite im Bereich der Haupttribüne vorgesehen worden.

Olympiastadion, Demonstration auf den Zuschauerrängen gegen das Militärregime Augusto Pinochets während des Fußballweltmeisterschaftsspiels Bundesrepublik Deutschland-Chile am 14. Juni 1974

Die von den in Berlin stationierten britischen Militäreinheiten bis zu ihrem Abzug alljährlich zelebrierten offiziellen Geburtstagsparaden für Elisabeth II. waren die nach London wichtigsten der „Royal Army“. Nachdem 1952 die Britische Militärregierung ihren Sitz und die Streitkräfte ihr Hauptquartier vom Fehrbelliner Platz auf das Sportforumsgelände verlegt hatten, fanden die Truppenparaden anfangs auf dem Olympischen Platz statt, um dann, der Bedeutung entsprechend, auf das Maifeld überzuwechseln. Bei ihren drei Besuchen in Berlin 1965, 1978 und 1987 nahm die Königin persönlich, aber – anders als in London – „in Zivil“ die Geburtstagsparaden

Geburtstagsparade der Britischen Schutzmacht in Berlin für Königin Elisabeth II. auf dem Maifeld am 15. Juni 1974

Olympiastadion, Aufführung der Schaubühne am Halleschen Ufer von Friedrich Hölderlins „Winterreise" in der Bearbeitung von Klaus Michael Grüber am 13. Dezember 1977

ab. Bei ihrem 1987, aus Anlass der 750-Jahr-Feier Berlins erfolgten Besuch beobachteten 30 000 Zuschauer von den Tribünen des Maifeldes das Militärspektakel, zu dem die Queen in einem eigens eingeflogenen, von vier Pferden gezogenen offenen Landauer vorfuhr. Der einstündigen Parade von rund 1 000 Soldaten und über 100 Fahrzeugen schloss sich ein Empfang für 1500 geladene Gäste im Britischen Hauptquartier an.

Anfang der achtziger Jahre begann die sportliche Talfahrt von „Hertha BSC", als die Mannschaft am Ende der Saison 1979/80 nur aufgrund der um zwei Treffer schlechteren Tordifferenz absteigen musste. Damit sank auch die Bedeutung des Olympiastadions als Austragungsort großer Fußballveranstaltungen. Zwar gelang 1982 noch einmal der Wiederaufstieg in die 1. Bundesliga, doch am Ende der Saison bedeutete der letzte Tabellenplatz den erneuten Abstieg in die zwischenzeitlich gegründete 2. Bundesliga. Auch diese Liga konnte nicht gehalten werden. Zwei Spielzeiten lang, von 1986 bis 1988, kickte „Hertha BSC" nur in der dritten Spielklasse, der Oberliga Berlin, und musste nun statt gegen „Bayern München" oder den „Hamburger SV" gegen die Ortsnachbarn „Rapide Wedding" oder „Hertha Zehlendorf" um Punkte kämpfen. Erst mit der politischen Wende setzte der sportliche Erfolg wieder ein. Zum ersten Zweitliga-Spiel

Der „Zehnkämpfer" von Georg Kolbe im Lichthof des ehemaligen Hauses des Deutschen Sports vor den Fahnen britischer Regimenter, Aufnahme Januar 1992

nach dem Fall der Mauer am 11. November 1989 gegen „Wattenscheid 09“ kamen nach langer Durststrecke fast 45 000 Zuschauer in das Berliner Olympiastadion. Beflügelt auch durch die Hertha-Anhänger aus Ost-Berlin und dem Umland, belegte die Mannschaft am Ende der Saison den ersten Tabellenplatz und kehrte in die 1. Bundesliga zurück, wo man in der folgenden Spielzeit allerdings Letzter wurde, was den erneuten Abstieg bedeutete. Seit 1997 gehört „Hertha BSC“ wieder der höchsten deutschen Fußballliga an mit erfreulich großem Zuschauerzuspruch.

Schon ab Mitte der achtziger Jahre wurden alljährlich die DFB-Pokalendspiele im Olympiastadion ausgetragen. Die Eintrittskarten sind jedes Jahr heiß begehrt und rasch vergriffen. 1993 gelang den als „Hertha-Bubis“ bezeichneten Amateuren des Vereins sensationell der Sprung in das Endspiel, wo gegen den renommierten Bundesligaverein „Bayer 04 Leverkusen“ vor 76 000 Zuschauern nur knapp mit 0:1 verloren wurde.

Zu den herausragenden außersportlichen Ereignissen der neunziger Jahre zählten im Olympiastadion zwei weitere, restlos ausverkaufte Konzerte der „Rolling Stones“. Bei ihrem 1990 stattfindenden Auftritt hatten hierbei auch die Fans aus der noch existenten DDR Gelegenheit, die Band erstmals „live“ zu erleben.

Nicht nur für Katholiken schließlich war der Deutschland-Besuch von Papst Johannes Paul II. von Bedeutung, bei dem er anlässlich seines Berlin-Aufenthaltes am 26. Juni 1996 im Olympiastadion die Seligsprechung von zwei in der ehemaligen Reichshauptstadt im Widerstand wirkenden Geistlichen, Karl Leisner und Domprobst Bernhard Lichtenberg, verkündete, die von den Nazis in Konzentrationslagern ermordet worden waren.

Im Beisein des damaligen Premierministers John Major verabschiedete der Regierende Bürgermeister von Berlin, Eberhard Diepgen, die britischen Streitkräfte und enthüllte zugleich eine Gedenktafel auf dem Vorplatz vor dem ehemaligen Hauptquartier am 8. September 1994

Entsprechend den vertraglichen Regelungen zogen bereits im Laufe des Jahres 1994 die letzten Soldaten der Siegermächte des Zweiten Weltkrieges aus dem wiedervereinigten Deutschland ab. Die drei Westalliierten wurden am 8. September in Berlin mit einer großen Parade und einer Festveranstaltung im Schauspielhaus am Gendarmenmarkt verabschiedet. Im Rahmen dieser Feierlichkeiten enthüllte auf dem Adlerplatz vor dem Haus des Deutschen Sports der britische Premierminister John Major gemeinsam mit dem Regierenden Bürgermeister von Berlin, Eberhard Diepgen, eine Gedenktafel. Mit diesem Akt endete nach fast 50 Jahren die Militärpräsenz Großbritanniens auf dem ehemaligen Reichssportfeld in Berlin.

Olympiastadion nach der zur Realisierung vorliegenden Ausführungsplanung von gmp'p Planungsgemeinschaft Olympiastadion Berlin, Computersimulation vom Innenraum mit der zum Marathontor hin geöffneten Dachkonstruktion

Planungen und Ausblick

„Das Olympiastadion wird als Baudenkmal instandgesetzt und für eine multifunktionale Nutzung sowohl für Leichtathletik, als auch für professionellen Fußball und Großveranstaltungen modernisiert. Der Zielkonflikt zwischen den entgegengesetzten Erfordernissen von Denkmalschutz und Modernisierung einerseits sowie Multifunktionalität und Fußball-Arena andererseits wird durch den vorliegenden Entwurf zu einer betrieblich geeigneten Synthese verwandelt.“
(Volkwin Marg: Sanierung und Modernisierung Olympiastadion, in: Baukammer Berlin 4/1999)

Marathontor, über dem Tunneleingang Werbung für „Olympia Berlin 2000", Aufnahme Januar 1992

Die (später kläglich gescheiterte) Olympiabewerbung Berlins für das Jahr 2000 rückte das ehemalige Reichssportfeld zu Beginn der neunziger Jahre ins Zentrum der Interessen und Begehrlichkeiten. Sie war Anlass, eine ganze Reihe von Gutachten und Untersuchungen zu den weiträumigen Sportanlagen in Auftrag zu geben. Bereits im Juni 1990 erhielt die Stuttgarter Firma Weidleplan vom Olympia-Büro Berlin den Auftrag, „hinsichtlich der Austragungsmöglichkeiten für verschiedene Sportarten und Veranstaltungen auf dem Olympiagelände“[204] eine Studie zu erstellen. Die dann im September 1990 vorgelegte Untersuchung enthielt ein generelles „Funktions- und Nutzungskonzept für das gesamte Olympische Gelände“ unter besonderer Berücksichtigung der räumlichen Beziehungen, der Erschließung der Einrichtungen und der Einbeziehung der vorhandenen Anlagen, ein olympisches „Grobprogramm für das Stadion“ unter dem Aspekt inwieweit die vorhandenen Flächen des Olympiastadions hierfür ausreichen sowie ein „Grobprogramm für die neu zu planende Mehrzweckhalle“ für 8 000 bis 10 000 Zuschauer.

Im gleichen Jahr wurde die Bürogemeinschaft ÖKOplan mit der Erstellung einer „Landschaftsplanerischen Tragfähigkeitsanalyse“ beauftragt. Untersucht werden sollte u.a. die Empfindlichkeit des Raumes gegenüber Eingriffen in den Naturhaushalt und das Landschaftsbild, die Möglichkeiten zur Minimierung bzw. Vermeidung dieser Maßnahmen sowie die Voraussetzungen sowie Gegebenheiten für Ausgleichs- und Ersatzmaßnahmen.[205]

Da sich sehr schnell offenbarte, dass die Planungsvorbereitungen für die Olympischen Spiele 2000 nicht von dem politischen Hintergrund und der damit verbundenen Baugeschichte des Austragungsortes von 1936 zu trennen waren, wurde auf Anraten und Drängen des Landeskonservators und der Gartendenkmalpflege im November 1991 ein Gutachten vergeben, das sich in umfassender Weise der Bau- und Nutzungsgeschichte des Areals widmen sollte. Als Auftraggeber fungierte die Senatsverwaltung für Stadtentwicklung und Umweltschutz vertreten durch die bei der

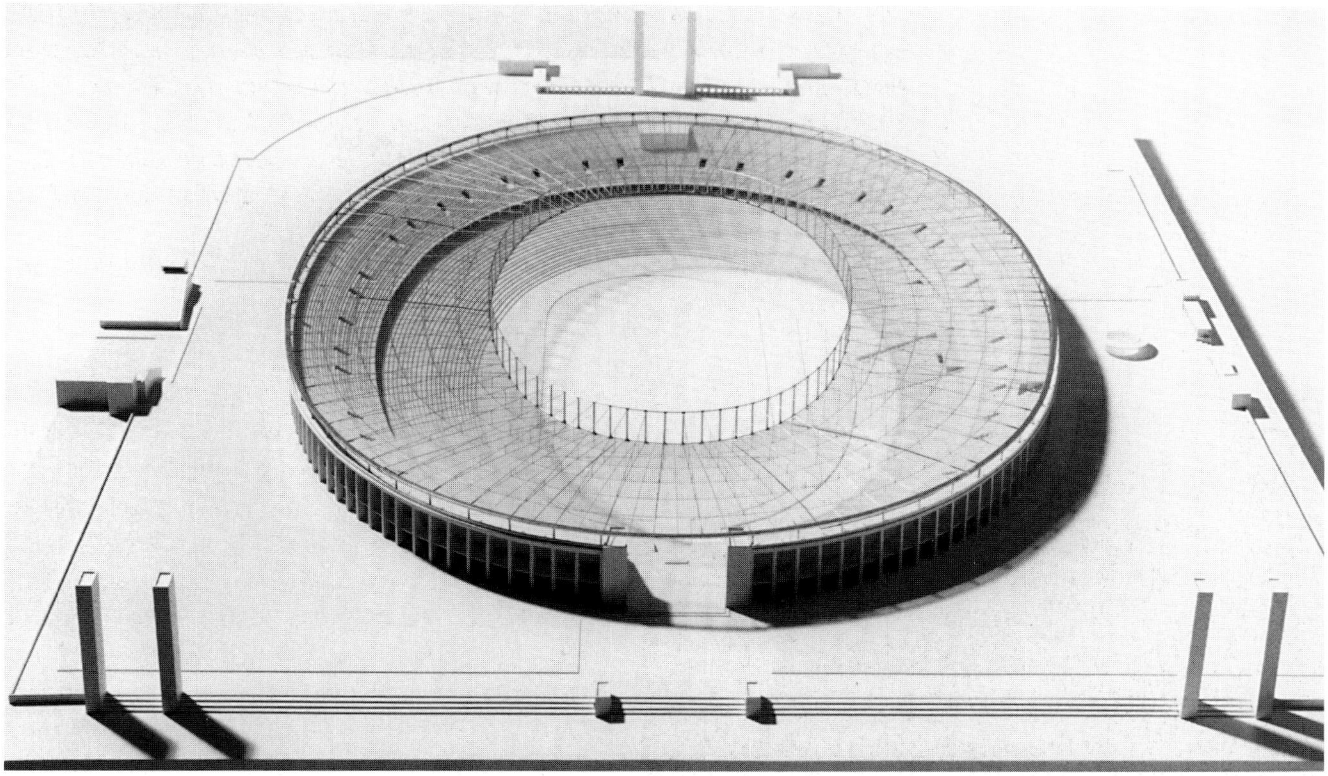

Olympiastadion, Vorschlag der Weidleplan Consulting GmbH zur Gesamtüberdachung der Tribünen, Variante „Speichenrad", Februar 1992

Abteilung VI gebildeten Gruppe „Olympiaplanung". Auftragnehmer war wegen der Komplexität der Aufgabe, die politische, bauliche, gartengestalterische und nutzungsgeschichtliche Aspekte umfasste, eine interdisziplinäre Arbeitsgemeinschaft, der neben den beiden Buchautoren des federführenden Büros für Architektur- und Stadtforschung Berlin der Garten- und Landschaftsarchitekt Reinald Eckert sowie die Kunsthistorikerin Annette Tietenberg angehörten. Nach weniger als einem halben Jahr konnte dem Auftraggeber schließlich eine dreibändige Expertise[206] vorgelegt werden, die zugleich die erste Grundlagenforschung zur Entstehung, zur Nutzung und zum Bestand der Anlage darstellte.

Schließlich wurde Weidleplan parallel dazu noch mit einer ergänzenden Studie über den stufenweisen Um- und Ausbau des Olympiastadions beauftragt. In der bereits im Februar 1992 vorgestellten Voruntersuchung hatte man erstmals vier Alternativen[207] für eine Vollüberdachung der Tribünen erarbeitet und nach Abstimmungsgesprächen mit dem „Olympiabüro" zwei Alternativen (Variante 1: „Speichenrad" als vorgespannte Seilkonstruktion und Variante 2: Hängedachkonstruktion, abgespannt über vier außen stehende Stahlpylone) für die weitere Bearbeitung ausgewählt.

Darüber hinaus wurden weitere Gutachten zum geplanten, dem ehemaligen Reichssportfeld benachbarten Olympischen Dorf in Ruhleben sowie zu Einzelfragen von „Fauna und Flora" der beiden aneinander grenzenden Areale vergeben.

Alle diese Arbeiten und deren Erkenntnisse fanden Eingang in ein von der Senatsverwaltung für Stadtentwicklung und Umweltschutz koordiniertes „Kooperatives Gut-

Gesamtkonzept Olympiagelände, Ergebnis eines von der Senatsverwaltung für Stadtentwicklung und Umweltschutz anläßlich der Olympiabewerbung durchgeführten kooperativen Gutachterverfahrens, Titelblatt mit Konsenslösung, September 1993

achterverfahren", welches in zweistufiger Form in den Jahren 1992/93 veranstaltet wurde. Die Ergebnisse dieses Gutachterverfahrens mit dem Titel „Olympisches Dorf und Olympiagelände" fasste eine Broschüre[208] zusammen, die im ersten Teil neben der Darstellung des städtebaulichen Kontextes die Ergebnisse der einzelnen Gutachten in verkürzter Form zum Inhalt hatte und mit der Schlußfolgerung im Hinblick auf weitere Planungsstadien endete: „Die Verfasser der umfangreichen Dokumentation zur Geschichte des ehemaligen Reichssportfeldes kommen zu mehreren Überlegungen, die sich auf die Rolle der Baugeschichte und der Denkmalpflege für die Planungen der Olympischen Spiele 2000 beziehen. Denn die Denkmalpflege spielt angesichts der Geschichte des Standortes eine wichtige Rolle im planerischen Abwägungsprozess. Um diese Herausforderung ausfüllen zu können, ist eine klare gesellschaftspolitische Prämisse für den Umgang mit den Monumenten des nationalsozialistischen Unrechtssystems notwendig. Bei einer weiteren Verdrängung würden die Spiele zwangsläufig durch die Vergangenheit eingeholt werden.

Erforderlich wird also ein behutsamer, den inhaltlichen Zusammenhang nicht überdeckender Umgang mit den Geschichtsdokumenten des ehemaligen Reichssportfeldes. Auch eine ‚Geschichte der Verdrängung' nach 1945 und deren bauliche Manifestierung ist Thema einer solchen historischen Reflexion. Eine ‚selektive Erinnerung' an die Spiele von 1936 wird weder der Geschichte insgesamt noch der Geschichte des Standortes gerecht. [...]

Im baulichen Bereich sind aufgrund der Geschichtsträchtigkeit des Geländes temporäre An- und Umbauten zu bevorzugen. Feste Neubauten dürfen das Raumgefüge mit seinen Blickachsen und Höhenentwicklungen nicht beeinträchtigen. Auch ohne die Spiele im Jahre 2000 werden Sanierungen der Anlagen (z.B. nach dem Abzug der Briten) notwendig werden. Dies betrifft zum Beispiel das Stadion selbst, aber auch den Bereich des Deutschen Sportforums und den wiederherzustellenden Grüngürtel rund um das ehemalige Reichssportfeld. Alle diese Maßnahmen haben sich am baulichen und landschaftsgestalterischen Charakter des Areals zu orientieren."[209]

Der zweite Teil der Dokumentation, zu dem fünf Arbeitsgemeinschaften, bestehend aus Architekten und Landschaftsarchitekten[210] eingeladen waren, umfasste die zeitliche und inhaltliche Wiedergabe des Verfahrensablaufes in Zwischenschritten und Endergebnissen. Die Endergebnisse des Verfahrens wurden von der „Freien Planungsgruppe Berlin (FPB)", der die inhaltliche und organisatorische Koordination des Verfahrens oblag, zusammengefasst und zur Vorbereitung von Bebauungsplänen in entsprechender Darstellung aufgezeichnet. Dort heißt es: „Auf Grundlage dieses zusammengefaßten Konzeptes für das Olympische Dorf und des vorgestellten Konzeptes für das Olympische Gelände Charlottenburg-Ruhleben insgesamt sowie der einzelnen Planungsabschnitte werden die Bezirke Spandau und Charlottenburg Aufstellungsbeschlüsse für Bebauungs- und Landschaftspläne fassen. Die Planungen zumindest für das Wohnquartier an der Charlottenburger Chaussee werden auch dann verfolgt werden, wenn Berlin für die Durchführung der Olympischen Spiele 2000 keinen Zuschlag erhalten sollte."[211]

Da Berlin bekanntermaßen bei der Entscheidung im September 1993 leer ausging, gerieten alle bis dahin erarbeiteten Planungskonzepte zur Makulatur und auch das erwähnte Olympische Dorf, welches später als normales Wohnquartier genutzt werden sollte, kam über das Planungsstadium nicht hinaus. (Schon im Vorfeld der Kandidatur Berlins hatten übrigens am 5. Januar 1992 Gegner der Bewerbung, die sich „Kommando Lutz Grüttke" nannten, aus dem Olympiastadion die an der Nordseite des Marathontores angebrachte Gedenktafel für Carl Diem entwendet und forderten einen Verzicht auf die Bewerbung.[212] Sollte die Forderung nicht binnen zehn Tagen erfüllt sein, drohten die Olympiagegner, werde die Tafel eingeschmolzen. Tatsächlich ist sie bis zum heutigen Tag nicht wieder aufgetaucht. Das verschollene Portraitrelief wurde später durch einen Nachguss ersetzt.)

Obwohl die Spiele 2000 nicht nach Berlin vergeben wurden, bestand im Hinblick auf das ehemalige Reichssportfeld weiterhin ein erheblicher Instandsetzungsbedarf. Die Situation verschärfte sich noch dadurch, dass nach Abzug der Briten am 30. September 1994 weite Teile des ehemaligen Sportforums leerstanden, weil offensichtlich im Taumel der Olympiabewerbung versäumt worden war, rechtzeitig ein langfristiges Konzept zu dessen Nutzung vorzubereiten.

Diesem Mangel versuchte die Senatsverwaltung für Stadtentwicklung und Umweltschutz dergestalt abzuhelfen, dass sie ein weiteres Gutachten mit der Zielsetzung beauftragte, „ein Konzept für eine funktionierende Großsportanlage mit einem breiten Angebotsspektrum für den institutionellen und individuellen Sport sowie mit zukunftsorientierten Angeboten zur Freizeitgestaltung zu entwickeln."[213] Dieses Konzept wurde in einem „gutachterlichen Prozeß" von den Firmen Persy·Symbios, Basel, und GMF, Neuried/München, im Herbst 1994 aus programmatischen und baulichen Vorgaben zur Gestaltung des „Neuen Olympia Parks" erarbeitet und auf seine wirtschaftlichen Konsequenzen überprüft und zeitgleich durch das Architekturbüro Müller Reimann Scholz (Berlin) und das Landschaftsplanungsbüro Kiefer (Berlin) auf seine räumliche und architektonische Umsetzungsfähigkeit untersucht.[214] Die Verfasser konnten dabei an die erarbeiteten Konzepte anknüpfen, die im Rahmen der Olympiabewerbung von mehreren Architektur- und Landschaftsplanungsbüros im weiter oben bereits erwähnten „Kooperativen Gutachterverfahren Olympisches Dorf und Olympiagelände" entwickelt worden waren. „So erlaubte die damalige ausführliche Grundlagenermittlung in Form von historischen, städtebaulichen, infrastrukturellen und zahlreichen ökologischen Gutachten, bei dem vorliegenden Gutachten den Schwerpunkt auf die Formulierung von Zielkonzepten zu legen."[215] Formuliert wurde für das „weltweit einzigartige Sport- und Geschichtsdenkmal"[216] das Konzept eines „Neuen Olympia Parks Berlin", wobei „das historische Erbe nicht als Restriktion für neue Nutzungen auf dem Olympiagelände zu verstehen (sei), sondern als Chance für die Entwicklung eines charakteristischen Parks, der sich im Gedächtnis der Besucher einprägt."[217] Dafür müssten jedoch die wesentlichen historischen Bezüge zwischen Freiräumen und Gebäuden beibehalten werden.

Nach den Vorstellungen der Gutachter sollten im Neuen Olympia Park vier „Nutzungsschichten" genannte Ebenen herausgearbeitet werden, die sich teilweise überlagern:

1. Sport- und Veranstaltungspark
2. Historische Themen
3. Freizeitpark
4. Parkpark

Zur Durchführung und Betreibung des Neuen Olympia Parks erachteten Persy·Symbios/GMF ein „übergeordnetes Parkmanagement" als notwendig, wobei die „Zieldefinition" und die „Zielkontrolle", also die oberste Entscheidungsgewalt über das Gesamtgelände beim Land Berlin verbleiben müsse. Denn „der größte Teil der vorhandenen Anlagen wird auch in Zukunft öffentlich betrieben werden, da Anlagen, wie z. B. das Olympiastadion, nicht mit dem Ziel der Gewinnerwirtschaftung zu führen sind"[218].

In der folgenden Zeit tat sich dann vergleichsweise wenig. Das Persy·Symbios/GMF-Konzept blieb ohne Folgen. Der Bund und das Land Berlin beschränkten ihre Aktivitäten im Wesentlichen darauf, darüber zu streiten, wieviel Geld der Bund als Eigentümer für die Übertragung der gewichtigen Immobilie auf das Land Berlin verlangen könnte (gefordert war ein Kaufpreis von 166 Millionen DM) bzw. wieviel Berlin zu zahlen bereit wäre. Der damalige Berliner Bausenator Jürgen Klemann

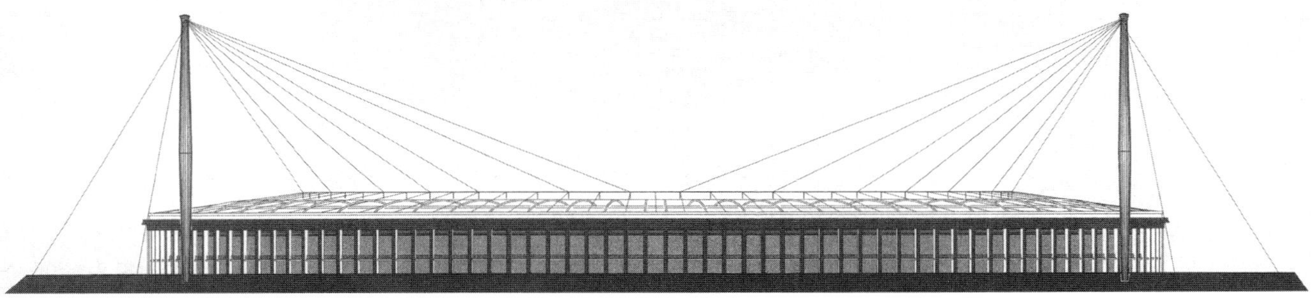

Olympiastadion, Vorschlag der Planungsgemeinschaft Deyle-Bung zur Stadionüberdachung , Variante 1: Lastabtragung über vier Einzelpylone, Juni 1996

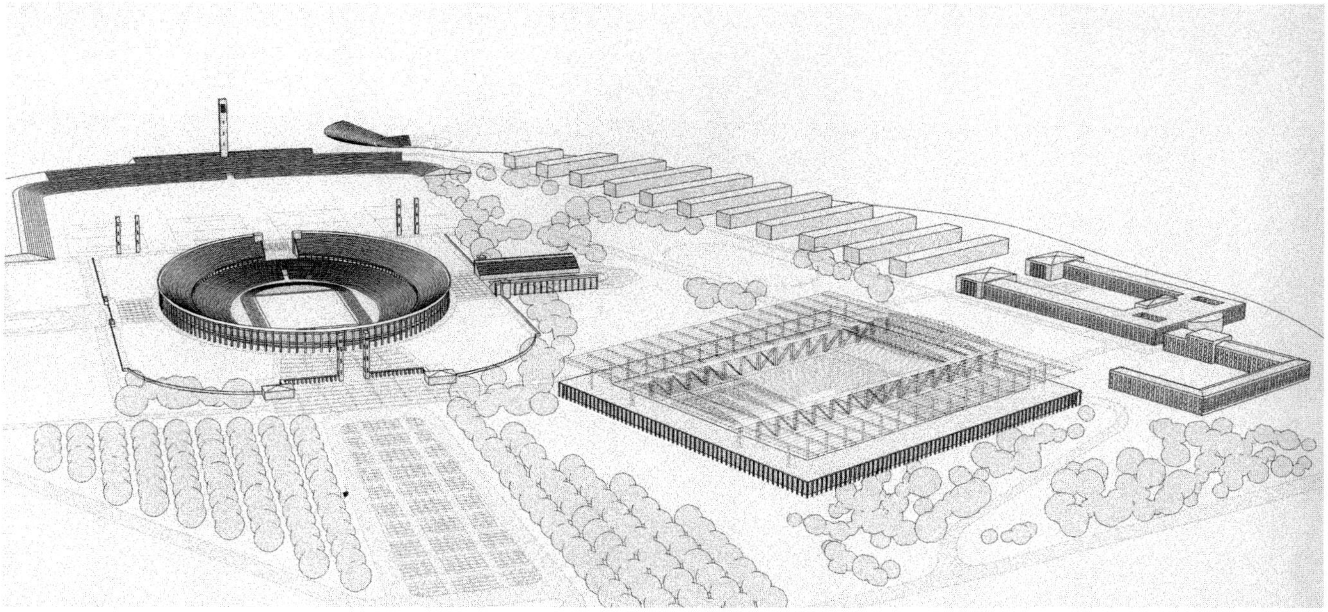

Sanierung des Olympiastadions und Neubau einer überdachten reinen Fußballarena auf dem Platz des Hockeystadions, Vorschlag der Architekten Jürgen Sawade und Jonas Krigar, Mai 1998

bezeichnete dabei selbst die symbolische Überschreibung für eine Mark, angesichts der seinerzeit auf 200 bis 300 Millionen Mark geschätzten Sanierungskosten allein für das Olympiastadion, als ein „Danaergeschenk".

Zum Jahresende 1995 wurde dann europaweit die Planung und Ausführung der Sanierungsmaßnahmen ausgeschrieben. Die Entscheidung sollte im März 1996 fallen. Die Verantwortlichen hofften, wenn alles „normal" abliefe, mit der Generalüberholung nach dem Finale um den Deutschen Fußballpokal im Sommer 1997 beginnen zu können. Denn nach einer veranschlagten Bauzeit von drei bis vier Jahren wollte man sich mit einem modernisierten neuen Stadion beim Internationalen Leichtathletikverband nun um die Weltmeisterschaften 2001 oder 2003 bewerben.

In Folge der Ausschreibung erhielt schließlich am 19. Juli 1996 die Planungsgemeinschaft Deyle-Bung (Berlin) auf der Grundlage ihres Angebotes vom 18. März 1996 von der Senatsverwaltung für Schule, Jugend und Sport den Auftrag, eine Planungskonzeption für die Sanierung und Modernisierung des Olympiastadions zu erstellen. Das im Dezember 1996 fertiggestellte umfangreiche „Konzeptpapier" bezog neben dem Stadion die Kassenanlagen, die Torhäuser und die Tortürme, den großen und den kleinen Marchhof mit Erschließungstunnel sowie den Sportlertunnel zum August-Bier-Platz auf dem Gelände des ehemaligen Sportforums[219] mit ein. Weitere von Deyle-Bung erstellte Instandsetzungskonzepte betrafen das Maifeld mit den Tribünenanlagen und das Schwimmstadion.

Bezüglich des Olympiastadions errechnete Deyle-Bung einen Instandsetzungsaufwand von nunmehr 415 Millionen Mark, zudem noch Modernisierungskosten in Höhe von 245 Millionen Mark hinzukämen. Allein für die Überdachung der Zuschauertribünen waren Kosten in Höhe von 146 Millionen Mark veranschlagt. Die dabei erarbeiteten Überdachungsformen – den von Weidleplan vier Jahre zuvor vorgestell-

Olympiastadion Berlin, Auswahlverfahren zum Ausbau der Sportstätte, in die engere Auswahl genommener Vorschlag des Büros Müller Reimann Architekten mit einer die Sichtachse zum Glockenturm beeinträchtigenden Dachkonstruktion, November 1998

ten Varianten nicht unähnlich – wurden dann auch zum Gegenstand von Abstimmungsgesprächen mit dem Landesdenkmalamt (LDA), wobei „nochmals übereinstimmend" festgestellt wurde, „dass eine Überdachung des Olympiastadions aus denkmalpflegerischer Sicht unter gar keinen Umständen befürwortet werden kann, da alle vorgestellten Alternativen mit schwerwiegenden Schädigungen bzw. Beeinträchtigungen des Baudenkmals verbunden sind. Das Modell ‚Käseglocke' stellt aus denkmalfachlicher Sicht die größte Beeinträchtigung des Gesamterscheinungsbildes dar. Der von der Planungsgemeinschaft Deyle-Bung vorgestellte Kompromißvorschlag minimiert die Nachteile, aber auch die Vorteile der beiden erstgenannten Alternativen."[220]

Offensichtlich aufgeschreckt durch die für die Sanierung und Modernisierung des Olympiastadions nach Gutachterangaben erforderliche Summe von 660 Millionen Mark, suchte man nun eilig nach Auswegen. Der damalige Präsident des Landessportbundes Berlin (LSB) Manfred von Richthofen verstieg sich gar zu dem Vorschlag, das Olympiastadion verfallen zu lassen („Kolosseumlösung") und auf dem Maifeld ein 80 000 Zuschauer fassendes Fußballstadion zu errichten und rechnete vor, dass so 260 Millionen Mark eingespart werden könnten. Peter Strieder, der damalige Senator für Stadtentwicklung und Umweltschutz, präsentierte im August 1997 einen weiteren Vorschlag. Danach sollte das Olympiastadion „nur soweit hergerichtet werden, dass es vor dem Verfall bewahrt und unter Sicherheitsgesichtspunkten für Großveranstaltungen aus den Bereichen Sport und Kultur in den nächsten drei Jahrzehnten genutzt werden könne"[221]. Ein zweites neu zu bauendes „Spartenstadion" würde ganz auf die Bedürfnisse des Profifußballs ausgerichtet sein. Als Standort für ein neues überdachtes 70 000 Zuschauer fassendes Fußballstadion schlug er die erweiterte Fläche des Hockey-Stadions vor, was als einziges Stadion dieser Art in Deutschland damit liquidiert werden sollte. Den zum Vorschlag von

Stadtentwicklungssenator Strieder passenden Entwurf lieferten die Berliner Architekten Jürgen Sawade und Jonas Krigar, die anstelle des Hockey-Stadions ein in Nord-Süd-Richtung angeordnetes etwa 13 Meter tief in das Erdreich versenktes reines Fußballstadion mit verschließbarem Glasdach für bis zu 80 000 Zuschauer vorsahen. Das im Mai der Öffentlichkeit vorgestellte Entwurfskonzept sollte geschätzte Baukosten von etwa 250 Millionen Mark erfordern, die bei einem entsprechenden Betreibermodell privat finanzierbar seien.

Obwohl Persy·Symbios/GMF in ihrem differenzierten Gutachten von 1994 zu dem eindeutigen Ergebnis gekommen waren, dass der größte Teil der vorhandenen Anlagen des ehemaligen Reichssportfeldes, insbesondere auch nicht das Olympiastadion, mit dem Ziel der Gewinnerwirtschaftung zu führen sind, wurde zwischenzeitlich im November 1997 in sichtlicher Finanzierungsnot die Dr. Seebauer & Partner GmbH Management Consulting Group (München) von der Bundesrepublik Deutschland, vertreten durch das Bundesministerium der Finanzen, und dem Land Berlin, vertreten durch die Senatsverwaltung für Schule, Jugend und Sport, mit der Erarbeitung einer „Leitkonzeption für eine wirtschaftlich tragfähige Nutzung des gesamten Berliner Olympiageländes“ beauftragt. Formuliertes Ziel dieser weiteren Untersuchung war es herauszufinden, ob sich die Liegenschaften des „Berliner Olympiageländes“ für private Investitionen eignen. „Durch private Investoren und Betreiber soll eine multifunktionale Nutzung des Gesamtareals erreicht und ein für die Neustrukturierung des Geländes wirtschaftlich tragfähiges Konzept entwickelt werden. Dieses Konzept soll vorrangig dazu dienen, das Olympiastadion in Berlin zu sanieren und zu modernisieren, wobei außer der Zurverfügungstellung der Liegenschaften keine zusätzlichen öffentlichen Mittel bereitstehen“[222]. Der Bund und das Land Berlin, die sich mit der Suche nach einem privaten Investor ein weiteres Mal aus der Verant-

Olympiastadion Berlin, Auswahlverfahren zum Ausbau der Sportstätte, der zur Ausführung bestimmte Entwurf des Architekturbüros von Gerkan, Marg und Partner, Schnitt durch das Stadion-Oval, November 1998

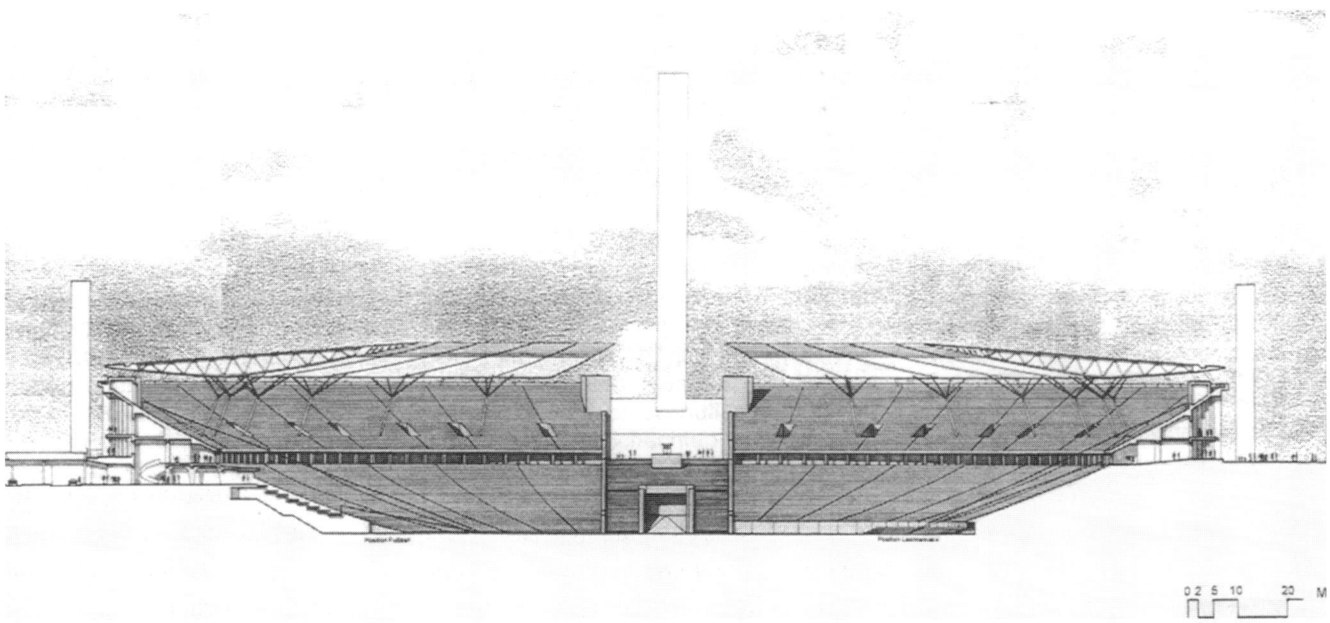

wortung für das denkmalgeschützte Gesamtareal bringen wollten, wurden jedoch arg enttäuscht, denn Dr. Seebauer & Partner kamen in ihrem angeblich 800 000 Mark teuren Gutachten[223] gleich nach der kurzen Gegenüberstellung von zwei untersuchten Alternativen (Gesamtveräußerung nach Abbruch aller Baulichkeit ausgenommen das Stadion/Errichtung eines Freizeit- und Erlebnisparks) schon nach wenigen Seiten zu den Ergebnis: „Gegen beide Nutzungsalternativen spricht jedoch neben der Zerstörung der historischen Bauwerks- und Geländesubstanz der Verlust eines einzigartigen Grünflächen-Ensembles ‚Grüne Lunge' für die Berliner Bevölkerung. Eine Lösung für die Stadionfrage wäre damit nicht gefunden. Sämtliche Sportstätten für Vereine, Schulen und Verbände würden entfallen. Die Gesamtveräußerung oder die Errichtung eines Freizeitparks werden daher nicht als sinnvolle Nutzungsalternativen angesehen."[224]

Nach langem Hin und Her beschloss der Berliner Senat in seiner Sitzung am 26. Mai 1998 schließlich und endlich die Sanierung des maroden Olympiastadions und den Ausbau zu einer multifunktionalen Arena mit einer Kapazität von bis zu 80 000 Zuschauern. Die geschätzten Kosten von ca. 700 Millionen sollten durch das Land, den Bund und private Finanzierungsmodelle aufgebracht werden.

Trotz der Senatsentscheidung hielten der damalige Stadtentwicklungssenator Peter Strieder, der Landessportbund Berlin und der Fußballklub „Hertha BSC" vorerst weiter am Bau eines reinen Fußballstadions auf dem Areal des Hockeystadions fest und bezweifelten insbesondere das vorgelegte Finanzierungskonzept.

Auf Zustimmung stieß die getroffene Senatsentscheidung bei den Architekten- und Ingenieurvereinigungen, die am 24. Juli 1998 in einer gemeinsamen Pressemitteilung erklärten: „Die [...] Verbände begrüßen die Senatsentscheidung vom 26.5.1998, das Olympiastadion denkmalgerecht zu sanieren. Wir begrüßen weiterhin die Ausschreibung des Wettbewerbes ‚Sanierung Olympiastadion Berlin' durch die Senatsverwaltung für Bauen, Wohnen und Verkehr vom 7.7.1998. Wir hoffen, dass damit nicht nur das Olympiastadion für internationale Fußball- und Leichtathletikveranstaltungen sowie für kulturelle Ereignisse gesichert wird, sondern dass die notwendigen Schritte unternommen werden, das historische Gesamtgelände dieses Sportparks mit seiner unvergleichlichen ökologischen, stadt- und landschaftsräumlichen Bedeutung der Öffentlichkeit endlich wieder zur Verfügung zu stellen. In der Öffentlichkeit wird noch nicht hinreichend reflektiert, dass das Olympiastadion Teil eines in Europa einzigartigen Ensembles ist und als Dokument der Sportentwicklung des frühen 20. Jahrhunderts gesichert werden muß."[225]

Den in der Pressemitteilung erwähnten Wettbewerb führten die beteiligten Senatsverwaltungen unter der Federführung der Senatsverwaltung für Bauen, Wohnen und Verkehr dann nicht als regulären Bauwettbewerb, sondern als „Verhandlungsverfahren" gemäß der „Verdingungsordnung für freiberufliche Leistungen (VOF)" durch. Dabei haben die Teilnehmer vorab als Bewerber ihre Fachkunde, Zuverlässigkeit und Leistungsfähigkeit, d.h. ihre Eignung für die gestellte und beschriebene Aufgabe nachzuweisen. Auf die europaweite Bekanntmachung des

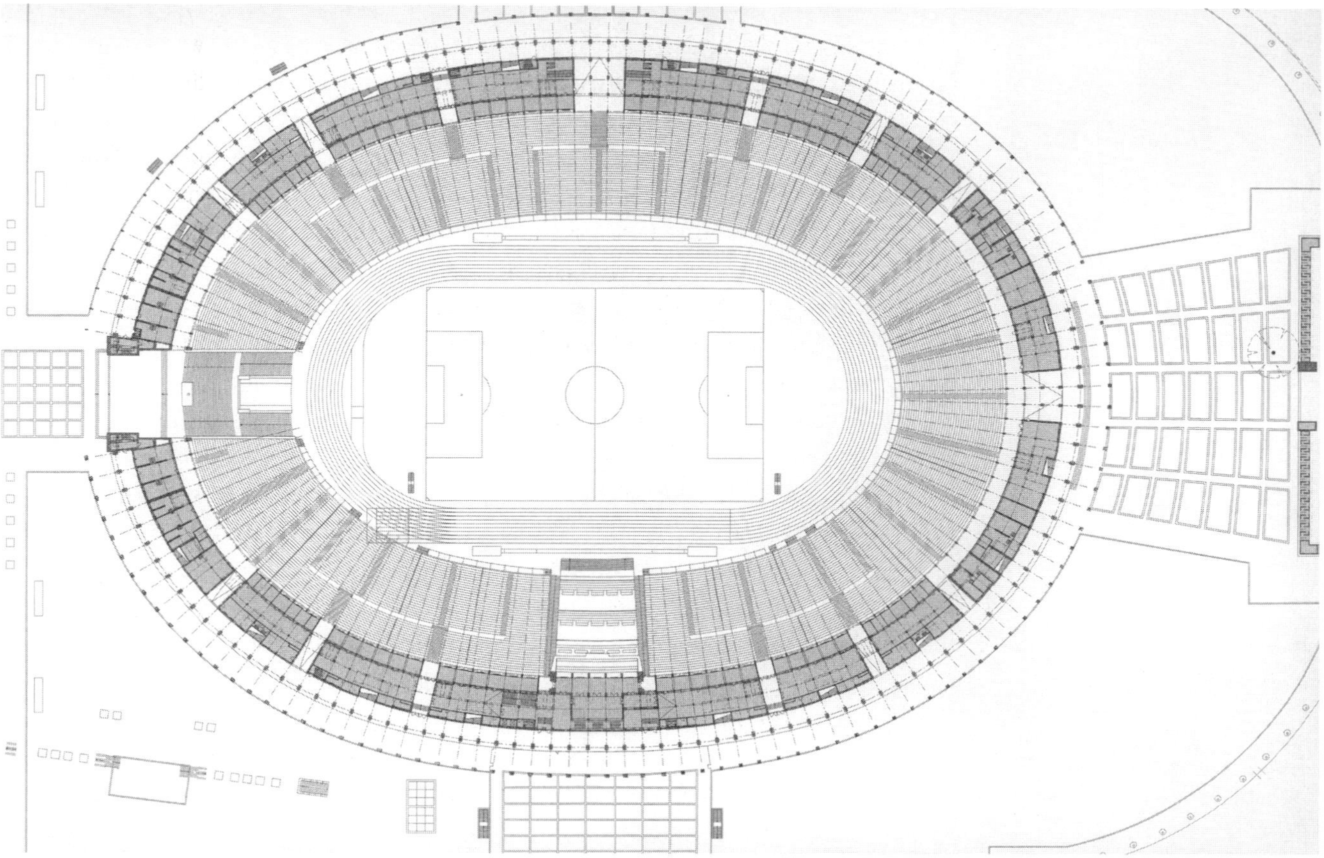

„Verhandlungsverfahrens gemäß VOF" hatten bis zum 31. Juli 1998 Interessierte Gelegenheit, ihre Anträge auf Teilnahme einzureichen.

Olympiastadion, Grundriss Ebene 0 der Ausführungsplanung von gmp'p Planungsgemeinschaft Olympiastadion Berlin, Mai 2000

Insgesamt gab es 57 Bewerbungen, wovon gemäß den Kriterien der Bekanntmachung schließlich zehn zur Teilnahme ausgewählt wurden. Neben den drei durch die Erstellung von Gutachten, Konzepten bzw. Planungen mit dem Areal bestens vertrauten Unternehmen Weidleplan Consulting GmbH (Stuttgart), Planungsgemeinschaft Deyle-Bung (Stuttgart/Berlin) und Müller Reimann Architekten (Berlin) waren dies die Generalplaner Großmann Ingenieure GmbH (Göttingen), Drees & Sommer GmbH (Berlin), NGM Architekten Nedelykov Granz Moreira (Berlin), Kleihues+ Kleihues Gesellschaft von Architekten mbH (Berlin), von Gerkan, Marg und Partner (Berlin), ACARDIS Grebner Ingenieure Beteiligungsgesellschaft mbH (Mainz) und Claude Vasconi & Partner (Paris/Berlin).

Am 14. August erhielten die ausgewählten Bewerber die detaillierte Aufgabenbeschreibung zugesandt. Die Bearbeitungszeit betrug zwei Monate. Bis zum 15. Oktober 1998 mussten die Konzepte/Gutachten fristgerecht abgegeben sein. Anschließend prüfte ein in Arbeitsgruppen unterteiltes, anonymes Gremium, bestehend aus Mitarbeitern der beteiligten Senatsverwaltungen, sowie hinzugezogene Bau-, Finanz- und Sportexperten die eingereichten Arbeiten auf in neun Sachgebiete unterteilte Kriterien.[226]

Bezüglich des Sachgebietes Denkmalschutz kam es bei der Prüfung „aus denkmalpflegerischer Sicht vor allem darauf an, wie die einzelnen Konzepte/Gutachten mit der Multifunktionalität des Olympiastadions umgehen und inwieweit der Bestandsschutz als Garant für Substanzerhaltung gewährleistet werden kann, wobei die Prüfer feststellen mußten, dass der Bestandsschutz „aus baurechtlicher Sicht für alle Beiträge entfällt. [...] Bei der Bewertung der Überdachungsvorschläge ging es um die Bewertung der Eingriffe in die Substanz, die Bewahrung der Ost-West-Achse mit offenem Marathontor sowie die Beeinträchtigung des äußeren Erscheinungsbildes. Bei der Prüfung der Vorschläge für eine Sanierung der Tribünenanlage hing die Beurteilung vom Erhaltungsgrad hinsichtlich der Substanz, der Tribünenneigung und der Stufengeometrie ab. Die verschiedenen Varianten für ein dauerhaft bzw. temporär abgesenktes/absenkbares Spielfeld wurden auf ihre Auswirkung hinsichtlich einer reversiblen bzw. irreversiblen Veränderung der Stadionschüssel geprüft. Es wurde überdies betrachtet, ob und inwieweit die Gesamtanlage des Geländes (ehem. Reichssportfeld) in die Konzeption einbezogen worden ist."[227]

Am 9. und 10. November 1998 erfolgte die Vorstellung und Verhandlung der Konzepte. Anschließend setzte hinter den Kulissen ein heftiges Gerangel und Tauziehen zwischen den an der Entscheidung beteiligten darüber ein, welches Konzept das geeignetste sei. Die Zeitung „Der Tagesspiegel" wusste am 18. November 1998 zu berichten: „Für die Zukunft des Olympiastadions ist die Vorentscheidung gefallen. Die marode Arena wird bis zum Jahr 2004 zu einem modernen multifunktionalen

Olympiastadion, Modellansicht der Ausführungsplanung von gmp'p Planungsgemeinschaft Olympiastadion Berlin, Mai 2000

Stadion für Fußball-, Leichtathletik- und andere Großveranstaltungen umgebaut. Zwei von zehn vorliegenden Architektenplänen wurden gestern von einem hinter verschlossenen Türen tagenden Gremium aus Staatssekretären und Sportvertretern in die engere Wahl genommen. Die endgültige Entscheidung hat sich der Senat für seine Sitzung am 1. Dezember ausdrücklich vorbehalten.

Favorit des Berliner Sports als Hauptnutzer des Olympiastadions scheint das Konzept des Stuttgarter Planungsbüros Deyle-Bung. Es ist mit errechneten Kosten in Höhe von rund 700 Millionen Mark die deutlich teurere Variante, bietet aber nach Aussage von Landessportbund-Präsident Manfred von Richthofen die sportfachlich überzeugendste Lösung an. Deyle-Bung schlägt die Umwandlung von einer Leichtathletikarena zu einem reinen Fußballstadion durch variable und im Erdreich versenkbare Tribünenkonstruktionen vor und will zwischen Unter- und Oberring ein Geschoß mit 140 Logen einrichten. Ein für das Vermarktungskonzept des Profifußballs wichtiger Faktor, so Hertha-Manager Dieter Hoeneß.

Der zweite favorisierte Entwurf des Architektenbüros Gerkan Hamburg/Berlin ist wegen seiner weit geringeren Kosten gerade auf der politischen Seite der wohl attraktivere. Für etwa 450 Millionen Mark sollen ebenfalls verschiebbare Tribünen die multifunktionelle Nutzung ermöglichen, zudem sollen die Tribünen im Unterring steiler als bisher angeordnet werden. Das Dach bietet ebenfalls allen Zuschauern Schutz und soll knapp über die Außenmauern reichen.“ [228]

Dagegen vermeldete die „Berliner Morgenpost“ am selben Tag: „Der Hamburger Star-Architekt Meinhard von Gerkan hat gute Chancen, nach dem Flughafen Tegel und dem Lehrter Stadtbahnhof auch das Berliner Olympiastadion umzubauen. Nachdem die Staatssekretäre für Bauen, Sport, Finanzen und Wirtschaft am Dienstag die zehn Entwürfe des aktuellen Architektenwettbewerbs begutachtet hatten, sollen sie sich für das trichterförmige Modell mit ausfahrbaren Tribünen ausgesprochen haben. Daneben favorisieren sie, wie zu hören war, die Arbeit der Architekten Müller & Reimann.

Der Chef der Senatskanzlei, Volker Kähne, betonte jedoch, dass der Senat in seiner Entscheidung frei sei und auch einen anderen Entwurf beschließen könne. Eine Jury aus Abteilungsleitern verschiedener Senatsverwaltungen hatte vergangene Woche in einer Vorauswahl ferner die Entwürfe des Architekten Claude Vasconi sowie der Planungsgruppe Deyle & Bung befürwortet.“ [229]

Auf seiner Sitzung am 1. Dezember 1998 beschloss der Senat schließlich, dass das Olympiastadion nach den Plänen der Architekten von Gerkan, Marg und Partner (gmp) umgebaut werden soll. Der Regierende Bürgermeister Eberhard Diepgen begründete nach der Senatssitzung die Entscheidung damit, dass man sich für die kostengünstigste Lösung – die gmp auf 537 Millionen Mark bezifferte – entschieden habe und lobte zugleich die elegante und zum Glockenturm hin offene Dachkonstruktion, durch die das historische Bauwerk am wenigsten beeinträchtigt werde. Den „2. Platz“ belegte der Entwurf der Architekten Müller Reimann, der bei höher kalkulierten Kosten ähnlich schonend mit der baulichen Struktur umging und dessen Dachkonstruktion ohne Stützen im Oberring auskam, wobei allerdings durch den geschlossenen Dachring die Sichtachse durch das Marathontor auf den Glockenturm verloren gegangen wäre.

Die Architekten des zur Realisierung bestimmten Konzeptes wurden aufgefordert, in einigen Teilbereichen den Entwurf bis Januar 1999 noch nachzubessern. So hatte gmp auf der Südtribüne nur 23 Logen mit insgesamt 276 Plätzen vorgesehen, eine Zahl, die der Hauptnutzer „Hertha BSC" als zu gering betrachtete (Müller Reimann hatten zum Beispiel 128 Logen vorgesehen). Auch das Konzept der fahrbaren Ausziehtribünen, die bei Leichtathletiknutzung unter den Unterring geschoben werden sollten, erschien für die Sichtbeziehung bei solchen Veranstaltungen für einige Zuschauerbereiche des Unterrings unbefriedigend.

Eine Entscheidung zur Finanzierung konnte in der Senatssitzung noch immer nicht getroffen werden. Der Bund hatte zu dem Zeitpunkt 100 Millionen Mark zugesagt. Das Land Berlin zeigte lediglich Bereitschaft zu einer „begrenzten Kostenbeteiligung" (Eberhard Diepgen) ohne eine konkrete Zahl zu nennen. So hoffte man weiter, dass der größere Teil der Sanierungs- und Ausbaukosten für das Olympiastadion über privat finanzierte Modelle aufgebracht werden könnte.

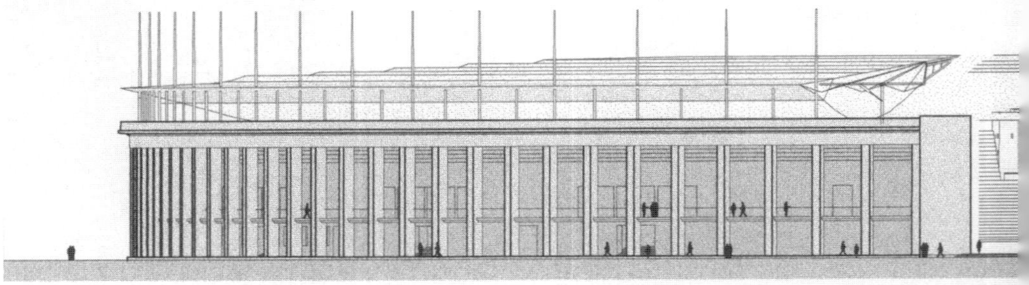

Auch nach der Senatsentscheidung setzte sich die Diskussion über das am besten geeignete Konzept fort. Insbesondere die Verantwortlichen aus Vorstand und Management von „Hertha BSC" polemisierten weiter gegen den ausgewählten Entwurf. Zielscheibe der Kritik bildeten vor allem die zu geringe Zahl von Logen und die Dachstützen im Oberring. Die Kritik verstummte von dieser Seite auch nicht, als die Architekten im Beisein der entscheidenden Senatsmitglieder am 1. Februar 1999 den überarbeiteten Entwurf vorstellten, in dem die Anzahl der Logen von 23 auf 85 erhöht und die Zahl der Stützen von 28 auf 22 verringert worden war.

Als hindernisreich und schwierig gestaltete sich die Suche nach einem Investor, der die Pläne von gmp umsetzen sollte, da von den dazu benötigten 570 Millionen Mark durch die Zusagen von Bund und Land erst 200 Millionen Mark gedeckt waren.

Eine „Restsumme" von 370 Millionen Mark hatte der ausgewählte Investor aufzubringen. Zwar signalisierte der Berliner Senat, das Land würde auch mehr als die offiziell zugesagten 100 Millionen Mark zahlen und dachte dabei an ein Drittel der veranschlagten Kosten, doch schon dieser Betrag war durch keinen Ansatz – auch nicht mittelfristig – im Landeshaushalt gedeckt.

Im März 1999 hatte der Senat schließlich zehn interessierte Firmengruppen, darunter Hochtief, die Philipp Holtzmann AG und die Unternehmensgruppe Roland Ernst ausgewählt, die bis zum 31. Mai 1999 ein Sanierungs-, Finanzierungs- und Betreiberkonzept vorlegen sollten. Der Leiter der Bauabteilung des letztgenannten Unternehmens ließ im Vorfeld des Auswahlverfahrens öffentlich verlauten, dass die bisherigen Architekturpläne des Büros von Gerkan, Marg und Partner „nicht unumstößlich" sein dürfen, denn „für uns ist eine hohe Rendite wichtig, damit der Umbau und die Modernisierung überhaupt finanzierbar sind"[230].

Die zunächst für den 11. Juni 1999 anberaumte Entscheidung für einen privaten Investor/Betreiber für das Olympiastadion musste verschoben werden, da die sechs

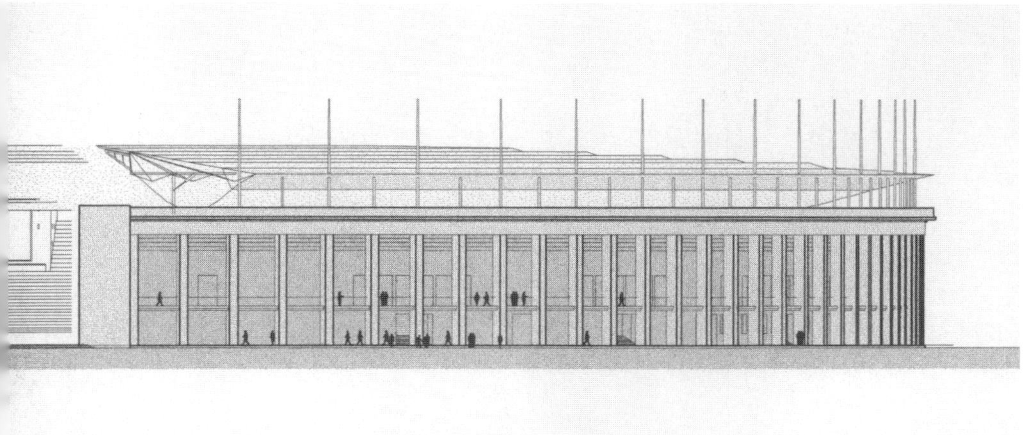

Olympiastadion, Westansicht der Ausführungsplanung von gmp'p Planungsgemeinschaft Olympiastadion Berlin, Mai 2000

Konsortien, die Konzepte eingereicht hatten, sich in weiten Teilen nicht an die Vorgaben hielten und zudem keine schlüssigen Finanzierungsmodelle anbieten konnten. Von Seiten des Berliner Senats wurde das Verfahren daraufhin als beendet erklärt. In Verhandlungen mit den drei verbliebenen Firmengruppen, der Hochtief Projektentwicklungs GmbH, der DePfa Immobilien Management AG und der Walter Bau AG, hoffte man, nun endlich den geeigneten Investor zu finden. Zwischenzeitlich musste der Entwurf von gmp nochmals überarbeitet werden, da neuere statische Berechnungen ergeben hatten, dass die Absenkung des Spielfeldes um 3,50 Meter nicht möglich sei, und somit die Ausstattung mit mobilen, ausziehbaren Tribünenanlagen wegen zu geringer Bauhöhe entfallen müsste.

Erst am 9. Mai 2000 fiel schließlich die Entscheidung, wer den Zuschlag zur Instandsetzung und Modernisierung erhalten sollte. Der Senat entschied sich für die Augsburger Walter Bau AG, mit der man sich auf folgenden Konzessionsvertrag einigte: „Die Walter Bau modernisiert die Arena zu einem Festpreis von 473 Millionen Mark. Die öffentliche Hand steuert zu dieser Summe 383 Millionen Mark (100 Mio. kommen vom Bund) bei. Zugleich vergibt Berlin das Vermarktungsrecht am Stadion für einen Zeitraum von 13 Jahren. Die restlichen 90 Millionen Mark fließen über einen Kredit an Walter Bau. Dieser Kredit wiederum wird über 13 Jahre durch die zu gründende Betriebsgesellschaft getilgt. An dieser GmbH sind Walter Bau und Hertha BSC zu jeweils 37,45, das Land Berlin mit einer Sperrminorität von 25,1 Prozent beteiligt. Die GmbH vermietet die Arena an den Hauptnutzer Hertha BSC, finanziert darüber also die Abzahlung des Kredits wie die Betriebskosten."[231]

Am 3. Juli 2000 fand sich im Berliner Olympiastadion zum feierlichen Akt des ersten Spatenstichs hohe politische Prominenz ein. Neben Bundeskanzler Gerhard Schröder, Bundesinnenminister Otto Schily, dem Regierende Bürgermeister Eberhard Diepgen und Stadtentwicklungssenator Peter Strieder, waren u.a. Franz Beckenbauer als DFB-Beauftragter und der Chef des Augsburger Baukonzerns, Ignaz Walter, anwesend.

Seit diesem Tag wird nun beginnend mit dem Marathontor sowie der nordöstlich anschließenden Tribünensegmente die Sanierungs- und Modernisierungsmaßnahmen nach folgender Planung vorgenommen: „Der nun schrittweise realisierbare Entwurf geht bei der Instandsetzung und Modernisierung äußerst behutsam mit dem Baudenkmal um: Die Sanierung des Bestands erfolgt differenziert, so dass eine weitestmögliche Substanzerhaltung erreicht wird. Die Oberringtribüne bleibt erhalten und erfährt eine schonende Sanierung der Stahlbetonkonstruktion sowie des vorhandenen Natursteins: Muschelkalk und Gauinger Travertin.

Die auf wirtschaftliche Weise nicht mehr sanierbare Untertribüne wird durch einen schrittweisen Neubau ersetzt. Die Begrenzung zum Stadioninnern erfolgt durch einen Graben, der den Sicherheitsanforderungen im Stadion gerecht wird und zudem einen klaren baulichen Abschluß schafft. Mit dem Neubau der Unterringtribüne geht auch die Absenkung des Spielfeldes um ca. 2,65 m einher, um den Zielkonflikt zwischen der Weite des multifunktionalen Leichtathletikstadions und der Dichte der monofunktionalen Fußballarena zu lösen. Durch die Absenkung wird ein

Blick vom Marathontor auf die Nordtribüne des Olympiastadions kurz vor Beginn der Bauarbeiten, Aufnahme 16. Juni 2000

Zugewinn von 2 Zuschauerreihen mit ca. 1600 Sitzplätzen erreicht und zugleich der Abstand der Ränge zum Fußballfeld verringert.

Die Sportflächen werden neugestaltet und modernisiert, so dass sie für die Austragung unterschiedlicher Sportveranstaltungen geeignet sind. Eine Besonderheit im modernisierten Stadion wird die Ergänzung um eine neue 9. Laufbahn sein, die den Wünschen internationaler Leichtathleten entspricht.

Bei der neuen Tribünenüberdachung der Arena steht die Absicht im Vordergrund, die vorhandenen architektonischen Qualitäten des Bestands durch ein ebenso hochwertiges Element der Dachkonstruktion zu ergänzen. Das neue Dach setzt sich durch seine feingliedrige Konstruktion und die Materialwahl der Oberflächen – eine Stahlkonstruktion bespannt mit transluzenter Dachmembran – bewußt von der festen Tektonik des historischen Stadionbaus ab.

Die neue Tribünenbedachung wird nicht zum Ring geschlossen, sondern bleibt architektonisch selbstverständlich vor dem Marathontor offen. Die Konstruktionshöhe des neuen Tribünendaches wird an den Innen- und vor allem an den Außenrändern minimiert, so dass die gegenwärtige optische Beeinträchtigung des Bauwerks durch das hohe Dachtragwerk aufgehoben wird. Die Attika des Stadions wird zukünftig nur noch durch eine wenig auffällige niedrige Horizontale ergänzt.

Olympiastadion Berlin, Abbruch des Unterringes im Bereich des Marathontores, Aufnahme 14. September 2000

Mittels einer speziellen Lichtgestaltung wird das neue Stadiondach vom bestehenden Bauwerk abgesetzt. Darüber hinaus wird das Dach selbst zum Lichtobjekt und bietet den Zuschauern nicht nur Wetterschutz, sondern setzt sie gleichermaßen auch ins rechte Licht. Eine Komponente, die nicht zuletzt für die Medienübertragung der Veranstaltungen von besonderer Bedeutung ist. Insgesamt erfährt das Olympiastadion durch die Lichtgestaltung eine Inszenierung, die zur Identitätsprägung des Stadions beiträgt, insbesondere zu den Hauptveranstaltungszeiten abends. Die Integration der Spielfeldbeleuchtung und die Stadionbeschallung im inneren Dachrand ermöglicht die Demontage der gegenwärtig störenden Einzelanlagen wie die Flutlichtmasten und Lautsprecherstelen.

Mit der Modernisierung des Stadions entsteht insgesamt ein neuer VIP-Zuschauerbereich, der eigenständig erschlossen werden kann. Unterirdische Vorfahrten mit Zufahrten über den ‚Marchtunnel' und zugeordnete Tiefgaragen mit ca. 630 Stellplätzen und weiteren rund 250 oberirdischen Stellplätzen gewährleisten die störungsfreie Erschließung dieser bevorzugten VIP-Nutzungsbereiche.

Von einer Welcome Zone gelangt der Besucher zu den Logen, die durch die Gastronomie- und VIP-Meetingzonen erschlossen werden. Dem VIP-Bereich zugeordnet sind insgesamt 113 Logen, von denen sich 78 Logen im Erdgeschoss, 20 Logen im Bereich der neuen kaskadenförmig ausgebildeten Ehrentribüne und weitere 15 Logen-Skyboxes in dem bestehenden Reporterring befinden. Dem VIP-Bereich sind jeweils auf der Nord- und Südseite ca. 2000 weitere VIP-Businesseats vorgelagert.

Mit der Mittelachse – Ehrentribüne mit Coubertinsaal und Ehrenloge – findet sich im Bestand bereits ein VIP-Bereich. Die Originalsubstanz der Ehrenloge im Erdgeschoß und des Coubertinsaals werden als besonders denkmalwerte Innenräume erhalten, die mit Elfenbeinmarmor und Wallenfels-Kalkstein ausgestattet sind. Mit dem Erhalt dieser Bereiche ergibt sich für die Errichtung der darunterliegenden Geschosse eine spezielle Unterfangung.

Den VIP-Zuschauern sind Logen mit komfortablen Sitzplätzen auf der Untertribüne und rückwärtige Lounges zugeordnet, die in den Umgang eingeschrieben sind. Auch bei den Logeneinbauten wird die Originalsubstanz so gering wie möglich tangiert. Die vorhandene architektonische Struktur wird auch hier das bestimmende Element der neuen Räume sein. So werden die Glasabtrennungen der Lounges erst hinter den Natursteinstützen und zusammen mit allen anderen Raumteilern reversibel eingebaut. Die VIP-Zonen auf der Nordseite des Stadions sind analog konzipiert.

Die allgemeinen Zuschauerbereiche erfahren mit der Konzeption der Gastronomie- und Merchandisingbereiche optimale Versorgung. Einrichtungen wie Kioske, Shops und ein Fanrestaurant sind im Unter- und Oberring geplant, womit sowohl der Komfort für die Besucher gesteigert wird als auch eine wirtschaftliche Vermarktung möglich ist. Ein Stadionmuseum zur Dokumentation der komplexen Entstehungs- und Nutzungsgeschichte von Olympiastadion und -gelände macht den Besuch auch zu spielfreien Zeiten attraktiv.

Die Anzeigetafel auf der Osttribüne wird auf ihre ursprüngliche Gestalt zurückgebaut, wobei die Vorbauten aus den 70er Jahren entfallen und eine neue Anzeigetechnik installiert wird. Zwei zusätzliche Anzeigetafeln werden auf der Süd- und auf der Nordseite integriert, so dass sämtliche Zuschauer die Einspielungen optimal verfolgen können.

Den Anforderungen eines mediengerechten Stadions wird mit einer Haupt-Mixed-Zone Rechnung getragen, in der Interviews vor und nach dem Spiel gegeben werden können. Eine weitere für die Leichtathletik-Veranstaltungen wichtige Mixed Zone befindet sich unmittelbar angrenzend an den Laufbahnen im Bereich des Zieleinlaufs. Modernisierte Presseräume mit der direkt zugeordneten Pressetribüne befinden sich oberhalb der Ehrentribüne im Oberrang.

Die [...] Baumaßnahmen (werden) bei laufenden Veranstaltungen und Betrieb nach gut 4 Jahren abgeschlossen sein. Für insgesamt rund 76 000 Zuschauer wird das Olympiastadion Berlin eine atmosphärische Dichte bieten, die einer typischen Arenaanordnung nahe kommt.“ [232]

Olympiastadion, Computersimulation nach der zur Realisierung vorliegenden Ausführungsplanung von gmp'p Planungsgemeinschaft Olympiastadion Berlin. Bei Dunkelheit soll das Dach von außen nur als Lichtband in Erscheinung treten

Im Rahmen der komplexen Anforderungen, Möglichkeiten und Notwendigkeiten erscheint das inzwischen in Realisierung begriffene „erhaltende Modernisierungskonzept" für das Olympiastadion und sein unmittelbares räumliches Umfeld, so es denn architektonisch auch „wortgetreu" nach den vorliegenden Plänen umgesetzt wird, als der im Grundsatz angemessene Schritt in die richtige Richtung. In der Tat vereint die Entwurfsplanung in überzeugender Weise Alt und Neu und sucht die Geschichte mit der Gegenwart und Zukunft in eine gebaute Synthese zu bringen. Gleichwohl muss der beim Stadion entwickelte Umgang mit dem komplizierten baulichen Erbe nun zu Anspruch und Verpflichtung werden, auch in entsprechender Form mit den übrigen Bereichen des ehemaligen Reichssportfeldes bei deren anstehender, gleichermaßen notwendigen baulichen Instandsetzung zu verfahren. Hierbei gilt es vor allem, den noch strukturell existenten, aber durch die Verwerfungen der Geschichte in Teilen verstellten Kontext der Gesamtanlage herauszuarbeiten bzw. qualitativ wiederherzustellen. Partikularistischen Interessen, wie sie sich bezogen auf Teile des ehemaligen Reichssportfeldes zur Zeit immer drängender offenbaren, nachgeben und die Anlage nach Einzelbedürfnissen segmentieren, hieße hingegen, den mehr als 131 Hektar umfassenden erfahrbaren Zusammenhang von Freiraum, Architektur und Skulptur leichtfertig aufzugeben und ein Denkmal herausragender historischer Bedeutung zu zerschlagen.

Anhang

Anmerkungen

1) Die in der ‚Einleitung' vorgenommene Thematisierung basiert in Teilen auf einem Text zum ehemaligen Reichssportfeld, der über verschiedene Arbeitsstadien reifte. Seine letzte Veröffentlichung erfolgte unter dem Titel: „Vom Umgang mit einem schwierigen Erbe: Das ehemalige Reichssportfeld in Berlin", in: Vergegenständlichte Erinnerung. Über Relikte der NS-Architektur, herausgegeben von Gerd Zimmermann und Christiane Wolf, Weimar 1999.

2) Vgl. Franz-Joachim Verspohl: Stadionbauten von der Antike bis zur Gegenwart. Regie und Selbsterfahrung der Massen, Gießen 1976, S. 247.

3) Vgl. Reinald Eckert / Wolfgang Schäche mit Norbert Szymanski und Annette Tietenberg: Zu Geschichte und Bestand des ehemaligen Reichssportfeldes in Berlin-Charlottenburg. Eine bau- und gartenhistorische Expertise unter besonderer Berücksichtigung denkmalpflegerischer Aspekte, Auftraggeber: Senatsverwaltung für Stadtentwicklung und Umweltschutz, Berlin 1992 (gebundenes Maschinenmanuskript).

4) Ebenda.

5) Propagandistischer Begriff für die von den Nationalsozialisten in Dienst genommene Architektur und programmatischer Titel der von Albert Speer, dem „Architekten des Führers", 1941 herausgegebenen Buchpublikation, die im „Volk und Reich Verlag" (Berlin / Amsterdam / Prag / Wien) erschien.

6) Nach Darstellung Speers legte die so genannte Ruinenwerttheorie für die wichtigsten Staats- und Parbeibauten spezifische Formen, Materialien und Konstruktionen fest, so dass sie auch „im Verfallszustand nach Hunderten [...] oder Tausenden von Jahren etwa den römischen Vorbildern gleichen würden". Vgl. Albert Speer, Erinnerungen, Frankfurt am Main / Berlin / Wien 1969, S. 82.

7) Vgl. Hans J. Reichhardt / Wolfgang Schäche: Von Berlin nach Germania. Über die Zerstörungen der „Reichshauptstadt" durch Albert Speers Neugestaltungsplanungen, Berlin 1998, S. 23 ff. und S. 109 ff.

8) Vgl. Karl Heinz Krüger: Die Entnazifizierung der Steine, in: Der Spiegel, 43. Jg., 1989, Nr. 4, S. 77.

9) Vgl. den Buchtitel von Ralph Giordano: Die zweite Schuld oder von der Last Deutscher zu sein, Hamburg / Zürich 1987.

10) Der DRAFO war aus dem von Willibald Gebhardt 1895 gegründeten „Komitee für die Beteiligung Deutschlands an den Olympischen Spielen" hervorgegangen. Nach der Absage der Olympischen Spiele 1916 wurde der DRAFO in „Deutscher Reichsausschuß für Leibesübungen" (DRA) umbenannt und in der Folgezeit zum Dachverband für das gesamte Sportwesen ausgebaut.

11) Vgl. Carl Diem: Das deutsche Stadion. Was es uns sein soll, in: Das deutsche Stadion, hrsgg. von August Reher, Berlin-Charlottenburg 1913, S. 8.

12) Vgl. Der Baumeister, 1909, S. 126.

13) Otto March: * 17. Oktober 1845 in Charlottenburg / † 1. April 1913 in Charlottenburg. Architekt und Fachschriftsteller, Vater von Werner und Walter March. Studium in Wien und Berlin, 1872 in Wien tätig; 1874-80 Architekt bei der Ministerial-Baukommission; ab 1880 selbständiger Architekt in Berlin; Initiator der Allgemeinen Städtebau-Ausstellung Berlin 1910 und des Wettbewerbs „Groß-Berlin" 1908-09.Werkauswahl: Doppelwohnhaus Sophienstraße 2a/b 1883-84, Charlottenburg; Geschäftshaus „Zum Hausvogtei" 1889-90, Berlin-Mitte, Hausvogteiplatz 8/9; Fabrik- und Wohngebäude der Firma Schering 1895-98, Charlottenburg; Wohnsiedlung Amalienpark 1-8 1896, Pankow; Amerikanische Kirche 1902, Schöneberg, Motzstraße (zerstört); Wohnhaus Holtz Sophienstraße 1904-05, Charlottenburg; Umbau der Französischen Kirche 1905, Berlin-Mitte, Gendarmenmarkt; Mietwohnhaus Bismarck-/ Ecke Wilmersdorfer Straße 1909, Charlottenburg; Rennbahnbauten in ganz Deutschland.

14) Vgl. Carl Diem: Das Deutsche Stadion ... (Anm. 11), S. 8/9.

15) Abbildungen und Zeichnungen der Statuen und Reiterstandbilder sind enthalten in: Das Deutsche Stadion, Berlin-Charlottenburg 1913, S. 19-24; Gerhard Krause: Das deutsche Stadion und Sportforum, Berlin 1926, S. 11, 22, 33, 36. Die aufgestellten Provisorien verwitterten im Laufe der Jahre. Krause bemerkte 1926, dass nur noch Trümmer das Stadion „zierten". Im Sommer des selben Jahres wurde der ruinöse Bildschmuck beseitigt.

16) Vgl. Hermann Pfaender: 100 Jahre Berliner Rennsport, Berlin o. J. (1932), S. 108/109.

17) Carl Diem: * 24. Juni 1882 in Würzburg / † 17. Dezember 1962 in Köln. Sportfunktionär und Hochschullehrer. 1887 Umzug nach Berlin; Besuch des Friedrichs-Werderschen Gymnasiums, 1900 Abbruch der Schule vor dem Abitur (da der Vater die Familie verlassen hatte und in die USA ausgewandert war); Beginn einer kaufmännischen Lehre; 1907-1913 Sportredakteur beim Scherl-Verlag Berlin. 1908-1913 Vorsitzender der Deutschen Sportbehörde für Leichtathletik; 1913-1916 Generalsekretär für die Olympischen Spiele 1916; 1917-1933 Generalsekretär des Deutschen Reichsausschusses für Leibesübungen; 1920-1933 Mitbegründer und Dozent an der Deutschen Hochschule für Leibesübungen, 1932-1937 Generalsekretär für die Olympischen Spiele 1936; 1938-1945 Leiter des Internationalen Olympischen Instituts in Berlin; 1939-1945 Leiter des Auslandsreferates des „NS-Reichsbundes für Leibeserziehung"; 1945 kommissarischer Stadionverwalter des Reichssportfeldes; 1947-1962 Gründer und Rektor der Deutschen Sporthochschule Köln; zahlreiche weitere Ämter. Publikationen: s. Literaturverzeichnis (Auswahl).

18) Alle Angaben aus: „Offizielles Stadion-Programm" zur Weihe des Deutschen Stadions am 8. Juni 1912, hrsgg. vom Deutschen Reichsausschuß für Olympische Spiele.

19) Vgl. Deutsche Kampfbahnen, in: Das Schulhaus, 1916, S. 210.

20) Johannes Seiffert: * 3. August 1869 in Schönberg/Holstein / † 7. Dezember 1930 in Berlin. Architekt und Dozent an der Deutschen Hochschule für Leibesübungen. Studium in Braunschweig; 1903-1913 leitender Architekt bei Otto March; ab 1914 selbständiger Architekt in Berlin.Werkauswahl: Rheinstadion Düsseldorf 1914/15 (nicht realisiert); Tribünenbauten Rennbahn Hoppegarten 1922; zahlreiche Sportanlagen in ganz Deutschland.

21) Noch in einem von Johannes Seiffert am 3. Oktober 1924 aufgestellten „Übersichtsplan des Geländes zwischen Untergrundbahnhof ‚Stadion' und Vorortsbahnhof ‚Pichelsberg'" sind die Erweiterungsbauten und die neuen Sportplätze auf Flächen südlich bzw. östlich der Rennbahn angeordnet (Planzeichnung, M 1:2500, gez. J. Seiffert, Architekt BDA; Diem-Archiv, Mappe 658).

22) Vgl. Deutsche Bauzeitung, 60. Jg., 1926, Beilage Wettbewerbe, S. 78.

23) Ebenda.

24) Ebenda.

25) Ebenda.

26) Ebenda.

27) Ebenda.

28) Ebenda, S. 79.

29) Vgl. Diem-Archiv, Mappe 24, Schreiben von Carl Diem an Theodor Lewald vom 11. Februar 1926, S. 1.

30) Ebenda, S. 6.

31) Ebenda, S. 7.

32) Ebenda.

33) Ebenda.

34) Ebenda.

35) Ebenda.

36) Vgl. Johannes Seiffert: Eine Feststätte der Leibesübungen, in: Deutsche Bauzeitung, 61. Jg., 1927, S. 850.

37) Das Gebäude der Deutschen Turnerschaft wurde 1935 im Zusammenhang mit dem weiteren Ausbau des Deutschen Sportforums in der südlichen Fassadengestaltung den nach Entwürfen Werner Marchs entstandenen Bauteilen angepasst und in die Abfolge von Turnhallengebäude, Haus des Deutschen Sports und Friesenhaus integriert.

38) Vgl. Handbuch der Architektur, Vierter Teil, 4. Halbband: Gebäude für Erholungs-, Beherbergungs- und Vereinszwecke, 3. Heft: Anlagen für Sport und Spiel, bearbeitet von Johannes Seiffert, mit Beiträgen von Albert Biebendt und Gustav Häussler, Leipzig 1928.

39) Vgl. BA, R 1501 (alt R18)/5611, Denkschrift, künstlerische Ausschmückung des Reichs-

sportfeldes, 12. Oktober 1934, Bl. 92.

40) Vgl. Gerhard Krause: Das deutsche Stadion und Sportforum, Berlin 1926, S. 37.

41) Ebenda.

42) Ebenda, S. 39.

43) Ebenda, S. 55/56.

44) Ebenda, S. 56.

45) Vgl. Ewiges Olympia. Quellen zum olympischen Gedanken, zusammengestellt von Carl Diem, Minden o. J. (1948), S. 6.

46) Vgl. Johannes Seiffert: Eine Feststätte ... (Anm. 36), S. 850.

47) Ebenda.

48) Ebenda.

49) Ebenda.

50) Ebenda.

51) Als am 15. Februar 1929 die beim Berliner Magistrat eingerichtete Stadion-Kommission tagte, hatte der „Berliner Rennverein" zur Wahrung eigener Interessen auch die Neubauvorschläge Seifferts eingereicht. Das Gremium setzte sich zusammen aus vier Mitgliedern der im Stadtparlament vertretenen politischen Parteien, dem Stadtoberturnrat sowie Carl Diem als Vertreter des Deutschen Reichsausschusses. Diem hielt einleitend einen Vortrag über den Stadionbau, wobei er einen Umbau des Deutschen Stadions vage auf 3 Millionen Reichsmark schätzte und „unter allgemeiner Zustimmung führte ich aus, dass der Neubau eines geeigneten Stadions mindestens das Doppelte kosten würde, dass es keinen Sinn habe, dieses neu zu bauende Stadion unmittelbar an das alte zu legen". Eine weitere Erörterung der Entwürfe Seifferts, zumal kein Vertreter des Rennvereins zugegen war, fand nicht statt (vgl. Diem-Archiv, Mappe 24, Bericht über die Sitzung der Stadion-Kommission vom 14. Februar 1929).

52) Vgl. Diem-Archiv, Mappe 658, Schreiben von March an den Deutschen Reichsausschuß für Leibesübungen vom 19. Juli 1928.

53) Ebenda.

54) Ebenda.

55) Vgl. Carl Diem: Berlins olympische Sportstätten, in: Berlin. Die Sporthauptstadt Deutschlands, bearbeitet von W(ilhelm) von Drigalski, o. O. u. J. (Berlin 1930), S. 13.

56) Ebenda, S. 15.

57) Wegen der politischen Situation in Spanien waren weniger als ein Drittel der IOC-Mitglieder zur 30. Session in Barcelona Ende April 1931 erschienen. Die Abstimmung über den Austragungsort fand dann per Briefwahl statt. Die Auszählung in Lausanne ergab 43 Stimmen für Berlin und 16 Stimmen für Barcelona, bei acht Enthaltungen.

58) Dem (später) 13-köpfigen Vorstand des OK gehörten neben den deutschen IOC-Mitgliedern Theodor Lewald (als Präsident), Herzog Adolf Friedrich zu Mecklenburg und Karl Ritter von Halt, u.a. der Staatssekretär im Innenministerium, Hans Pfundtner (als Vizepräsident), „Reichssportführer" Hans von Tschammer und Osten, der Staatskommissar von Berlin, Julius Lippert, der Kommandierende General des VII. Armeekorps, Walter von Reichenau, auch Carl Diem (als Generalsekretär) an. Zum OK gehörten weiter insgesamt 34 persönliche Mitglieder, u.a. Werner March, Ministerialrat Karl Reichle vom Reichsfinanzministerium und Richard Sponholz als Leiter des Reichsneubauamtes Stadion.

59) Hans von Tschammer und Osten: * 27. Oktober 1887 in Dresden /† 25. März 1943 in Berlin.„Reichssportführer". 1907 Abitur; englisches und französisches Dolmetscherexamen während der Militärdienstzeit; 1920-1930 Landwirt in Kleindehsa (Sachsen). 1929 Eintritt in die NSDAP und die SA; Obergruppenführer; 1932 Reichstagsabgeordneter. Als „Reichssportführer" zugleich Staatssekretär im Reichsinnenministerium und Inhaber zahlreicher weiterer Ämter, u.a. Präsident der „Reichsakademie für Leibesübungen", Leiter des Reichssportamtes, „Führer" des NS-Reichsbundes für Leibesübungen.

60) Vgl. Carl Diem: Der deutsche Sport in der Zeit des Nationalsozialismus, bearbeitet von L(orenz) Pfeiffer, Köln 1980, S. 4.

61) Ebenda, S. 5.

62) Vgl. BA, R 1501 (alt R18)/5608, Bericht über die Sitzung des Bauausschusses des Organisationskomitees am 15. Juli 1933, Bl. 53.

63) Ebenda, Bl. 171, 173, 175. Lewalds Passage zum Bau der Stadionanlagen findet sich 1936 im „Amtlichen Bericht zur XI. Olympiade", Bd. I, S. 54, mit einer entscheidenden Veränderung wieder. Hier wird Hitler mit den Worten zitiert: „Das Stadion muß vom Reich gebaut werden, das ist eine Reichsaufgabe! Wenn man die ganze Welt zu Gast geladen hat, muß etwas in sich Vollendetes und Großartiges entstehen. Die Stadionbauten dürfen nicht in Zementgrau erscheinen, sondern müssen in edlem Haustein umkleidet werden. Wenn man vier Millionen Arbeitslose hat, muß man für Arbeit sorgen!" Diese Veränderung, die suggeriert, Hitler sei der Ideengeber einer Natursteinverkleidung gewesen, hat nicht unerheblich zu der Legendenbildung beigetragen, March habe, beharrlich das Konzept eines aus Sichtbeton und Glas bestehenden „modernen" Stadionbaus verfolgt.

64) Vgl. Werner March: Bauwerk Reichssportfeld, Berlin 1936, S. 11-13 u. S. 32.

65) Ebenda, Schreiben von Lewald an Pfundtner vom 5. Oktober 1933, Bl. 169.

66) Ebenda.

67) Ebenda, Bl. 180.

68) Vgl. XI. Olympiade Berlin 1936, Amtlicher Bericht, hrsgg. v. Organisationskomitee für die Olympiade Berlin 1936 e.V., Berlin 1936, Bd. 1, S. 55.

69) Ebenda.

70) Ebenda.

71) Ebenda.

72) Vgl. BA, R1501 (alt R18)/5609, Bericht über die Sitzung des Vorstandes des OK vom 22. Januar 1934, Bl. 175.

73) Ein erster Vertragsentwurf zwischen dem Reichsfiskus, vertreten durch den Reichsminister für Finanzen, und Werner March datierte vom September 1933. Ein Betrag über die pauschale Vergütung der Architektenleistung fehlte in dem Entwurf. Auch nach der Erweiterung des Bauprogramms war die Honorarhöhe strittig und Gegenstand verschiedener Besprechungen, bis man sich schließlich auf eine Berechnungsgrundlage einigen konnte. Der von Werner March am 30. April 1934 unterschriebene Vertrag zwischen dem Reichsfiskus, nunmehr vertreten durch den Reichsminister des Innern und ihm, veranschlagte Gesamtbaumittel in Höhe von 14,5 Millionen Reichsmark. Von denen sollte March „unterschiedslos" 2,1 %, also 304 500 RM als Architektenhonorar erhalten (vgl. R1501 (alt R18)/5608, Bl. 141-147 u. R1501 (alt R18)/5609, Bl. 323-353).

74) Heinrich Friedrich Wiepking-Jürgensmann: * 23. März 1891 in Hannover/ † 17. Juni 1973 in Osnabrück. Gartenarchitekt. Studium in England (Wisley, London), Frankreich (Boulogne-sur-Seine, Paris) und Hannover; ab 1922 selbständiger Gartenarchitekt in Berlin. 1934-1945 Professor und Direktor des Institutes für Gartengestaltung an der Landwirtschaftlichen Hochschule Berlin, der damals einzigen akademischen Ausbildungsstätte für „Gartengestalter" in Deutschland, 1942-1945 „Oberster deutscher Naturschutzbeauftragter" und Sonderbeauftragter des „Reichsführers SS" für die „neuen Reichsgebiete" in der „Hauptabteilung Planung und Boden"; 1946-1952 Gründer und später auch Rektor der Hochschule für Gartenbau und Landeskultur Hannover; 1952-1958 Direktor des Instituts für Landespflege Osnabrück. Werkauswahl: 1934 Freiraumgestaltung des Reichsehrenmales in Tannenberg (ehemals Ostpreußen); 1934-36 Landschaftsplanung des „Olympischen Dorfs" in Döberitz bei Berlin; 1936 Gestaltung des Hausgartens von Leni Riefenstahl in Berlin, 1951 Eröffnungsgestaltung der Bundesgartenschau Hannover.

75) Vgl. BA, R1501 (alt R18)/5610, Bl. 109.

76) Ebenda, Bl. 111/112.

77) Ebenda.

78) Ebenda, Bl. 208.

79) Ebenda, Bl. 218/219.

80) Ebenda, Blatt 226/227.

81) Vgl. BA, R1501 (alt R18)/5611, Bl. 71.

82) Ebenda, Bl. 73.

83) Ebenda, Bl. 83.

84) Ebenda, Bl. 69.

85) Ebenda, Bl. 103.

86) Ebenda, Bl. 104.

87) Ebenda, Bl. 104/105.

88) Ebenda, Bl. 105.

89) Ebenda, Bl. 147/149/151.

90) Ebenda, Bl. 217.

91) Ebenda, Bl. 218.

92) Ebenda.

93) Ebenda, Bl. 230.

94) Ebenda, Bl. 237.

95) Ebenda.

96) Ebenda, Bl. 238.

97) Ebenda.

98) Ebenda.

99) Vgl. BA, R1501 (alt R18)/5612, Bl. 27.

100) Ebenda.

101) Ebenda, Bl. 29.

104) Ebenda, Bl. 86.

105) Ebenda, Bl. 119.

106) Ebenda, Bl. 107.

107) Ebenda. Als Beispiel, wo Sanktionen greifen könnten, wurden mit Lieferungen von Werksteinen, Bronze, altwüchsigen Bäumen usw. in Verzug geratene Firmen genannt. Der vorgeschlagene Maßnahmenkatalog reichte von der Beschlagnahme von Lieferungen bis zur Einsetzung einer kommissarischen Leitung bei den Unternehmen.

108) Ebenda, Bl. 121.

109) Ebenda, Bl. 123.

110) Ebenda.

111) Ebenda, Bl. 132.

112) Ebenda, Bl. 131/132.

113) Ebenda, Bl. 134.

114) Ebenda, Bl. 235/236.

115) Aufzeichnungen von Albert Burrer jun. vom 14. September 1936: „Auftrag für Reichssportfeld in Berlin von Prof. March", in Besitz von Rolf Albert Burrer, Maulbronn.

116) Ebenda.

117) Ebenda. Mit Sicherheit ist mit „Generaldirektor Speer" der spätere „Generalbauinspektor" Albert Speer gemeint.

118) Ebenda.

119) Ebenda.

120) Vgl. BA, R1501 (alt R18)/5612, Bl. 289.

121) Ebenda, Bl. 289/290.

122) Ebenda, Bl. 359/360.

123) Ebenda, Bl. 361/362.

124) Ebenda.

125) Ebenda, Bl. 365.

126)Vgl. Burrer: Aufzeichnungen ...,(Anm. 115).

127) Ebenda.

128) Vgl. BA, R1501 (alt R18)/5613, Bl. 53.

129) Ebenda.

130) Ebenda, Bl. 55.

131) Ebenda, Bl. 109.

132) Walter Friedrich March: *26. August 1898 in Charlottenburg / † 23. August 1969 in Husum. Architekturstudium in Berlin und Stuttgart. Seit 1923 als Architekt tätig, zeitweise zusammen mit Werner March. Zwischen 1926 und 1932 Architekt in New York/USA. 1928 Annahme der amerikanischen Staatsbürgerschaft. 1933 bis 1936 wieder bei seinem Bruder Werner March in Berlin tätig. Oktober 1936 Rückkehr in die USA. 1966 Übersiedlung nach Husum/Deutschland.

133) Vgl. die Entwürfe von Werner und Walter March sowie Johannes Seiffert, abgebildet S. 35 ff.

134) Vgl. Notiz zur „Besichtigung der Olympiabauten auf dem Reichssportfeld durch den Führer und Reichskanzler", zitiert S. 65 f.

135) Vgl. Interview von Wolfgang Schäche mit Werner March vom 5. Dezember 1974. Die Tonbandaufnahme sowie das Gesprächsprotokoll befinden sich im Besitz von Wolfgang Schäche, Berlin.

136) So verfestigt zunächst Thomas Schmidt in seiner Arbeit „Werner March. Architekt des Olympia-Stadions 1894-1976" (Basel / Berlin / Boston 1992, S. 45 ff.) die Legende des unermüdlich um seinen „insgesamt modernen architektonischen Entwurf für das Olympia-Stadion" kämpfenden Architekten, dem Albert Speer schließlich „das äußere Erscheinungsbild des Stadions immer weiter verändert", bis seine Architektur nicht mehr erkennbar ist. Bei Tilmann Buddensieg, der sich die Aussagen Schmidts in seinem Essay „Olympia 1936 - Olympia 2000" (Anm. 141) weitgehend zu eigen macht, sucht Hitler „mit Hilfe von Speer ... in letzter Minute seine ganz andere Architekturauffassung" gegen den wackeren Verfechter des „Mittelwegs", Werner March, durchzusetzen (S. 97 / S. 106). Und beim Speer-Biographen Dan van der Vat wird dieser im Jahre 1936 (!) zum Retter des „Entwurfs Otto Marchs für das Berliner Olympiastadion in Spandau" stilisiert (vgl. Der gute Nazi. Leben und Lügen des Albert Speer, Berlin 1997, S. 101). Joachim Fest, der nachweislich an der Abfassung der Speerschen „Erinnerungen" von 1969 beteiligt war, weiß dagegen in seinem jüngst erschienenen Werk „Speer. Eine Biographie" (Berlin 1999, S. 81 f.) vom „Sommer 1936" – dem Sommer der Olympischen Spiele (!) – zu berichten, in dem Hitler gar bereits den Rohbau des von Werner March entworfenen Olympiastadions besichtigte und „außer sich vor Zorn" drohte, die Olympischen Spiele abzusagen: „Er denke nicht daran, einen derart modernen ‚Glaskasten' je zu betreten ... In aller Eile beseitigte Speer daraufhin sämtliche Verglasungen, verkleidete das Betonrund mit Naturstein und fügte überall Gesimse ein, bis am Ende sowohl March als auch Hitler den Veränderungen zustimmten." Überwältigt von derartigen „Geschichten" führen uns schließlich die Herausgeber des im Jahre 2000 erschienenen Katalogbuches über „Die Berliner Familie March ..." (Anm. 139) Werner March einmal mehr als „Opfer" vor, dem Albert Speer kurzerhand „die Fassadenverkleidung" des Olympiastadions aus der Hand nahm und „alle sichtbaren Konstruktionsteile und Stahlbetonflächen ... mit Werkstein verdeckt" (S. 119).

137) Die umfassendste Quellenkritik an den Speerschen „Erinnerungen" ist nachzulesen in: Matthias Schmidt: Albert Speer, Das Ende eines Mythos. Speers wahre Rolle im Dritten Reich (zusätzlicher Klappentitel: Die Aufdeckung seiner Geschichtsfälschung), Bern, München 1982.

138) Vgl. Albert Speer, Erinnerungen, Frankfurt am Main/Berlin/Wien 1969, S. 94.

139) Vgl. Birgit Jochens / Doris Hünert (Hrsg.): Von Tonwaren zum Olympiastadion. Die Berliner Familie March ... eine Erfolgsstory, Berlin 2000, S. 161. In der im Heimatmuseum Berlin-Charlottenburg zwischen 24. September und 30. November 2000 gezeigten gleichnamigen Ausstellung wurde die in Familienbesitz befindliche, erhaltene Urkunde gezeigt.

140) Vgl. Interview von Wolfgang Schäche mit Werner March (Anm. 135).

141) Vgl. im besonderen „Olympia 1936 - Olympia 2000. Werner Marchs Reichssportfeld im Dritten Reich", in: Tilmann Buddensieg: Berliner Labyrinth, Berlin 1993, S. 95 ff. Auf 16 Seiten müht sich der Autor um die Darstellung eines in Opposition zu seinen nazistischen Bauherren stehenden Werner March, der die „Architektur des Mittelweges" zwischen Tradition und Moderne verteidigt. Zur Untermauerung dieser „Beweisführung" nutzt Buddensieg allerdings nicht eine verifizierbare Primärquelle. Stattdessen zieht er Speers fragwürdige Einlassungen in seinen „Lebenserinnerungen" sowie einige sich darauf unkritisch abstützende Betrachtungen heran.

142) Vgl. Auszug aus dem Brief von Carl Diem an Werner March vom 6. August 1946, in dem dieser zu den angeblichen Schwierigkeiten und Ablehnungen, die Werner March während des Baues des Reichssportfeldes erfahren haben will, Stellung nimmt. Zitiert S. 76.

143) Vgl. Birgit Jochens / Doris Hünert: Von Tonwaren zum Olympiastadion ... (Anm. 139), S. 161.

144) Vgl. Werner March: Neue Baugesinnung und evangelischer Kirchenbau, in: Der Geisteskampf der Gegenwart, Monatsschrift für christliche Bildung und Weltanschauung, H. 1, Gütersloh 1931, S. 16 ff.

145) Vgl. Thomas Schmidt: Werner March. Architekt des Olympia-Stadions: 1894-1976, Basel/Berlin/Boston 1992.Die Arbeit dokumentiert in verdienstvoller Weise alle wesentlichen Bauten und Entwürfe des umfänglichen Werkes von Werner March. In ihrer Ausdeutung begibt sie sich allerdings auf die Ebene der fragwürdigen und zum Teil unreflektierten Apologie des Architekten.

146) Vgl. March: Bauwerk Reichssportfeld..., (Anm. 64), S. 32.

147) Ebenda, S. 38.

148) Vgl. Deutsche Bauzeitung, 70. Jg., 1936, S. 970.

149) Vgl. March: Bauwerk ... (Anm. 64), S. 31.

150) Ebenda, S. 35.

151) Ebenda, S. 42.

152) Vgl. Werner Siebarth: Chronik der Hauptstadt Berlin 1936/37, Berlin 1937, S. 179.

153) Ebenda.

154) Vgl. Olympia-Zeitung, Nr. 13 vom 2. August 1936, S. 205.

155) Vgl. Programmheft zum Festspiel „Olympische Jugend".

156) Die zeitgenössischen Angaben schwankten, lagen jedoch aus Prestige- und Propagandagründen immer über der Zahl von 49 Nationen. Eingeladen waren nach dem Amtlichen Bericht (S. 98) 59 Nationen. Der in hoher Auflage vom Cigaretten-Bilder-

dienst herausgegebene Sammelband „Olympiade 1936“ (Bd. 1, S. 68) sah dagegen 50 Nationen zum „Marsch auf Berlin (an)rücken“. Im Amtlichen Führer (S. 107 / 108) waren die Fahnen von 59 „teilnehmenden“ Nationen abgebildet. Die Olympia-Zeitung (S. 205) gab die Zahl der bei der Eröffnungsfeier einmarschierten Nationen mit 51 an.

157) Vgl. Olympia-Zeitung, Nr. 14 vom 3. August 1936, S. 238.

158) Ebenda. Der Weltrekord von Jesse Owens konnte später wegen zu starken Rückenwinds nicht anerkannt werden.

159) Vgl. Die Tagebücher von Joseph Goebbels. Sämtliche Fragmente, hrsgg. von Elke Föhlich im Auftrag des Instituts für Zeitgeschichte und in Verbindung mit dem Bundesarchiv, Bd. 1-4, München/New York/London/Paris 1987, Bd. 2, S. 161. Bei der Anzahl der gewonnenen Goldmedaillen irrt Goebbels. Richtig sind zwei Goldmedaillen. Hinzu kamen an diesem Tag eine Silbermedaille und eine Bronzemedaille.

160) Ebenda.

161) Vgl. Olympia-Zeitung, Nr. 25 vom 14. August 1936, S. 500.

162) Horst Wessel war NSDAP-Mitglied und Führer eines so genannten SA-Sturms im Berliner Bezirk Friedrichshain, einer Hochburg der Kommunisten, als er 23jährig an den bei einer Auseinandersetzung erlittenen Schußverletzung starb. Von Goebbels zum politischen Märtyrer stilisiert, galt das von ihm verfasste und vertonte Gedicht (Text der ersten Strophe: „Die Fahne hoch! Die Reihen dicht geschlossen! SA marschiert mit mutig festem Schritt, Kameraden, die Rotfront und Reaktion erschossen, marschiern im Geist in unseren Reihen mit.“) nach seinem Tod 1930 als Parteihymne („Horst Wessels Gruß an das kommende Deutschland“) und wurde nach der „Machtübernahme“ als „Horst-Wessel-Lied“ zur (inoffiziellen) zweiten Nationalhymne aufgewertet.
Der „Badenweiler Marsch“ (Komponist: Georg Fürst) war Hitlers Lieblingsmarsch und durfte ab 1939 nur noch in seiner Anwesenheit öffentlich gespielt werden.

163) Vgl. Siebarth: Chronik ... (Anm.152), S. 182.

164) Vgl. Die Olympischen Spiele 1936 in Berlin und Garmisch-Partenkirchen, hrsgg. vom Cigaretten-Bilderdienst Hamburg-Bahrenfeld, Hamburg 1936, Bd. 2, S. 161.

165) Vgl. Die Tagebücher... (Anm. 159), Bd. 2, S. 663.

166) Vgl. Siebarth: Chronik ...(Anm. 152), S. 94.

167) Vgl. Die Tagebücher ... (Anm. 159), Bd. 3, S. 283.

168) Ebenda, S. 284.

169) Ebenda, S. 285.

170) Vgl. Staatspolitische Filme, Heft 8/9 Olympia, hrsgg. im Auftrage der Reichspropagandaleitung der NSDAP, Amtsleitung Film von Walther Günther, Berlin 1938.

171) Vgl. den Wortlaut des Sinnspruchs von Friedrich Hölderlin im Kapitel „Das Reichssportfeld und seine baulichen Anlagen“, S. 87.

172) Vgl. Hajo Bernett: Symbolik und Zeremoniell der XI. Olympischen Spiele in Berlin 1936, in: Sportwissenschaften 16. Jg., 1986, S. 382.

173) Vgl. Hans-Ernst Mittig: Kunst und Propaganda im NS-System, in: Moderne Kunst. Das Funkkolleg zum Verständnis der Gegenwartskunst, Band 2, Reinbek 1991, S. 455; Krüger: Die Entnazifizierung ... (Anm. 8), S. 77; Bernett: Symbolik ...(Anm. 172), S. 394.

174) Vgl. Siebarth: Chronik ... (Anm. 152), S. 94.

175) Ebenda.

176) Vgl. Carl Diem: Ein Leben für den Sport. Erinnerungen aus dem Nachlaß, Ratingen/Kastellaun/Düsseldorf o. J. (1974), S. 205.

177) Ebenda.

178) Ebenda, S. 214.

179) Ebenda, S. 217/218.

180) Ebenda, S. 221.

181) Die Mehrzahl der Autoren bezieht sich auf Helmut Altner: Totentanz Berlin. Tagebuchblätter eines Achtzehnjährigen, Offenbach 1947, S. 155-162; bei den im Stil eines Landserromans verfassten Aufzeichnungen sind allein schon wegen der Fülle der geschilderten Fronterlebnisse Zweifel angebracht, ob der Autor tatsächlich als Augenzeuge alle beschriebenen Kampfhandlungen selbst erlebt hat.

182) Vgl. Diem: Ein Leben ... (Anm. 176).

183) Ebenda, S. 225.

184) Ebenda, S. 227.

185) Vgl. Diem-Archiv, Mappe 658, Denkschrift vom 26. Juni 1945, Bl. 1.

186) Ebenda, Bl. 5.

187) Vgl. Diem: Ein Leben ... (Anm. 176), S. 229.

188) Das Londoner Protokoll vom 19. September 1944, dem später auch Frankreich beitrat, bildete die Grundlage für die Einteilung Deutschlands in Besatzungsgebiete sowie für die Aufteilung von „Gross-Berlin“ in Sektoren der Alliierten nach dem Ende des Zweiten Weltkriegs. Der britische Sektor umfasste die Verwaltungsbezirke Charlottenburg, Spandau, Tiergarten und Wilmersdorf.

189) Vgl. Diem: Ein Leben ... (Anm. 176), S. 237.

190) Die vergrabene Olympiaglocke wurde erst neun Jahre später, am 16. Dezember 1956 (s. Abbildung S.141), wieder gehoben. Gereinigt und entrostet fand die Glocke schließlich nach einem Intermezzo neben der „Podbielski-Eiche“ Aufstellung auf dem Platz am Südeingang. Hier wurde 1982 am Portament aus Muschelkalk eine Bronzetafel mit der Aufschrift angebracht: „Zum Gedenken an die Olympiakämpfer der Welt, die durch Krieg und Gewalt ihr Leben verloren.“ Alljährlich im November versammeln sich an der Olympiaglocke mit dem schlecht kaschierten Hakenkreuz Vertreter des DSB, NOK, LSB und andere Sportorganisationen zu einer Gedenkfeier.

191) Vgl. Der Tagesspiegel vom 13. Juni 1950.

192) Diese und die weiteren Angaben zu den baulichen Veränderungen haben als Quelle den umfangreichen Plan- und Aktenbestand des Bau- und Wohnungsaufsichtsamtes Charlottenburg. Da der Bestand nicht systematisch geordnet ist, mußte auf einen detaillierten Nachweis verzichtet werden.

193) Mit der Aufstellung der Stele für die Olympiasieger von Seoul im Jahre 1988 war das Programm von 1936 komplettiert, das – aus Platzgründen – insgesamt 18 Stelen vorsah. Nach der Vereinigung der beiden deutschen Staaten wurden am 2. Oktober 1998 ergänzende Stelen für die 348 Olympiasieger der ehemaligen DDR der Jahre 1968-1988 aufgestellt. Als Standort für die vier Ergänzungsstelen wurde der südliche Randbereich des Ostvorplatzes gewählt. Die beiden Stelen für die Olympiasieger der 90er Jahre stehen westlich von der Skulptur „Diskuswerfer“ von Karl Albiker.

194) Daß dieser Vorgang bis heute so erfolgreich verschleiert bleiben konnte, ist nicht nur den Urhebern anzulasten, sondern auch allen offiziell beteiligten Experten und Entscheidungsträgern, welche in den letzten 30 Jahren mit dem künstlerischen Ausstattungsprogramm des ehemaligen Reichssportfeldes befaßt waren.

195) Vgl. Diem-Archiv, Mappe 664, Schriftwechsel von Werner March mit Carl Diem 1956.

196) Bau- und Wohnungsaufsichtsamt Charlottenburg, Plan- und Aktenbestand Olympiastadion, Baubeschreibung Bauamt Nord vom 11. September 1961.

197) Als Eigentümerin der Sportanlage war die Bundesrepublik Deutschland, vertreten durch das Finanzministerium, für die bauliche Unterhaltung zuständig. Das Land Berlin zahlte eine Pacht und besaß einen Nutzungsvertrag, der ihr bestimmte Rechte einräumte.

198) Vgl. Olympische Spiele Berlin 2000, Bewerbung der Stadt Berlin beim Nationalen Olympischen Komitee für Deutschland, hrsgg. vom Olympia-Büro Berlin, Berlin 1991, S. 26.

199) Vgl. Olympisches Dorf und Olympiagelände. Kooperatives Gutachterverfahren, hrsgg. von der Senatsverwaltung für Stadtentwicklung und Umweltschutz, Berlin 1993, S. 4.

200) Dem „Allied Forces Sports Council“ gehörten neben den alliierten Siegermächten noch Belgien, Dänemark, Griechenland, Luxemburg, Niederlande, Norwegen, Polen und Tschechoslowakei an.

201) Vgl. Festschrift aus Anlass der Vorolympischen Festtage 1952, Berlin 20. Juni bis 7. Juli, vereinigt mit dem Tagesprogramm. In seinem Beitrag „Berlin und die Olympische Idee“ konnte Carl Diem einmal mehr seine Sicht von den „unpolitischen Spielen“ in Berlin 1936 verbreiten und schrieb u.a.: „Die nationalsozialistische Regierung wurde vom Internationalen Olympischen Komitee genötigt, die Selbständigkeit der olympischen Arbeit anzuerkennen und die unbeeinflußte Durchführung zu gewährleisten. Als am 1. August 1936 die olympische Glocke im neugeschaffenen Reichssportfeld die Jugend der Welt ins Olympia-Stadion rief, wurde das größte bis dahin stattgefundene

olympische Ereignis eingeleitet. Paul Winter hatte die Olympischen Fanfaren, Richard Strauß die Olympische Hymne komponiert; das Olympische Feuer wurde im Fackelstaffellauf von Olympia her über 3000 Kilometer herangetragen, und der olympische Gedanke erlebte seine künstlerische Darstellung im Festspiel ‚Olympische Jugend', das mit Schillers ‚Lied an die Freude' in der Vertonung Beethovens ausklang." (S. 18).

202) Vgl. Victor Hackenberger: Schlußgong für einen Meisterboxer, in: Der Tagesspiegel vom 2. November 1948.

203) Vgl. Es war eine rauschende Beat-Nacht, in: Der Tagesspiegel vom 16. September 1965, und Christoph Müller: Die Geister, die sie riefen, in: Der Tagesspiegel vom 17. September 1965.

204) Vgl. Weidleplan Consulting GmbH: Olympiagelände Berlin. Studie zur Durchführung der Spiele 2000, Stuttgart 1990, S. 1.

205) Vgl. ÖKOplan, Wolfgang H. Meyer/Thomas Renneberg, Heiner Fockenberg/Dorothee Lubecki: Landschaftsplanerische Tragfähigkeitsanalyse für Standorte auf dem Olympiagelände/Ruhleben (Olympia 2000), Berlin 1992.

206) Vgl. Reinald Eckert und Wolfgang Schäche mit Norbert Szymanski und Annette Tietenberg: Zu Geschichte und Bestand des ehemaligen Reichssportfeldes...(Anm. 3).

207) Vgl. Weidleplan Consulting GmbH: Olympiastadion. Studie über den Um- und Ausbau, Stuttgart 1992.

208) Vgl. Olympisches Dorf und Olympiagelände. (Anm. 199).

209) Ebenda, S. 48.

210) Eingeladen waren die Berliner Architekturbüros: Rebecca F. Chestnutt/Robert P. Niess mit der Arbeitsgemeinschaft für Freiraumplanung, Landschaftsarchitektur und Städtebau; Christine Kennerknecht mit der Landschaftsarchitektin Gabriele G. Kiefer; Ralf Lenz/Regula Klöti/Robert Haas mit Bödecker, Wagenfeld & Partner; Thomas Müller/Ivan Reimann/Andreas Scholz mit dem Landschaftsarchitekten Karl Thomanek sowie Michael Kny/Thomas Weber mit den Landschaftsarchitekten Cornelia Müller/Elmar Knippschild/Jan Wehberg.

211) Vgl. Olympisches Dorf und Olympiagelände... (Anm. 199), S. 86/87.

212) Lutz Grüttke war der erste Geschäftsführer der „Berlin 2000 Olympia GmbH". Wegen dubioser Verträge und einer Parallelkarriere als Model musste er den Posten bald wieder aufgeben. Sein Nachfolger wurde der ebenso umstrittene wie glücklose Axel Nawrocki, der zuvor bei der „Treuhand" als Manager tätig war.

213) Vgl. Persy·Symbios, Beratungsgesellschaft/GMF, Entwicklung und Management von Freizeitsystemen: Der Neue Olympia Park Berlin. Wirtschaftliches Konzept und Entwicklungspotentiale, Basel 1994, S. 1.

214) Vgl. Kiefer, Landschaftsplanung/Müller Reimann Scholz Architekten: Der Neue Olympia Park Berlin. Städtebauliches und Landschaftsplanerisches Konzept, Berlin 1994.

215) Ebenda, S. 3.

216) Ebenda, S. III.

217) Ebenda.

218) Vgl. Persy·Symbios/GMF: Der Neue Olympia Park... (Anm. 213), S. XIII.

219) Vgl. Deyle-Bung: Olympia-Stadion Berlin. Instandsetzung und Modernisierung, Planungskonzeption, Berlin 1996.

220) Ebenda. „Aktenvermerk" zum Arbeitsgespräch am 31. Juli 1997 zwischen der Planungsgemeinschaft und dem LDA, S. 6/7.

221) Vgl. Axel Bahr: Klassische Fußballarena statt modernem Olympiastadion, in: Der Tagesspiegel vom 9. August 1997.

222) Vgl. Dr. Seebauer & Partner GmbH, Management Consulting Group: Leitkonzeption für eine wirtschaftlich tragfähige Nutzung des gesamten Berliner Olympiageländes, München 1998, S. 2.

223) Vgl. Tobias Miller/Hartmut Augustin: Berlins neuer Olympiapark: Sport und Shopping für 2000 Besucher, in: Berliner Zeitung vom 25./26. Oktober 1997.

224) Vgl. Dr. Seebauer & Partner GmbH, Management Consulting Group: Leitkonzeption...(Anm. 222), S.9.

225) Zu den Unterzeichnern gehörten: Architektenkammer Berlin, Architekten- und Ingenieurverein zu Berlin, Baukammer Berlin, Bund Deutscher Architekten, Bund Deutscher Architekten Berlin, Bund Deutscher Baumeister, Architekten und Ingenieure, Landesverband Berlin, Bund Deutscher Landschaftsarchitekten, Deutsche Akademie für Städtebau und Landesplanung, Deutscher Werkbund Berlin, veröffentlicht u.a. in der Zeitschrift Bau, September 1998.

226) Die neun zu bewertenden Sachgebiete umfaßten: Städtebauliche Gestaltung, Denkmalschutz, Baurecht / Sicherheit, Baukonstruktion, Nutzung, Technik, Kosten, Termine / Baulogistik, Finanzierungs– und Betreiberkonzept.

227) Vgl. Olympiastadion Berlin. Verhandlungsverfahren gemäß VOF, Zusammenfassung des Prüfberichtes, hrsgg. von der Senatsverwaltung für Bauen, Wohnen und Verkehr, Berlin 1998, S. 10.

228) Vgl. Axel Bahr: Marodes Olympiastadion wird hochmoderne Großarena, in: Der Tagesspiegel vom 18. November 1998.

229) Vgl. Vera Fischer: Neues Olympiastadion: Gerkan auf der Zielgeraden, in: Berliner Morgenpost vom 18. November 1998.

230) Vgl. Hartmut Augustin: Olympiastadion: Baukonzerne legen Pläne vor, in: Berliner Zeitung vom 23. März 1999.

231) Vgl. Axel Bahr: Vertrag für Modernisierung und Betrieb des Olympiastadions unter Dach und Fach, in: Berliner Morgenpost vom 10. Mai 2000.

232) Vgl. Volkwin Marg: Sanierung und Modernisierung Olympiastadion, in: Baukammer Berlin 4/1999, S. 3-5.

Quellen

- Archiv für Kunst und Geschichte (AKG), Berlin
- Bezirksamt Charlottenburg: Bau- und Wohnungsaufsichtsamt: Aktenkammer, Naturschutz- und Grünflächenamt, Tiefbauamt, Vermessungsamt
- Bezirksamt Wilmersdorf, Kommunale Galerie
- Bibliothek der Hochschule der Künste, Berlin
- Bildarchiv Foto Marburg
- Bildarchiv Preußischer Kulturbesitz (bpk), Berlin
- Bundesarchiv, Berlin: Akten des Reichsinnenministeriums: R 1501 (alt R 18) / 5608, R 1501 (alt R 18) / 5609, R 1501 (alt R 18) / 5610, R 1501 (alt R 18) / 5611, R 1501 (alt R 18) / 5612, R 1501 (alt R 18) / 5613; Akten der Reichskanzlei: R 43 II / 729, R 43 II / 1052, R 43 II / 1181; Akten des Propagandaministeriums: R 55 / 96, R 55 / 97, R 55 / 98, R 55 / 843
- Burrer, Rolf Albert, Maulbronn
- Deutsche Sporthochschule Köln: Carl und Liselott Diem-Archiv: Mappe 24, Mappe 155-156, Mappe 177, Mappe 182, Mappe 562-567, Mappe 657-658, Mappe 664
- Deutsches Historisches Museum (DHM), Berlin: Bildarchiv
- Georg-Kolbe-Museum, Berlin
- Gmp von Gerkan, Marg und Partner Architekten, Büro Berlin
- Heimatarchiv Bezirksamt Charlottenburg, Berlin
- Heimatmuseum Charlottenburg, Berlin
- Kunstbibliothek Berlin
- Landesarchiv Berlin: Kartensammlung; Bauakten des Bezirksamtes Charlottenburg: Rep. 207 Acc. 2372 Nr. 1552, Rep. 207 Acc. 2372 Nr. 2497, Akten des Gartenbauamtes, Bezirksamt Charlottenburg: Rep. 207 Acc. 2470 Nr. 3323, Rep. 207 Acc. 2470 Nr. 3324, Rep. 207 Acc. 2470 Nr. 3325, Rep. 207 Acc. 2470 Nr. 3326, Fotoarchiv
- Müller Reimann Scholz Architekten Berlin
- Senatsbibliothek Berlin
- Senatsverwaltung für Schule, Jugend und Sport, Berlin
- Senatsverwaltung für Stadtentwicklung, Abt. III
- Staatsarchiv Freiburg
- Staatsarchiv Osnabrück: Nachlass Wiepking: Dep 72 b
- Staatsbibliothek Preußischer Kulturbesitz, Berlin
- Technische Universität Berlin: Architekturbibliothek, Gartenbaubilbiothek, Historische Lehr- und Studienarbeitensammlung des Institutes für Landschafts- und Freiraumplanung, Plansammlung
- Ullstein Bilderdienst, Berlin
- Weidleplan Consulting GmbH, Stuttgart
- Zentrum für Berlin-Studien: Postkartensammlung

Literatur

Abel, Adolf: Von der Plastik des Reichssportfeldes, in: Baugilde, 18. Jg., 1936, S. 957-975.
Albiker, Karl: Karl Albiker Werkbuch, Karlsruhe 1978.
Albiker, Karl: Das Problem des Raums in den bildenden Künsten, Frankfurt am Main 1962.
Allinger, Gustav: Aufruf an alle Mitglieder und Freunde der Deutschen Gesellschaft für Gartenkunst, in: Die Gartenkunst, 46. Jg., 1933, S. 145.
Allinger, Gustav: Neuordnung des Gartenbauwesens, in: Die Gartenkunst, 46. Jg., 1933, S. 134-137.
Altner, Helmut: Totentanz Berlin. Tagebuchblätter eines Achtzehnjährigen, Offenbach am Main 1947.

Backes, Klaus: Hitler und die bildenden Künste. Kulturverständnis und Kunstpolitik im Dritten Reich, Köln 1988.
Ballarin, Werner: Surrogate der Verfemten, in: Bildende Kunst, 1987, S. 488-489 u. 533-535.
Bartetzko, Dieter: Illusion in Stein. Stimmungsarchitektur im deutschen Faschismus. Ihre Vorgeschichte in Theater- und Filmbauten, Reinbek 1985.
Bartetzko, Dieter: Zwischen Zucht und Extase. Zur Theatralik von NS-Architektur, Berlin 1985.
Bauten für die Olympischen Spiele, in: Deutsche Bauzeitung, 70. Jg., 1936, S. 481.
Berger, Ursel: Georg Kolbe, Leben und Werk – mit dem Katalog der Kolbe-Plastiken im Georg-Kolbe-Museum, Berlin 1990.
Bergfeld, Rudolf: Wie gelangen wir zu einer deutschen Gartenkunst, in: Die Gartenkunst, 49. Jg., 1936, S. 34-38.
Berlin – Die Sporthauptstadt Deutschlands. Dem Olympischen Kongress 1930 gewidmet vom Magistrat der Stadt Berlin, bearbeitet von W(ilhelm) von Drigalski, o. O. u. J. (Berlin 1930).
Berlin und seine Bauten, Teil VII, Band C Sportbauten, hrsgg. vom Architekten- und Ingenieur-Verein zu Berlin, Berlin 1997.
Bernett, Hajo: Symbolik und Zeremoniell der XI. Olympischen Spiele in Berlin 1936, in: Sportwissenschaft, 16. Jg., 1986, S. 357-397.
Bild der Verkehrsgelegenheiten und Parkplätze des Reichssportfeldes, in: Bauwelt, 27. Jg., 1936, S. 139.
Bilder-Vorbericht von den Olympischen Spielen, in: Deutsche Bauzeitung, 70. Jg., 1936, S. 99.
Bohlen, Friedrich: Die XI. Olympischen Spiele Berlin 1936. Instrument der innen- und außenpolitischen Propaganda und Systemsicherung des faschistischen Regimes, Köln 1979.
Bräckerbohm: Der Glockenturm auf dem Reichssportfeld, Berlin, in: Der Stahlbau, 10. Jg., 1937, S. 37-38.
Breker, Arno: Im Strahlungsfeld der Ereignisse, Preußisch Oldenburg 1972.
Breker, Arno: Schriften, hrsgg. von Volker G. Probst, Bonn/Paris/New York 1983.
Brenner, Hildegard: Die Kunstpolitik des Nationalsozialismus, Reinbek 1963.
Brock, Bazon / Preiß, Achim: Kunst auf Befehl? Dreiunddreißig bis Fünfundvierzig, München 1990.
Buddensieg, Tilmann: Olympia 1936 – Olympia 2000. Werner Marchs Reichssportfeld im Dritten Reich, in: ders.: Berliner Labyrinth. Preußische Raster, Berlin 1993.
Bültemann, Manfred: Architektur für das Dritte Reich. Die Akademie für Deutsche Jugendführung in Braunschweig, Berlin 1986.
Bushart, Magdalena / Nicolai, Bernd / Schuster, Wolfgang: Entmachtung der Kunst, Berlin 1985.
Bushart, Magdalena: Olympische Spiele in Berlin, Ausstellung der Kunstbibliothek, Berlin 1991.
Bushart, Magdalena: Die Bildwerke auf dem Reichssportfeld in Berlin, in: Das Kunstwerk als Geschichtsdokument. Festschrift für Hans-Ernst Mittig, hrsgg. von Annette Tietenberg, München 1999.
Bussmann, Georg: Plastik, in: Kunst im Dritten Reich. Dokumente der Unterwerfung, hrsgg. vom Frankfurter Kunstverein, Frankfurt am Main 1974.

Damus, Martin / Rogge, Henning: Fuchs und Bronzeflamme, München 1979.
Damus, Martin: Sozialistischer Realismus und Kunst im Nationalsozialismus, Frankfurt am Main 1981.
Das deutsche Olympia-Stadion, in: Deutsche Bauzeitung, 67. Jg., 1933, S. 842.
Das deutsche Sportforum, in: Bauwelt, 17. Jg., 1926, S. 146-147.
Das Deutsche Stadion, hrsgg. von August Reher, Berlin-Charlottenburg 1913.
Das deutsche Stadion im Grunewald bei Berlin, in: Zentralblatt der Bauverwaltung, 33. Jg., 1913, S. 310-312.
Das deutsche Stadion in Grunewald bei Berlin, in: Das Schulhaus, 16. Jg., 1914, S. 265-276.
Das neue Berliner Olympia-Stadion, in: Baugilde, 16. Jg., 1934, S. 27.
Das Olympiastadion, in: Baugilde, 19. Jg., 1937, S. 41-64.
Das Reichssportfeld. Bildbericht von einer Großbaustelle, in: Bauwelt, 26. Jg., 1936, S. 798-799.
Das Reichssportfeld. Eine Schöpfung des Dritten Reiches für die Olympischen Spiele und die Deutschen Leibesübungen, hrsgg. vom Reichsministerium des Innern, Berlin 1936.
Das Stadion in Grunewald, in: Bauwelt, 3. Jg., 1912, S. 17.
Davidson, Mortimer G.: Kunst in Deutschland 1933-1945. Eine wissenschaftliche Enzyklopädie der Kunst im Dritten Reich, Bd. 1, Skulpturen, Tübingen 1988.
Deutsche Bildhauer 1900-1945 – Entartet, hrsgg. von Christian Tümpel, Königstein im Taunus 1992.
Deutsche Kampfbahnen, in: Das Schulhaus, 18. Jg., 1916, S. 201-223.
Deutsche Kunst der 20er und 30er Jahre, hrsgg. von Erich Steingräber, München 1979.
Die Bauwerke und Kunstdenkmäler von Berlin. Stadt und Bezirk Charlottenburg, hrsgg. von Paul Ortwin Rave, bearbeitet von Irmgard Wirth, Berlin 1961.
Die Dekoration der Gewalt. Kunst und Medien im Faschismus, hrsgg. von Berthold Hinz / Hans–Ernst Mittig / Wolfgang Schäche / Angela Schönberger, Gießen 1979.
Die Großbauten für die Olympiade 1936 in Berlin, in: Bauwelt, 26. Jg., 1935, S. 186.
Diem, Carl: Deutsche Kampfspiele 1922, Berlin 1922.
Diem, Carl: Die Deutsche Hochschule für Leibesübungen, Hannover 1924.
Diem, Carl: Leibesübungen und Spielplatzfrage, in: Die Gartenkunst, 37. Jg., 1924, S. 137-140.
Diem, Carl: Das Deutsche Sportforum. Denkschrift zur Feier der Grundsteinlegung 18. Oktober 1925, Berlin 1925.
Diem, Carl / Seiffert, Johannes: Sportplatz und Kampfbahn (Beiträge zur Turn- und Sportwissenschaft, Heft 2), Berlin 1926 (2. Auflage).
Diem, Carl: Olympische Flamme. Das Buch vom Sport, 3 Bde., Berlin 1942.
Diem, Carl: Ein Leben für den Sport. Erinnerungen aus dem Nachlaß, hrsgg. vom Carl-Diem-Institut an der Deutschen Sporthochschule Köln, Ratingen / Kastellaun / Düsseldorf o. J. (1974).
Diem, Carl: Der deutsche Sport in der Zeit des Nationalsozialismus, bearbeitet von L(orenz) Pfeiffer, Köln 1980.
Diem, Carl: Ausgewählte Schriften, 3. Bd., St. Augustin 1982.
Diem, Liselott: Fliehen oder bleiben? Dramatisches Kriegsende in Berlin, Freiburg im Breisgau 1982.
Die NAZI Olympiade, unveränderter Nachdruck des offiziellen Olympia Albums von 1936, Nachwort von Gerhard Zwerenz, Frankfurt am Main 1972.
Die Olympischen Spiele 1936 in Berlin und Garmisch-Partenkirchen, hrsgg. vom Cigaretten-Bilderdienst Hamburg-Bahrenfeld, 2 Bde., Hamburg 1936.
Die Reichs-Akademie für Leibesübungen. Eine Zuchtstätte des Wehrwillens in Berlin, in: Deutsche Bauhütte, 43. Jg., 1939, S. 243.
Die Rennbahn im Grunewald, in: Der Baumeister, 7. Jg., 1909, S. 126-132.
Die 16 olympischen Tage. Bericht in Wort und Bild, in: Berliner Illustrirte Zeitung, 2. Sonderheft, 1936.
Die Tagebücher von Joseph Goebbels. Sämtliche Fragmente, hrsgg. von Elke Fröhlich im Auftrag des Instituts für Zeitgeschichte und in Verbindung mit dem Bundesarchiv, Band 1-4, München / New York / London / Paris 1987.
Dreßen, Wolfgang: Kein Denkmalsturz in Berlin – Zum Beispiel die Langemarck-Halle, in: Museumsjournal, 5. Jg., 1991, S. 14-17.

Eckert, Reinald / Schäche, Wolfgang mit Norbert Szymanski und Annette Tietenberg: Zu Geschichte und Bestand des ehemaligen Reichssportfeldes in

Berlin-Charlottenburg. Eine bau- und gartenhistorische Expertise unter besonderer Berücksichtigung denkmalpflegerischer Aspekte, Auftraggeber: Senatsverwaltung für Stadtentwicklung und Umweltschutz, Berlin 1992 (gebundenes Maschinenmanuskript).
XI. Olympische Spiele Berlin 1936. Amtlicher Bericht, hrsgg. vom Organisationskomitee für die XI. Olympischen Spiele Berlin 1936 e. V., Berlin 1936.
XI. Olympiade Berlin 1936. Olympischer Kunstwettbewerb, Katalog der Olympischen Kunstausstellung, Berlin o. J. (1936).
Endlich, Stefanie / Wurlitzer, Bernd: Skulpturen und Denkmäler in Berlin, Berlin 1990.
Ethos und Pathos. Die Berliner Bildhauerschule 1786-1914, hrsgg. von Peter Bloch, Berlin 1990.
Ewiges Olympia. Quellen zum olympischen Gedanken, zusammengestellt von Carl Diem, Minden o. J. (1948).

Fest, Joachim: Speer. Eine Biographie, Berlin 1999.
Fleischmann, Antje: Das Bild der Frau in der Plastik des Nationalsozialismus, in: Christoph Brockhaus / Thorsten Rodiek: Das Bild der Frau in der Plastik des 20. Jahrhunderts, Duisburg 1986.
Frey: Döberitzer Heerstraße, in: Zeitschrift für Bauwesen, 61. Jg., 1911, S. 69-86 u. Tafel 10, 11.
Friedländer, Saul: Kitsch und Tod. Der Widerschein des Nazismus, München/Wien 1984.

Gebauer, Gunter / Wulf, Christoph: Spiele der Gewalt. Ein Bildessay über die Olympiade Berlin 1936, in: Ästhetik und Kommunikation, 18. Jg., 1987, S. 111-128.
Gedenktafel für Carl Diem aus dem Olympiastadion gestohlen, in: Der Tagesspiegel vom 8. Januar 1992.
Geyer, Horst: Olympische Spiele 1896-1996. Ein deutsches Politikum, Münster 1996.
Glogau, Arthur: Zeitgemäße Betrachtungen über die Bedeutung der Gartengestaltung, in: Gartenwelt, 36. Jg., 1932, S. 91-92, 172, 204-205.
Grasskamp, Walter: Arno Breker ins Museum? Wider den neuen liberalen Extremismus, in: Arbeit in Geschichte – Geschichte in Arbeit, hrsgg. von Georg Bussman, Berlin 1988.
Grohn, Ursula: Gustav Seitz. Das plastische Werk, Werkverzeichnis, Hamburg 1980.
Grosskopf, Walter: Radrennbahnen, in: Deutsche Bauzeitung, 64. Jg., 1930, Beilage S. 149-152.
Gröning, Gert / Wolschke-Bulmahn, Joachim: Die Liebe zur Landschaft, Teil 1: Natur in Bewegung (Arbeiten zur sozialwissenschaftlich orientierten Freiraumplanung, Bd. 7), München 1986.
Gröning, Gert / Wolschke-Bulmahn, Joachim: Die Liebe zur Landschaft, Teil III: Der Drang nach Osten (Arbeiten zur sozialwissenschaftlich orientierten Freiraumplanung, Bd. 9), München 1987.
Gröning, Gert / Wolschke-Bulmahn, Joachim: Ein Rückblick auf 100 Jahre DGGL, 1887-1987 (Schriftenreihe der Deutschen Gesellschaft für Gartenkunst und Landschaftspflege, Bd. 10), Berlin 1987.

Hachtmann, Rüdiger: Reichssportfeld – das monumentale Bauwerk Berlins, in: Völkischer Beobachter vom 26. Juli 1936.
Handbuch der Architektur, Vierter Teil. 4. Halbbd.: Gebäude für Erholungs-, Beherbergungs- und Vereinszwecke, 3. Heft: Anlagen für Sport und Spiel, bearbeitet von Johannes Seiffert, mit Beiträgen von Albert Bibendt und Gustav Häussler, Leipzig 1928.
Hasler, Hans: Deutsche Gartenkunst, Stuttgart 1939.
Haspel, Jörg: Denkmalbereich Olympiagelände, in: Baukammer Berlin 4/1999, S. 6-9.
Haug, Wolfgang Fritz: Die Faschisierung des bürgerlichen Subjekts. Die Ideologie der gesunden Normalität und Ausrottungspolitiken im deutschen Faschismus, Berlin 1986.
Hegemann, Werner: Werner March, Berlin/Leipzig/Wien 1930.
Heise, Carl Georg: Reichssportfeld – künstlerisch gesehen, in: Frankfurter Zeitung vom 3. August 1936.
Hensel, Alfred: Thingplätze und andere Freilichträume, in: Die Gartenkunst, 47. Jg., 1934, S. 136-156.
Hentzen, Alfred: Deutsche Bildhauer der Gegenwart, Berlin 1934.
Hinz, Berthold: NS-Kunst. 50 Jahre danach, Marburg 1989.
Hitler, Adolf: Mein Kampf, München 1933.
Hoffmann, Andreas: Reichssportfeld, Olympischer Platz, in: Geschichtslandschaft Berlin. Orte und Ereignisse (Bd. 1), Charlottenburg, Teil 2: Der neue Westen, Berlin 1985.
Hoffmann, Heinrich: Die Olympischen Spiele 1936, Text von Ludwig Haymann, Diessen am Ammersee 1936.
Hoffmann, Herbert: Das Reichssportfeld in Berlin, in: Moderne Bauformen, 35. Jg., 1936, S. 442-457.
Hoffmann, Hilmar: Mythos Olympia. Autonomie und Unterwerfung von Sport und Kultur, Berlin / Weimar 1993.
Hoffmann-Curtius, Kathrin: Die Kampagne „Entartete Kunst“. Die Nationalsozialisten und die moderne Kunst, in: Moderne Kunst. Das Funkkolleg zum Verständnis der Gegenwartskunst, Bd. 2, hrsgg. von Monika Wagner, Reinbek 1991.

Jacobs & Hübinger, Büro für Gartendenkmalpflege und Landschaftsplanung: Olympiagelände / Ehem. Reichssportfeld. Gutachten zur Restaurierung / denkmalgerechten Sanierung der Außenanlagen, Berlin 1997.
Josef Wackerle 1880-1959. Dem Bildhauer zum Gedächtnis, hrsgg. von der Bayerischen Akademie der Schönen Künste, München 1960.

Karl Albiker. Das gesamte Werk, hrsgg. von der Städtischen Kunsthalle Mannheim, Mannheim 1989.
Kersten, C.: Neuzeitliche Hallenbauten. Haus des Sports, in: Deutsche Bauzeitung, 70 Jg., 1936, S. 965-972.
Kessler-Slotta, Elisabeth: Max Laeuger (1864-1952). Sein graphisches, kunsthandwerkliches und keramisches Oeuvre, Saarbrücken 1985.
Kiefer, Landschaftsplanung / Müller Reimann Scholz Architekten: Der Neue Olympiapark Berlin (Band II). Städtebauliches und Landschaftsplanerisches Konzept, Berlin 1994.
Kiener, Hans: Architektur und Plastik. Olympiastadion Berlin und Monumentalplastik von Joseph Wackerle, in: Die Kunst im Dritten Reich, 1. Jg., 1937, S. 110-112.
Kluge, Volker: Olympiastadion Berlin. Steine beginnen zu reden, Berlin 1999.
Krause, Gerhard: Das Deutsche Stadion und Sportforum, Berlin 1926.
Krause, Gerhard: Das Deutsche Sportforum, Berlin o. J. (1928).
Krause, Gerhard: Das Reichssportfeld, Berlin 1936.
Krüger, Arnd: Die Olympischen Spiele 1936 und die Weltmeinung. Ihre außenpolitische Bedeutung unter besonderer Berücksichtigung der USA, Berlin 1972.
Krüger, Karl Heinz: Die Entnazifizierung der Steine, in: Der Spiegel, 43. Jg., 1989, Nr. 4, S. 64-81.

Landschaftsplanerische Tragfähigkeitsanalyse für Standorte auf dem Olympiagelände / Ruhleben (Olympia 2000), bearbeitet von Ökoplan Berlin, Berlin 1992.
Lennartz, Karl: Die VI. Olympischen Spiele Berlin 1916, Köln 1978.
Lotz: Das Deutsche Stadion auf dem Reichsparteitagsgelände, in: Baugilde, 19. Jg., 1937, S. 975-982.
Ludwig Gies 1887-1966, hrsgg. von Berd Ernstling, Leverkusen / Berlin / Niebüll 1990.

Mallwitz, A(rthur): Das Deutsche Stadion im Grunewald, Berlin 1909.
Mandell, Richard: Hitlers Olympiade Berlin 1936, München 1980.
Mappes, Michael: Klassisches Bauen auf dem Reichssportfeld. Klassische Landschaften im Olympischen Dorf, in: Die Gartenkunst, 49. Jg., 1936, S. 147-148.
Mappes, Michael: Kritische Betrachtungen der 1. Reichsgartenschau 1936, in: Die Gartenkunst, 49. Jg., 1936, S. 108-125.
March, Werner: Kunst und Technik im Stadionbau, in: Zentralblatt der Bauverwalung, 53. Jg., 1933, S. 497-506.
March, Werner: Das Reichssportfeld Berlin, in: Bauwelt, 27.Jg., 1936, S. 739-754 u. 771-778.
March, Werner: Bauwerk Reichssportfeld, Berlin 1936.
March, Werner: Die Plastik im Reichssportfeld, in: Kunst und Volk, 4. Jg., 1936, S. 276-279.
March, Werner: Feierraum und Bühne im Reichssportfeld, in: Kunst und Volk, 4. Jg., 1936, S. 36-40.
March, Werner: Das Reichssportfeld, in: Monatshefte für Baukunst und Städtebau, 20. Jg., 1936, S. 269-276.

March, Werner: Die Olympiabauten auf dem Reichssportfeld in Berlin, in: Zentralblatt der Bauverwaltung, 56. Jg., 1936, S. 689-716.
March, Werner: Das neue Berliner Maifeld, in: Völkischer Beobachter vom 26. Juli 1936.
March, Werner: Das Sportforum auf dem Reichssportfeld, in: Baugilde, 19. Jg., 1937, S. 41-64.
March, Werner: Otto March. Ein schöpferischer Berliner Architekt an der Jahrhundertwende, Tübingen 1972.
Marg, Volkwin: Sanierung und Modernisierung Olympiastadion, in: Baukammer Berlin 4/1999, S. 3-5.
Merker, Reinhard: Die bildenden Künste im Nationalsozialismus. Kulturideologie – Kulturpolitik – Kulturproduktion, Köln 1983.
Mittig, Hans-Ernst: Kunst und Propaganda im NS-System, in: Moderne Kunst. Das Funkkolleg zum Verständnis der Gegenwartskunst, Bd. 2, hrsgg. von Monika Wagner, Reinbek 1991.
Mittig, Hans-Ernst: NS-Architektur für uns, in: Faszination und Gewalt. Zur politischen Ästhetik des Nationalsozialismus, hrsgg. von Bernd Organ und Wolfgang W. Weiß, Nürnberg 1991.
Modellbild der großen Kampfbahn in Berlin-Grunewald, in: Bauwelt, 26. Jg., 1936, S. 219.
Müller, Paul: Das Erlebnis der XI. Olympischen Spiele in Wort, Bild und Ton, Berlin 1936.
Müller-Mehlis, Reinhard: Die Kunst im Dritten Reich, München 1976.

Nazi-Kunst ins Museum? Hrsgg. von Klaus Staeck, Göttingen 1988.
Neue Deutsche Baukunst, hrsgg. von Albert Speer, dargestellt von Rudolf Wolters, Berlin / Amsterdam / Prag / Wien 1943.
Neues Bauen in Eisenbeton, hrsgg. vom Deutschen Beton-Verein, Berlin 1937.
1936. Die Olympischen Spiele und der Nationalsozialismus, hrsgg. von Reinhard Rürup, Berlin 1996.
Nitze, Ph(ilipp): Das Deutsche Sportforum zu Berlin, in: Deutsche Bauzeitung, 62. Jg., 1928, S. 701-715.

Olympia 1936, in: Die Woche, Sonderausgabe, Berlin 1936.
Olympia 1936. Bilder vom Reichssportfeld, in: Bauwelt, 27. Jg., 1936, S. 75-77.
Olympiabauten fast fertiggestellt, in: Deutsche Bauzeitung, 70. Jg., 1936.
Olympia-Stadion Berlin, hrsgg. vom Senator für Jugend, Familie und Sport, Berlin 1957 (1958 u. 1975).
Olympiastadion Berlin. Verhandlungsverfahren gemäß VOF, Zusammenfassung des Prüfberichtes, hrsgg. von der Senatsverwaltung für Bauen, Wohnen und Verkehr, Berlin 1998.
Olympia-Zeitung, Nr. 1-30, Berlin 1936.
Olympische Spiele Berlin 1936, hrsgg. und bearbeitet von Gerhard Krause, Berlin o. J. (1936).
Olympisches Dorf und Olympiagelände, kooperatives Gutachterverfahren, hrsgg. von der Senatsverwaltung für Stadtentwicklung und Umweltschutz, Berlin 1993.

Paulsen, Friedrich: Baukunst – Bildnerei – Malerei, in: Bauwelt, 28. Jg., 1937, S. 1-8 (Beilage).
Persy ·Symbios, Beratungsgesellschaft / GMF, Entwicklung und Management von Freizeitsystemen: Der Neue Olympiapark Berlin (Band 1). Wirtschaftliches Konzept und Entwicklungspotentiale, Basel 1994.
Petsch, Joachim: Baukunst und Stadtplanung im 3. Reich, München/Wien 1976.
Petsch, Joachim: Kunst im Dritten Reich. Architektur – Plastik – Malerei – Alltagsästhetik, Köln 1983.
Pfaender, Hermann: 100 Jahre Berliner Rennsport, Berlin o. J. (1932).
Pinder, Wilhelm: Georg Kolbe. Werke der letzten Jahre, Berlin 1937.
Planungsgemeinschaft Deyle-Bung: Olympia-Stadion Berlin. Instandsetzung und Modernisierung, Planungskonzeption, Berlin 1996.
Podbielski, (Viktor) von: Das Stadion im Grunewald, in: Berliner Turn- und Sport-Adreßbuch 1911, zusammengestellt von Carl Diem, hrsgg. vom Hauptausschuß zur Förderung von Leibesübungen in Groß-Berlin, Berlin 1911.
Poley, Stefanie: Rollenbilder im Nationalsozialismus – Umgang mit dem Erbe, Bad Honnef 1991.
Probst, Volker G.: Das Bildnis des Menschen im Werk von Arno Breker, Berlin 1981.

Ranke, Winfried: Deutsche Geschichte kurz belichtet. Photoreportagen von Gerhard Gronefeld 1937-1965, Berlin 1991.
Reichelt, Peter: Der schöne Schein des Dritten Reiches. Faszination und Gewalt des Faschismus, München / Wien 1991.
Reichhardt, Hans J. / Schäche, Wolfgang: Von Berlin nach Germania. Über die Zerstörungen der „Reichshauptstadt" durch Albert Speers Neugestaltungsplanungen, Berlin 1998.
Reuther, Hans: Die grosse Zerstörung Berlins. Zweihundert Jahre Stadtbaugeschichte, Frankfurt am Main / Berlin 1985.
Riedrich, Otto: Ein Forum deutscher Kraft, deutschen Kulturwillens, in: Die Bauzeitung, 46. Jg., 1936, S. 299-300, 312-320, 324-329.
Riefenstahl, Leni: Schönheit im Olympischen Kampf, Berlin 1937.
Riefenstahl, Leni: Memoiren, München / Hamburg 1987.
Rittich, Werner: Der Sport in der Plastik, in: Kunst und Volk, 4. Jg., 1936, S. 23-27.
Rittich, Werner: Architektur und Bauplastik der Gegenwart, Berlin 1938.
Rittich, Werner: Tierplastiken, in: Kunst im Dritten Reich, 2. Jg., 1938, H. 2.
Rittich, Werner: Situation unserer Plastik. Zur Ausstellung „Deutsche Plastik der Gegenwart" in Warschau, in: Kunst im Dritten Reich, 2. Jg., 1938, H. 4.
Rittich, Werner: Das Werk Georg Kolbes. Zum 65. Geburtstag, in: Die Kunst im Deutschen Reich, 6. Jg., 1942, S. 31-41.

Saalbach, Hans: Das Olympische Dorf, Leipzig 1936.
Schäche, Wolfgang: Architektur und Städtebau in Berlin zwischen 1933 und 1945. Planen und Bauen unter der Ägide der Stadtverwaltung (Die Bauwerke und Kunstdenkmäler von Berlin, Beiheft 17), Berlin 1991.
Schäche, Wolfgang: Das ehemalige Reichssportfeld in Berlin. Von „Olympia 2000", der Last der Geschichte und der Hilflosigkeit im Umgang mit NS-Bauten, in: Bauwelt, 84. Jg., 1993, S. 930-937.
Schäche, Wolfgang und Juckel, Lothar: Das ehemalige Reichssportfeld: Was tun?, in: Architektur in Berlin. Jahrbuch 1998, hrsgg. von der Architektenkammer Berlin, Hamburg / Dresden 1998.
Schäche, Wolfgang: Vom Umgang mit einem schwierigen Erbe: Das ehemalige Reichssportfeld in Berlin, in: Vergegenständlichte Erinnerung. Über Relikte der NS-Architektur, hrsgg. von Gerd Zimmermann und Christiane Wolf, Weimar 1999.
Schäche, Wolfgang: Das Olympiastadion auf dem ehemaligen Reichssportfeld, in: Das XX. Jahrhundert. Ein Jahrhundert Kunst in Deutschland. Architektur in Berlin, hrsgg. von Andres Lepik und Anne Schmedding, Köln 1999.
Schmeling, Max: Erinnerungen, Frankfurt am Main/ Berlin / Wien 1977.
Schmidt, Thomas: Die Stadionanlagen der Olympischen Spiele von 1896-1936, Diss. TU Berlin, Berlin 1981.
Schmidt, Thomas: Das Berliner Olympiastadion und seine Geschichte, Berlin 1983.
Schmidt, Thomas: Das Deutsche Stadion in Berlin-Grunewald. Markstein der Entwicklung des Sportstättenbaus in Deutschland, in: Mitteilungen des Vereins für die Geschichte Berlins, 80. Jg., 1984, S. 211-217.
Schmidt, Thomas: Werner March und seine Planungen zum ehemaligen Reichssportfeld, errichtet anläßlich der Olympiade 1936, in: Berlin Forschungen II (Einzelveröffentlichungen der Historischen Kommission zu Berlin, Bd. 61), Berlin 1987.
Schmidt, Thomas: Werner March (1894 bis 1976). Eine biographische Skizze zu seiner Tätigkeit als Architekt und Städtebauer, in: Berlin Forschungen III (Einzelveröffentlichungen der Historischen Kommission zu Berlin, Bd. 66), Berlin 1988.
Schmidt, Thomas: Entstehung und Gestaltungsmerkmale städtischer Sporträume in Berlin von 1860 bis 1960, in: Berlin Forschungen V (Einzelveröffentlichungen der Historischen Kommission zu Berlin, Bd. 71), Berlin 1990.
Schmidt, Thomas: Werner March. Architekt des Olympia-Stadions. 1894-1976, Basel/Berlin/Boston 1992
Schultze-Naumburg, Paul: Kunst aus Blut und Boden, Leipzig 1934.

Schultze-Naumburg, Paul: Kunst und Rasse, München / Berlin 1942.
Seebauer & Partner GmbH: Leitkonzeption für eine wirtschaftlich tragfähige Nutzung des gesamten Berliner Olympiageländes, Endbericht, München 1998.
Seiffert, Alwin: Bodenständige Gartenkunst, in: Die Gartenkunst, 43. Jg., 1930, S. 162-166.
Seiffert, Johannes: Spielplätze und Festspielplätze. Bemerkungen zu ihrer Raumgestaltung (Beiträge zur Turn- und Sportwissenschaft, Heft 8), Berlin 1924.
Seiffert, J(ohannes): Eine Feststätte der Leibesübungen, in: Deutsche Bauzeitung, 61. Jg., 1927, S. 847-852.
Siebarth, Werner: Chronik der Hauptstadt Berlin 1936/37, Berlin 1937.
Skulptur und Macht. Figurative Plastik im Deutschland der 30er und 40er Jahre, hrsgg. von der Akademie der Künste Berlin, Berlin 1983.
Speer, Albert: Spandauer Tagebücher, Frankfurt am Main / Berlin / Wien 1975.
Sponholz, (Richard): Der Bau des Reichssportfeldes in Berlin. Wie die Olympiabauten entstanden, in: Bauwelt, 27. Jg., 1936, S. 731-738.
Stahlrohrtribünen für 12 000 Zuschauer, in: Deutsche Bauzeitung, 70. Jg., 1936, S. 723.
Steinhöfer, Dieter: Hans von Tschammer und Osten. Reichssportführer im Dritten Reich (Turn- und Sportführer im Dritten Reich, Bd. 2), Berlin / München / Frankfurt am Main 1973.
Steinlein, G.: Die Verwendung von Marmorplatten im Hochbau, in: Zentralblatt der Bauverwaltung, 58. Jg., 1938, S. 861-862.
Stockfisch, Werner: Ordnung gegen Chaos. Zum Menschenbild Georg Kolbes, Berlin 1984.
Stommer, Rainer: Die inszenierte Volksgemeinschaft. Die „Thing-Bewegung" im Dritten Reich, Marburg 1985.

Tank, Kurt Lothar: Deutsche Plastik unserer Zeit, München 1942.
Teut, Anna: Architektur im Dritten Reich 1933-1945, Frankfurt am Main / Wien 1967.
Theaterbauten und Feierstätten, Band II der Buchreihe des Zentralblattes der Bauverwaltung, hrsgg. im Preußischen Finanzministerium, Berlin 1939.
Thieme, W.: Eisenbetonbauten auf dem Reichssportfeld Berlin, in: Beton und Eisen, 35. Jg., 1936, S. 73-77.
Thomae, Otto: Die Propaganda-Maschinerie. Bildende Kunst und Öffentlichkeitsarbeit im Dritten Reich, Berlin 1978.
Titel, Jörg: Die Vorbereitung der Olympischen Spiele in Berlin 1936. Organisation und Politik, in: Berlin in Geschichte und Gegenwart. Jahrbuch des Landesarchivs Berlin 1993.
Tribünen aus Stahlrohren, in: Zentralblatt der Bauverwaltung, 58. Jg., 1938, S. 1060.
Troost, Gerdy: Das Bauen im Neuen Reich, Bayreuth 1938.

Uhlitz, Manfred F.: Der Glockenturm am Olympia-Stadion in Berlin, Sonderdruck aus: Mitteilungen des Vereins für die Geschichte Berlins, 76. Jg., 1980.

Valentien, Otto: Bodenständige Gartengestaltung, in: Die Gartenkunst, 47. Jg., 1934, S. 10-12.
Verloren – gefährdet – geschützt. Baudenkmale in Berlin, hrsgg. von Norbert Huse, Berlin 1989.
Verspohl, Franz-Joachim: Stadionbauten von der Antike bis zur Gegenwart. Regie und Selbsterfahrung der Massen, Gießen 1976.
Von anderen Berliner Neubauten, in: Bauwelt, 27. Jg., 1936, S. 210-211.
Van der Vat, Dan: Der gute Nazi. Leben und Lügen des Albert Speer, Berlin 1997
Von Tonwaren zum Olympiastadion. Die Berliner Familie March... eine Erfolgsstory, hrsgg. von Birgit Jochens und Doris Hünert, Berlin 2000

Wagner, Karl: Das Olympische Dorf / Gärtnerische Gestaltung, in: Gartenschönheit, 17. Jg., 1936, S. 174-178.
Walters, Magaret: Der männliche Akt. Ideal und Verdrängung in der europäischen Kunstgeschichte, Berlin 1979.
Weidleplan Consulting GmbH: Olympiagelände Berlin. Studie zur Durchführung der Spiele 2000, im Auftrag der Senatsverwaltung für Schule, Berufswesen und Sport, Stuttgart 1990.
Weidleplan Consulting GmbH: Olympiastadion. Studie über den Um- und Ausbau, im Auftrag der Senatsverwaltung für Schule, Berufsbildung und Sport, Stuttgart 1992.
Werner, Bruno E.: Die deutsche Plastik der Gegenwart, Berlin 1940.
Wichmann, Siegfried: Zwanziger Jahre. Drei Künstler: J. Wackerle, E. Pfeiffer, A. Nestler, München 1977.
Wiepking-Jürgensmann, Heinrich Friedrich: Friedrich der Große und wir, in: Die Gartenkunst, 33. Jg., 1920, S. 69-78.
Wiepking-Jürgensmann, Heinrich Friedrich: Ausschreibung der gärtnerischen Arbeiten für das olympische Dorf Döberitz, Typoskript, Berlin 1935.
Wiepking-Jürgensmann, Heinrich Friedrich: Über die Landschaft des Olympischen Dorfes, in: Die Gartenkunst, 49. Jg., 1936, S. 142-146.
Wiepking-Jürgensmann, Heinrich Friedrich: Die gärtnerischen Leistungen auf dem Reichssportfeld, in: Die Gartenkunst, 49. Jg., 1936, S. 149-152.
Wiepking-Jürgensmann, Heinrich Friedrich: Reichssportfeld Berlin / Gärtnerische Gestaltung, in: Gartenschönheit, 17. Jg., 1936, S. 170-174.
Wiepking-Jürgensmann, Heinrich Friedrich: Der deutsche Osten. Eine vordringliche Aufgabe für unsere Studierenden, in: Die Gartenkunst, 52. Jg., 1939, S. 193.
Wiepking-Jürgensmann, Heinrich Friedrich: Aufgaben und Ziele deutscher Landschaftspolitik, Sonderdruck aus der Zeitschrift für Raumforschung und Raumordnung, 3. Jg., 1939, S. 365-374.
Wiepking-Jürgensmann, Heinrich Friedrich: Die Landschaftsfibel. Berlin 1942.
Wille, Klaus-Dieter: Die Glocken von Berlin (West). Geschichte und Inventar, Berlin 1987.
Wolbert, Klaus: Die Nackten und die Toten des „Dritten Reiches". Folgen einer politischen Geschichte des Körpers in der Plastik des deutschen Faschismus, Gießen 1982.
Wolschke, Joachim: Landespflege und Nationalsozialismus – ein Beitrag zur Geschichte der Freiraumplanung, Diplomarbeit TU Hannover 1980.
Wolters, Rudolf: Die bildenden Künste bei den Olympischen Spielen 1936, in: Die Baugilde, 18. Jg., 1936, S. 645-660.
Wulf, Joseph: Die bildenden Künste im Dritten Reich. Eine Dokumentation, Frankfurt am Main / Berlin 1983.

Zilling, Jürgen: Der kommende Garten. Rückblick auf die Gärten der dreißiger Jahre, in: Bauwelt, 68. Jg., 1977, S. 545-547.

Abbildungsverzeichnis

Personenregister